INTRODUCTION
À
L'ÉTUDE DU DROIT

PAR

M. LUCIEN BRUN

SÉNATEUR

DOCTEUR EN DROIT, ANCIEN BATONNIER DE L'ORDRE DES AVOCATS
PROFESSEUR DE DROIT A L'UNIVERSITÉ CATHOLIQUE
de Lyon

DEUXIÈME ÉDITION

PARIS

LIBRAIRIE VICTOR LECOFFRE
90, RUE BONAPARTE

1887

INTRODUCTION

A

L'ÉTUDE DU DROIT

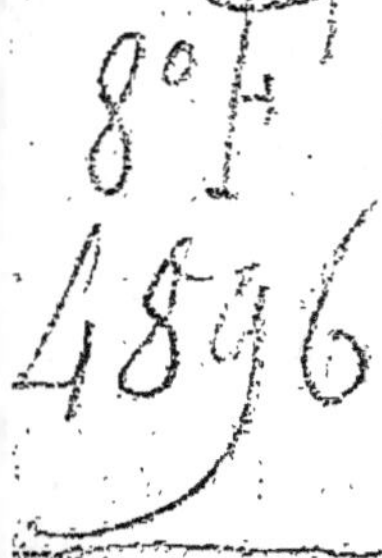

INTRODUCTION

A

L'ÉTUDE DU DROIT

PAR

M. LUCIEN BRUN

SÉNATEUR

DOCTEUR EN DROIT, ANCIEN BATONNIER DE L'ORDRE DES AVOCATS
PROFESSEUR DE DROIT A L'UNIVERSITÉ CATHOLIQUE
DE LYON

DEUXIÈME ÉDITION

PARIS

LIBRAIRIE VICTOR LECOFFRE

90, RUE BONAPARTE

—

1887

PRÉFACE

DE

LA PREMIÈRE ÉDITION

Ces conférences forment la partie philosophique ou doctrinale d'un Cours d'Introduction à l'étude du droit. Elles seront suivies, si le temps m'est donné de remplir tout mon dessein, d'une Introduction historique où je démontrerai, par les faits, la vérité des principes qui sont exposés dans ces premières leçons et la nécessité sociale du respect de la loi divine par les législateurs humains.

L'idée qui domine et dirige ces études s'y trouve exprimée dans une brève formule : *Le Droit, c'est la conformité à l'ordre divin*[1]. Tout tend

1. Voir page 51.

à la démonstration ou au développement de cette vérité fondamentale et de ses conséquences. Il n'est pas nécessaire, me semble-t-il, de prouver l'opportunité de cet enseignement.

On m'a dit que mes auditeurs aimeraient à retrouver ici ces conférences telles qu'elles ont été prononcées. C'est pourquoi je les donne sans modifier même la forme, que le lecteur, peut-être, jugera parfois négligée. Je n'ai pas retranché quelques passages motivés par les circonstances et dont plusieurs paraîtront aujourd'hui ne pas tenir assez étroitement au sujet.

J'ai pris tout le soin et toutes les précautions possibles pour ne rien avancer de contraire à la doctrine catholique. Si, malgré cela, quelque erreur sur des points jugés par l'Église s'est glissée dans mes paroles, je la désavoue et la rétracte sans hésitation ; car j'ai le bonheur de croire à l'infaillible enseignement du Vicaire de Jésus-Christ et de me soumettre avec amour à son autorité.

J'essaie, par un travail auquel sera consacré tout le temps que me laisseront d'autres devoirs, de servir la cause de la liberté d'enseignement supérieur, à la conquête de laquelle Dieu m'a permis de prendre une faible part.

J'ai la conviction profonde que l'erreur sur les premiers principes de Droit et de Justice est mortelle pour les nations, que l'enseignement chrétien des doctrines sociales sera l'agent le plus efficace du relèvement de la France et que. en professant la vérité. je sers ma patrie.

L'ENSEIGNEMENT DU DROIT

DANS

LES FACULTÉS CATHOLIQUES

PREMIÈRE CONFÉRENCE

DONNÉE A LYON LE 15 MAI 1876

L'enseignement du droit dans les Facultés catholiques. — La raison d'être de ces Facultés. — L'enseignement de l'État. — Neutralité obligatoire. — Nécessité d'un cours d'introduction à l'étude du droit. — Opinion de M. Cousin. — Nécessité d'une autorité doctrinale. — La loi. — Le monde païen. — Le Décalogue. — Paroles de Proudhon. — Devoir de la jeunesse.

MESSIEURS,

Il y a des mots qui ont le privilège d'ouvrir à l'intelligence humaine les grands espaces et les larges horizons.

Ce sont les idées exprimées par ces mots qui ont, de tout temps, donné le branle à l'esprit humain, excité les querelles les plus ardentes, et secoué parfois, jusque dans ses plus profondes assises, l'édifice social.

Les vérités qui sauvent les nations, les erreurs qui les détournent de leurs voies, se sont livré bataille sur le champ ouvert à l'essor de l'esprit humain par ces mots : le droit, la justice, la liberté, le devoir.

Lorsque ce mot : le droit, est prononcé, quelle âme n'éprouve comme un invincible attrait et un irrésistible appel ? Qui peut ouvrir sans émotion ce livre de la science, dans les pages duquel la Foi et la Révolte ont écrit, l'une : les droits de Dieu, l'autre : les droits de l'homme ? Qui ne sent le désir, le besoin de savoir la vérité sur le droit ?

Je viens, Messieurs, vous parler du droit et de la justice.

Je sens tout ce qui me manque pour en parler avec autorité, et cependant je ne suis pas téméraire, car je sais où sont la vérité, le droit et la justice...

Je n'ai pas besoin de justifier devant vous cette audace de parole. Vous êtes catholiques, et vous savez comme moi qu'une autorité dont nous acceptons toutes les décisions nous garantit la certitude des solutions définitives sur toutes les questions primordiales de droit, de justice et d'ordre social.

Cette affirmation suffit ; mais elle était nécessaire pour nous rassurer, vous et moi, sur les résultats à attendre de l'enseignement dont j'ai accepté la charge et l'honneur.

Non pas que je me propose d'aborder directement et de discuter les grandes questions du droit naturel et de la théologie juridique. Dieu me garde d'aussi ambitieuses visées ! J'ai l'espoir plus modeste de vous donner une idée générale de la science dont vous avez entrepris l'étude.

Cela sera fait, Dieu aidant, dans quelques conférences simples d'allure et de langage. De ces conférences que je m'étais proposé de n'ouvrir qu'après la prochaine rentrée, les circonstances et la bienveillante et trop flatteuse insistance de la Faculté m'ont décidé à improviser le début. J'ai cédé, car je n'apporte ici qu'un désir, celui de vous être utile dans la mesure de mes forces, de donner une nouvelle preuve de mon dévouement à la grande œuvre de l'enseignement libre, et un témoignage de mon affection à la jeunesse qui entoure cette chaire. Aussi je vous demande, en même temps que le respect dû à la parole du professeur, l'indulgence affectueuse qu'on ne refuse pas à la parole d'un ami.

Mais, si étroites que soient les limites fixées par le professeur à son enseignement, un cours d'introduction à l'étude du droit ne peut échapper à la nécessité d'affirmer des principes, de donner la solution de quelques problèmes, de proposer quelques critiques.

Eh bien, Messieurs, soyez assurés que vous trouverez ici ce que vous êtes venu y chercher : vous y trouverez d'abord le scrupuleux et profond respect des lois du pays ; puis vous y trouverez aussi ce qui a motivé vos préférences, ce que vous avez raison d'exiger de la Faculté catholique de droit : je veux dire, une doctrine sûre, des affirmations formelles, conformes à la foi catholique et à l'enseignement de l'Église.

Le moment est propice, Messieurs, pour l'inauguration de cet enseignement dont une loi libérale, trop longtemps attendue, a procuré le bienfait ou tout au moins donné l'espoir à la jeunesse française. Oui, le moment est bon et le temps presse : car l'affirmation de l'erreur a pris une audace dogmatique jusqu'à nos jours inconnue. Je ne pense pas sortir des limites dans lesquelles vos professeurs doivent se restreindre, en constatant que les erreurs qui s'attaquent à l'idée même du droit et à la constitution de la société chrétienne, erreurs restées longtemps à l'état de théories, trouvent aujourd'hui non plus seulement des oreilles pour les entendre, mais des bras pour les servir; non seulement des auditeurs, mais des soldats. Je constate qu'il s'est fait un grand trouble dans les esprits, et je ne sais quel sentiment de la menace d'un grave péril a jeté dans l'Europe civilisée une anxiété inconnue et profondément ébranlé l'ancienne sécurité.

Rien n'explique ce phénomène à qui n'en cherche pas l'explication dans le domaine des doctrines et de l'enseignement. Les vérités ont été diminuées, et avec elles la sécurité et la paix.

Il serait indigne de vous, Messieurs, de ne pas avoir le noble souci de ces périls et de ces problèmes. Vous manqueriez à votre vocation si, appelés à l'étude du droit après avoir reçu le rare bienfait d'une éducation littéraire complète, vous arriviez à l'exercice d'une profession libérale sans avoir appliqué votre esprit à l'étude de ces questions vitales, et si, indiffé-rents aux angoisses de l'humanité, égoïstement appliqués à l'étude des textes dont la connaissance procure le diplôme que vous ambitionnez, vous entriez dans la vie sans avoir lesté, du poids de fermes convictions et de principes assurés, le navire qui portera vos destinées.

Le droit social, le droit dans la famille, le droit de propriété, le droit entre les nations, quel est-il? sur quelles bases repose-t-il? où est son principe? quelles sont ses règles éternelles et inflexibles? quelle part en est laissée à la liberté humaine, à la mobilité, à la variété nécessaire des institutions?

Il est impossible, Messieurs, que vous ne désiriez pas voir ces questions éclairées d'une lumière sûre. Nous manquerions, nous, à notre devoir, si nous n'essayions pas d'ouvrir vos intelligences à cette noble curiosité, en leur montrant la route et leur offrant un guide qni ne les égare pas.

Voici pour vous, Messieurs, l'heure prochaine des responsabilités. Vous devez beaucoup à votre pays, vous êtes solidaires de ses destinées; la France appartiendra bientôt à votre génération; elle sera ce que vous la ferez; apprenez à la conduire selon le droit. Heureux serions-nous si nous pouvions vous inspirer ce généreux désir, cette grande passion, de servir votre pays en vous consacrant au service de la vérité!

L'institution des Facultés catholiques n'a pas d'autre raison d'être.

Il faut le reconnaître, et je suis pour ma part heureux de le proclamer, l'enseignement du droit dans les Facultés de l'État n'a pas donné lieu, en France, aux reproches si justement formulés contre d'autres

1.

Facultés et d'autres enseignements. Aucune nation n'a eu des professeurs plus éminents que les nôtres; leurs ouvrages font autorité dans le monde entier, et, si l'on peut reprocher à l'enseignement, tel qu'il est encore donné, d'être incomplet (l'Université l'a elle-même plus d'une fois reconnu et regretté), on ne saurait lui reprocher, habituellement au moins, ces écarts de doctrine, ces agressions contre les vérités révélées, patrimoine du genre humain, qui ont, dans d'autres chaires, inquiété les hommes prudents et scandalisé les chrétiens.

Mais un homme éminent, qui me pardonnera de citer ici ses paroles, a dit avec raison que le professeur parlant au nom de l'État ne peut malheureusement pas être aussi catholique dans son enseignement que dans ses convictions intimes et dans sa vie privée.

« Nous parlons au nom de l'État, de l'État qui doit à tous une égale protection... »

Ainsi s'exprimait le savant et éloquent doyen de la Faculté de droit créée par l'État à Lyon le lendemain du jour où était annoncée l'ouverture des cours de la Faculté catholique, et il ajoutait : « Nous ne sommes pas indifférents, et, dans notre vie privée, nous ne craignons pas de manifester notre foi. Mais, dans les chaires que nous occupons, une plus grande réserve nous est imposée, et la neutralité spiritualiste est la règle la plus sûre dans les occasions, si rares d'ailleurs, où nos controverses touchent aux religions positives. »

En effet, Messieurs, dans l'état actuel des idées, des choses et des institutions, il ne peut guère en être autrement, et cette obligation de neutralité vous explique pourquoi, malgré quelques tentatives, toujours infructueuses, l'enseignement du droit en France a été restreint à l'explication des textes, explication qu'il a donnée, du reste, avec une incontestable supériorité sur les écoles des autres nations.

Mais le droit naturel, mais la philosophie du droit, son histoire et les principes d'éternelle vérité qui le dominent et en doivent régler l'expression, l'État ne les enseigne pas et ne pourra jamais se risquer jusqu'aux solutions définitives : il sent trop qu'il y compromettrait sa neutralité.

Ici, Messieurs, nous ne sommes pas neutres, et nous irons au bout de la vérité, — si vous me permettez l'expression, — comme tant d'autres, dans les discours ou des livres célèbres, vont au bout de l'erreur.

Ah ! sans doute nous ne pouvons vous offrir encore tout l'épanouissement d'une organisation achevée. Né d'hier, n'ayant rien à attendre que de lui-même, l'enseignement libre n'a pas encore appris à se mouvoir, et l'indispensable gymnastique de la pratique quotidienne n'a pas développé la force de ses organes et l'ampleur de sa voix. Mais au souffle de la liberté, d'une liberté qu'on n'osera pas nous reprendre, vous verrez tout renaître; et dans les écoles libres on sentira circuler la chaleur et la vie. La vérité et la science en tireront un égal profit; car le domaine de l'enseignement sera élargi, des recherches et des explorations nouvelles découvriront quelques-unes des contrées non encore parcourues de ce monde, dont jamais l'esprit humain n'atteindra les dernières limites, puisque Ulpien a pu dire : *Jurisprudentia est divinarum et humanarum rerum notitia.*

Oui, la connaissance du droit, c'est la connaissance des choses divines et humaines; car le droit est divin, et l'on ne sait rien du droit si l'on ne sait rien de Dieu.

Les Facultés catholiques resteraient au-dessous de leur mission et ne rempliraient pas les espérances que leur création a fait concevoir, si leur enseignement n'était complété par des cours dont le commentaire des textes ne soit pas l'objet exclusif.

Elles ne sauraient avoir la prétention de rien ajouter aux explications que des auteurs éminents, que de savants professeurs donnent de nos codes et des lois romaines. Mais on vous y parlera de ce qui est, dans la science comme dans les institutions des peuples, la base de ce droit.

Il ne faut pas que la jeunesse destinée à servir la justice (ce sera votre honneur) s'habitue à négliger les questions de principes et de conscience et à ne connaître d'autre règle du juste et de l'honnête que les lois écrites par les hommes. Enseigner le droit sans philosophie, c'est, quelque savante que soit l'exégèse, construire sans base l'édifice des connaissances juridiques, et j'ajoute que la philosophie ne suffit pas.

Bientôt, nous l'espérons, un cours de droit naturel vous conduira à ces sources sacrées, cachées dans des profondeurs où la raison peut pénétrer, mais que la révélation a éclairées de nouvelles lumières. Une intelligence instruite des choses divines déchirera pour vous les voiles des erreurs humaines et vous montrera à nu les assises de la science du droit et de la société.

Cicéron, s'insurgeant un jour contre l'ascendant de l'école épicurienne, donna, dans son discours pour Milon, cette définition magnifique de la loi naturelle : *Est igitur non scripta sed nata lex, quam non didicimus, accepimus, legimus, verum ex natura ipsa arripuimus, hausimus, expressimus, ad quam non docti sed facti, non instituti sed imbuti sumus.*

Cette loi, la philosophie peut l'affirmer, le génie peut la pressentir, le chrétien seul peut l'expliquer sans hésitation, sans défaillance et sans erreurs.

Je n'ai point la volonté d'empiéter sur ce domaine, j'y voudrais moi-même un guide sans lequel je craindrais de vous égarer à ma suite. Mon dessein est plus modeste et mieux proportionné à la mesure de mes forces. Je veux essayer de vous l'indiquer.

Au mois de juin 1840, le grand maître de l'Université, M. Cousin, proposant au chef de l'État la création, auprès de la Faculté de droit de Paris, d'une chaire d'introduction à l'étude du droit, lui adressait un rapport dans lequel je lis :

« Je viens proposer à Votre Majesté de combler une lacune qui a été laissée dans l'enseignement du droit. Quand les jeunes étudiants se présentent dans nos écoles, la jurisprudence est pour eux un pays nouveau dont ils ignorent complètement et la carte et la langue. Ils s'appliquent d'abord au droit civil et au

droit romain, sans bien connaître la place de cette
partie du droit dans l'ensemble de la science juridique, et il arrive, ou qu'ils se dégoûtent de l'aridité de
cette étude spéciale, ou qu'ils y contractent l'habitude
des détails et l'antipathie des vues générales. Une
telle méthode d'enseignement est bien peu favorable
à de grandes et profondes études. Depuis longtemps
tous les bons esprits réclament un cours préliminaire
qui aurait pour objet d'orienter en quelque sorte les
jeunes étudiants dans le labyrinthe de la jurisprudence; qui donnât une vue générale de toutes les
parties de la science juridique, marquât l'objet distinct et spécial de chacune d'elles, et en même temps
leur dépendance réciproque et le lien intime qui les
unit; un cours qui établirait la méthode générale à
suivre dans l'étude du droit avec les modifications
particulières que chaque branche réclame; un cours,
enfin, qui ferait connaître les ouvrages importants qui
ont marqué les progrès de la science. Un tel cours
relèverait la science du droit aux yeux de la jeunesse
par le caractère d'unité qu'il lui imprimerait, et exer-
cerait une heureuse influence sur le travail des élèves
et sur leur développement intellectuel et moral...

« Il importe, ajoutait-il, de présenter l'ensemble
de toute la science et d'en bien saisir l'esprit et l'unité.
Cette image de la grande encyclopédie juridique que
forme une école de droit, offerte d'abord à de jeunes
étudiants, leur communiquera, dès l'entrée de la carrière, une impulsion généreuse, imprimera dans leur
pensée et dans leur âme le sentiment et le respect du

droit, et les intéressera à toutes les parties de la science, quelle que soit celle qu'ils se proposent de cultiver un jour spécialement. »

Ainsi, dès 1840, s'exprimait M. Cousin.

J'ajouterai, Messieurs, que des cours de cette nature existent en Allemagne depuis le XVIIe siècle. Ils y portent le nom de cours d'encyclopédie, et, sous le nom de cours d'*Introduction à l'étude du droit*, c'était un enseignement analogue à celui donné dans les Facultés d'Allemagne, que, pressé par l'opinion publique et les réclamations des jurisconsultes et des lettrés, le ministre se proposait d'établir.

Il traçait, vous l'avez entendu, un vaste programme, et plusieurs années ne suffiraient pas à remplir le cadre proposé. Le but, sans contredit, était élevé et digne d'un professeur d'élite.

« Communiquer aux jeunes étudiants, dès l'entrée de la carrière, une impulsion généreuse, imprimer dans leur pensée et dans leur âme le sentiment et le respect du droit, » c'est là, certes, une mission si belle et si haute, que celui qui l'accepte s'effraye de son insuffisance à la remplir.

Ce cours, professé à Paris par un homme de grand mérite, n'a pas survécu à un premier essai.

Pourquoi? Il ne semble cependant pas nécessaire, pour professer un cours d'introduction ou quelque autre cours analogue, d'avoir la pleine liberté de son langage et de n'être tenu à aucune réserve dans l'affirmation de ses croyances religieuses. L'État, indifférent, tenu à respecter également toutes les croyances (et même, suivant d'autres, l'absence de toutes les croyances), ne peut-il pas enseigner l'ensemble du droit comme il en enseigne les diverses parties ? On pourrait même — et quel témoin j'en ai dans Cicéron ! — parler du droit naturel avec une admirable éloquence, sans connaître les vérités révélées.

Oui, cela est vrai; mais il est vrai aussi que des cours de cette nature éveillent une curiosité qui se lasse et se décourage vite si elle n'est pleinement satisfaite; qu'ils touchent à des questions vives, pressantes, dont l'esprit exige la solution, et qu'enfin il n'est plus possible, au temps où nous vivons, de ne pas aller au fond des choses, des systèmes et des idées.

Aussi, faut-il le dire, Messieurs, ni le talent, ni la science, ni l'éloquence même, ne suffisent pour donner à de jeunes esprits cette « impulsion généreuse » que le grand maître de l'Université voulait éveiller en eux. L'enthousiasme n'éclôt pas sous le soleil voilé de la *neutralité spiritualiste;* il veut un souffle plus chaud et de plus ardents rayons. Seule, la pleine vérité a de tels attraits, qu'elle peut même se passer, pour échauffer les intelligences et les conquérir, de l'art de la parole et de l'habileté de la méthode.

Aujourd'hui, pour les Facultés d'État, l'enseignement qui pénétrerait jusqu'aux premiers et décisifs principes du droit, de la vie sociale et du pouvoir, est impossible. Il serait compromettant, s'il n'était incomplet. Pour les Facultés catholiques, cet enseignement est le premier et le plus facile des devoirs.

Pour moi, Messieurs, je me suis seulement proposé de remplir une partie du programme tracé par le ministre.

Je chercherai à vous orienter, suivant son expression, dans le labyrinthe de la jurisprudence et à vous donner une vue générale de toutes les parties de la science juridique.

Ce programme n'a guère pour limites que celles que le professeur lui veut donner. Tout m'obligera à me faire ces limites étroites : le nombre de ces conférences, restreint par la crainte de trop prendre sur le temps nécessaire à vos examens, et surtout l'impossibilité de faire sans une longue préparation un travail si digne des méditations d'un juriconsulte. Je ferai le possible, Messieurs ; un autre fera mieux plus tard. Mais ce sera pour moi un grand honneur d'avoir été appelé à vous promettre au moins ces cours dont la spécialité sera forcément le privilège des Facultés catholiques, et d'avoir, par quelques conférences préparatoires, pris possession de cette chaire, au nom de l'enseignement véritablement su-périeur : je veux dire, supérieur aux textes discu-tables des lois que le temps modifie.

Ne croyez pas cependant que j'ose entreprendre ces études et vous apporter des affirmations doctrinales, sans être armé d'un texte indiscutable et appuyé sur une autorité infaillible. Les thèses livrées à la discus-sion auront, vous le comprenez, une assez large part, car l'infaillible autorité n'a dit que l'indispensable ; mais je n'affirmerai rien sur les premiers principes et les questions fondamentales qui soit de mon fonds et de ma doctrine personnelle.

Il y a une loi universelle, écrite, interprétée par une autorité divine, et à laquelle nulle autre loi ne peut contredire sans que la conscience se révolte et que la désobéissance soit un devoir.

Ne pensez-vous pas qu'il faille rappeler cette loi au début de ces études pour qu'elle soit le phare qui les éclaire et la règle qui les empêche de s'égarer?

C'est ce que je veux faire avant de terminer cette première conférence.

Un jour, Messieurs, le droit préexistant mais voilé, inconnu de la foule mais entrevu par quelques rares génies, a été révélé. La justice, dont l'humanité presque entière n'avait qu'une notion souvent fausse, toujours incomplète, la pure justice a rayonné sur le monde.

Ce jour est celui où douze hommes illettrés, qui s'étaient entendu dire cette étrange parole : « Allez et enseignez toutes les nations, » ont proposé au monde païen la Loi, — je ne dis pas une loi, — je dis la Loi.

La propagation de la loi, de la vérité chrétienne dans le monde, est le plus grand drame de l'histoire de l'humanité. L'influence du christianisme sur le droit romain est une des pages les plus intéressantes de l'histoire du droit. Nous ne pouvons en lire aujourd'hui que les premières lignes.

Essayerai-je de vous peindre ce qu'était alors le monde païen? La peinture de ses mœurs ne peut être entreprise devant une réunion d'honnêtes gens, et notre langue se refuse à exprimer les infamies dont la pratique n'excitait alors ni l'étonnement ni le mépris. Que dis-je? telle était l'aberration universelle de l'esprit humain, que ces infamies étaient divinisées, et que l'humanité leur avait dressé des autels. Les dieux d'alors peupleraient les bagnes d'aujourd'hui.

« Tout était Dieu, excepté Dieu lui-même, » a dit Bossuet, et nous ne pouvons aujourd'hui nous faire à l'idée de ce troupeau d'esclaves livrés aux convoitises et à la brutalité de maîtres, soumis eux-mêmes à l'esclavage plus humiliant et plus cruel de leurs passions divinisées et de la corruption de leurs cœurs.

Non pas qu'il n'y eût aucune vertu chez les anciens. Qui oserait le prétendre? Mais si l'on y regarde de près, on peut dire avec Descartes : « Ce qu'ils appelaient de ce beau nom de vertu n'est qu'insensibilité, ou un orgueil, ou un désespoir. » Il faut ajouter cette observation si profonde et si juste de M. de Bonald : « Les esprits chagrins ne regardent que les vices chez les peuples chrétiens, parce que les vertus y sont à l'état ordinaire et seul autorisé, comme les enthousiastes ne remarquent chez les païens que les vertus, parce que le vice y était l'état commun et permis par les lois. »

Cependant, Messieurs, il faut le reconnaître et dans son dernier ouvrage [1] M. Auguste Nicolas l'observe très justement, il faut le reconnaître, à l'honneur de notre nature : si inférieure qu'elle soit au christia-

---

1. *Jésus-Christ*, Introduction à l'Évangile étudié et médité à l'usage des temps modernes.

nisme, elle était supérieure au paganisme. L'homme valait mieux que ses dieux. Et c'est à cela, à cette grandeur native de l'âme humaine (*naturellement chrétienne*, a dit Tertullien), qu'il faut rapporter tout ce que nous trouvons chez les anciens de beau, de vrai et de pur.

Mais qu'étaient ces vestiges de la dignité humaine perdus au milieu de l'immense corruption des esprits et des cœurs? Ceux mêmes qui parlaient comme Cicéron et pensaient comme Socrate sacrifiaient aux dieux infâmes.

Je n'ose citer, ici, les conceptions que le *divin* Platon propose à ses contemporains dans sa *République*. Nos lois puniraient comme un malfaiteur celui qui oserait écrire ce qu'il professait devant une société policée et savante, chez qui le scandale était inconnu parce que le mal y régnait en souverain. « De là, dit le philosophe chrétien que je viens de nommer, de là toutes les mœurs antisociales et antihumaines du monde ancien : l'esclavage; l'asservissement de la femme; la souillure et le sacrifice de l'enfant; la pitié pour le pauvre étouffée comme un vice; la fureur des hécatombes humaines repaissant la société de ses spectacles; le sang partout mêlé à la volupté; nul droit des gens; l'étranger synonyme d'ennemi; la patrie fondée sur la violation de la nature et érigée en divinité à laquelle on l'immolait; des rites monstrueux de folie et d'impudeur; des coutumes où on ne reconnaissait plus rien de l'humanité et qui en étaient le renversement. »

Le tableau est fidèle.

Or vous savez quelles paroles cette société a un jour entendues. Vous savez ce qui lui a été annoncé, non comme une nouveauté à discuter, mais comme une loi à subir. C'est le Décalogue, et, vous souvenant que cette loi était proposée aux maîtres du monde par des Juifs, objet de leur mépris, voyez quelle fut l'audace de la tentative, et quel dut être l'étonnement des auditeurs.

Un écrivain, dont vous serez surpris d'entendre le nom, ramène les préceptes du Décalogue à sept groupes de vertus et de devoirs, qu'il énumère ainsi : religion et patrie, piété filiale, obéissance et discipline, amour du prochain et humanité, chasteté et pudeur, égalité et justice, véracité et bonne foi, pureté du cœur.

Puis il s'écrie :

« Quel manifique symbole ! Quel philosophe, quel législateur que celui qui a établi de pareilles catégories et qui a su remplir ce cadre ! Cherchez dans tous les devoirs de l'homme et du citoyen quelque chose qui ne se ramène point à cela, vous ne le trouverez pas ; au contraire, si vous me montrez quelque part un seul précepte, une seule obligation irréductible à cette mesure, d'avance, je suis fondé à déclarer cette obligation, ce précepte hors de la conscience, et par conséquent arbitraire, injuste, immoral. »

Celui qui parle ainsi du Décalogue, c'est Proudhon, à qui, bien plus que la rigueur de sa logique, ses aberrations sur la religion et sur la science sociale et l'audace de ses blasphèmes avaient fait, il y a vingt ans, une célébrité qui vivra moins que celle d'Érostrate.

Mais nous, Messieurs, nous sommes, vous le voyez, dans notre sujet, *in medias res;* et puisque, pour rappeler les mots que la force du vrai arrachait à la conscience et à l'admiration du sophiste, puisque tout précepte irréductible à la mesure du Décalogue est *hors de la conscience, et par conséquent arbitraire, injuste, immoral....,* ne pensez-vous pas que nous avons posé de solides assises à notre science, et fait un pas décisif dans notre *Introduction à l'étude du droit?*

Je n'ai pas mission de faire de l'apologétique; je parle à des chrétiens, et nul ici ne doute que cette loi soit la loi divine. Mais je veux (cette digression me sera pardonnée) rappeler un moment encore, à l'attention de vos esprits que frappera vivement l'incomparable grandeur de ce spectacle, la conquête du monde païen par la loi chrétienne.

Un peuple, petit par son territoire, sa population et ses armées, conserve, pendant des siècles, au milieu de l'humanité pervertie, une loi connue de lui seul, et dont le texte sacré est gardé dans l'arche de l'alliance de ce peuple avec Dieu. Ce peuple a conscience de sa grandeur et de son rôle providentiel; il sent qu'il garde pour tous le dépôt des vérités traditionnelles du genre humain. Dans la Judée seule, la vérité divine et la loi morale, partout ailleurs outragées et méconnues, sont conservées dans leur pureté primitive, à ce point que la loi évangélique elle-même n'a pas redressé, mais complété la doctrine, la morale bibliques, et le Décalogue; car elle est venue, dit le Maître, « non abolir la loi, mais la parfaire ». *Quæ est gens tam inclyta, quæ habeat justa judicia et universam legem?* Ainsi parlaient les livres hébreux. La vraie justice et la loi faite pour l'univers! Vous l'entendez, Messieurs, voilà leur croyance et leur immense mais légitime orgueil.

Ce peuple préservé de l'idolâtrie commune par les interventions quotidiennes de Dieu lui-même dans son gouvernement, quel prodige! Mais nous ne sommes pas au bout...

Le Messie qu'ils attendaient, annoncé par les plus indiscutables prophéties, apparaît.

Il meurt après avoir donné à ses disciples la mission d'enseigner les nations, de leur porter la Loi, et voilà que la mission du peuple juif est finie et que ce peuple disparaît.

Je me trompe, il ne meurt pas; il reste témoin déshérité et immortel de la vérité qu'il a méconnue! Son cri a été entendu, le sang du Crucifié est retombé sur ses enfants. Il assiste, dispersé et universel, errant et immuable, au spectacle du monde sauvé, sans prendre sa part du salut. La loi, qu'il avait gardée, est devenue le droit universel des nations. Le monde moderne est né du sang du Christ, et l'invincible obstination de ceux qui l'ont mis à mort porte, dans tous les lieux habités, l'irrécusable témoignage du crime, du châtiment et de la vérité des Écritures. Ici, Messieurs, l'évidence est telle que l'incrédulité révolterait le bon sens et que la foi est sans mérite.

Ceux à qui avaient été dites les paroles : « Allez et enseignez ! » ont enseigné la loi. Vous savez au milieu de quelles ironies d'abord, puis de quelles colères, de quelles résistances et de quelles sanglantes aventures. Aucune histoire n'est comparable à celle de la propagation de la loi chrétienne sur la terre par la parole et le martyre, et jamais plus de sang ne coula pour le triomphe d'une plus pacifique doctrine.

Enfin, Messieurs, la Loi règne.

Les Romains avaient renversé Jérusalem ; les Barbares ont rayé de la carte des nations le nom de l'un et de l'autre empire ; l'Église a conquis les Barbares. L'humanité tout entière a été élevée à une hauteur de dignité morale que l'antiquité n'avait pas soupçonnée ; l'esclavage païen n'est plus qu'un souvenir ; l'ordre social chrétien est fondé. Pour tout dire en un mot, les lois, et, à leur défaut, la conscience de l'humanité, protègent le faible contre les violents ; la conscience individuelle contre la tyrannie ; la famille, la propriété et la hiérarchie sociale contre les agressions de la révolte, et comme le grain de sable à l'Océan, le droit dit à la force : « Tu n'iras pas plus loin ! »

N'est-il pas vrai, Messieurs, que rien ne peut vous être proposé qui soit plus digne de vos méditations, et que c'est fournir à l'étude du droit un attrait capable de séduire vos esprits que d'en rechercher la source à ces hauteurs, et de donner à son rôle dans le monde cette origine et cette grandeur ?

Peut-être même l'étude des textes vous paraîtra-

t-elle moins aride, peut-être les détails vous semble-
ront-ils moins fastidieux, lorsque votre pensée les
rattachera à une haute et religieuse conception de la
science, comme la pensée de l'architecte relie une
pierre informe à la future splendeur du monument
qu'il édifie.

Les détails, vous les étudierez avec attention, avec
ardeur, parce que vous devez vous mêler aux luttes
de la vie, à la pratique des affaires; parce que, dans
les carrières auxquelles vous vous destinez, les spécu-
lations philosophiques ne suffisent pas et que la connaissance sérieuse, approfondie, minutieuse des textes
et des commentaires fait seule l'avocat utile, le magistrat éminent.

Vous travaillerez, Messieurs, et vous réussirez pour
un autre motif que je veux vous dire en terminant.

Réussir ne doit pas être pour vous seulement une
espérance, un désir, une satisfaction personnelle;
réussir doit être un but, poursuivi comme l'accomplissement d'un devoir.

Oui, entendez-le, jeunes hommes, et ne vous scan-
dalisez pas avant d'avoir connu jusqu'au bout ma
pensée; oui, c'est un devoir pour vous d'être ambitieux.

Vous êtes les serviteurs et les champions de la vérité; votre devoir est d'être les meilleurs et les premiers partout. Vous devez cela à la cause que vous
avez l'honneur de servir; vous le devez à la société,
de qui vous avez tant reçu; vous le devez à la France,
qui a tant souffert, et qui ne se relèvera que par l'ef-

fort persévérant de ceux qui croient en elle parce qu'ils croient en Dieu !

Soyez prêts à toutes les luttes, armés pour tous les combats. Sachez l'histoire, sachez le droit. Savants, ayez plus de science que les plus savants; orateurs, demandez à Dieu de toucher vos lèvres de ce charbon ardent qui enflammait la parole du prophète.

Ne croyez pas, et ne laissez pas croire autour de vous, que le catholique est quitte de tout devoir quand il a adoré Dieu dans son temple et multiplié les aumônes. Ne croyez pas, et ne laissez pas croire, qu'il est permis à l'homme de bien de s'enfermer dans le désintéressement égoïste du mouvement qui nous entraîne, de se persuader à lui-même son impuissance et d'attendre avec une résignation mélancolique et oisive un miracle que Dieu ne lui doit pas. Il faut se confier au Maître des événements, sans doute, mais il faut agir. Il faut que l'on nous voie partout au premier rang des plus utiles serviteurs de la patrie. Il faut porter partout, avec l'affirmation de notre foi, la preuve de ce qu'elle peut pour le bien matériel des sociétés et la grandeur des nations. Il faut que, partout où se déploie l'activité humaine, partout où se font les affaires du pays, les tenants de la cause du Christ se montrent plus éclairés, plus désintéressés, plus dévoués que personne.

Nous sommes les vrais amis du peuple, les défenseurs de la vraie liberté; c'est dans les flancs de la doctrine professée par nous qu'est porté le progrès des nations. Ne gardons pas à huis clos les vérités dont

nos esprits sont éclairés et nos cœurs réchauffés : por-
tons-les dans la mêlée des intérêts humains, au grand
jour de la discussion et de l'épreuve publique.

Ah ! Messieurs, vous êtes à l'âge heureux des saints
enthousiasmes, des nobles aspirations et des chaudes
espérances. La cruelle expérience des combats in-
fructueux et des efforts stériles n'a pas encore refroidi
vos ardeurs et glacé vos courages. Nous sommes, nous,
vos aînés à la peine ; c'est vous, chère jeunesse, j'en
ai la confiance, qui serez à l'honneur. C'est par vous
que la vérité triomphera. Livrez-vous sans réserve à
la noble passion qui pousse vers elle les âmes généreuses. Soyez donc ambitieux ! ambitieux de savoir,
ambitieux de bien dire et surtout de bien faire, ambitieux de rendre au droit et à la justice les intelligences
égarées. C'est la seule ambition qui soit digne de vous,
c'est le seul but pour lequel il vaille la peine de vivre.

Citoyens et chrétiens, fils de l'Église et de la France,
courage ! efforcez-vous, travaillez, travaillez sans relâche, et dites, si jamais vous vous sentez défaillir :
Courage, mon âme ! en haut, mon cœur ! c'est pour
Dieu, c'est pour la patrie !

DEUXIÈME CONFÉRENCE

MESSIEURS,

Je vous disais dans ma première conférence tout ce
que l'on peut attendre pour l'honneur de la Faculté
catholique, pour le profit de vos intelligences et pour
la solidité de vos études, d'un cours de droit naturel,
dont les circonstances permettront, dans un temps
que je ne puis déterminer, mais assez prochain je
l'espère, de vous procurer le bienfait.

Je vous ai dit aussi quel but relativement modeste
je poursuis dans les entretiens que je me propose
d'avoir avec vous.

Mon désir est de vous donner une idée générale de
l'ensemble de la science du droit et d'arrêter vos esprits
sur les principes essentiels dont l'autorité préside à
chacune de ses grandes divisions.

2.

Ce programme pourrait être rempli daus quelques leçons; mais il peut aussi comporter des développements considérables. On peut se borner à une simple nomenclature, mais pourquoi le professeur ne traiterait-il pas, avec quelque détail, chaque chapitre de ce grand livre de la science du droit? Dans ce cours, l'histoire du droit trouverait sa place à côté de l'exégèse et de la philosophie, et je ne sais rien, depuis le droit des gens jusqu'à la procédure, et de la loi des Douze-Tables au Code civil, qui ne puisse, sans que la logique en soit offensée, faire partie d'un cours d'introduction à l'étude du droit.

A quelque point, en effet, que l'enseignement arrive, qui oserait se flatter d'avoir tout dit et affirmer qu'il est arrivé au dernier terme et a prononcé le dernier mot?

Si loin que puisse aller l'esprit de l'homme en quête de la vérité, la raison et l'expérience lui apprennent qu'il reste en deçà de l'objet de sa recherche, et, jusqu'au jour où la révélation dernière nous aura mis en possession du vrai absolu, tous, les plus savants comme les plus humbles, nous n'aboutirons qu'à élaborer une *introduction*, qui nous fera pénétrer, les uns moins, les autres plus avant, dans l'étude des sciences morales, aussi bien que dans celles des sciences physiques.

Ces conférences, Messieurs, n'empiéteront pas sur le domaine de vos professeurs. Je ne veux certes pas me borner à dresser une table des matières; mais je n'ai pas la témérité d'entreprendre une encyclopédie. Nous étudierons ce que M. Cousin appelait « la carte »

de ce pays nouveau pour vous, qui s'appelle la jurisprudence.

Je vous apporterai les renseignements essentiels
propres à vous diriger dans celles de ces contrées que
vous voudrez parcourir et à vous donner une idée
exacte de la configuration des autres. Toute digression ne me sera pas interdite et vous me pardonnerez
de mettre quelquefois le pied sur les terrains les plus
voisins du nôtre.

Ce sont, je vous l'ai dit, des matériaux, une direction, des éléments d'étude, et non une étude achevée,
que je vous apporte. Votre travail achèvera le mien,
et cette collaboration, il m'est permis de le croire, ne
sera pas sans profit pour vous. Je n'ai, en occupant
cette chaire, aucun autre désir, aucun autre souci.

Nous parlerons donc du droit, Messieurs. Mais
qu'est-ce que le droit ?

Il est peu de mots qui, à l'École, au Palais et dans
le langage usuel, soient pris en autant d'acceptions
et de sens différents que le mot Droit.

Il y a d'abord le grand et large sens philosophique,
que nous étudierons tout à l'heure. C'est celui qu'a le
mot droit dans cette phrase, par exemple : Le droit
prime la force.

Dans un sens plus restreint, on appelle droit la faculté juridique qui appartient à une personne d'en
contraindre une autre à remplir un devoir. Ainsi
l'obligation de faire ou de donner engendre le droit
de contraindre à donner ou à faire. J'ai le droit de
poursuivre en justice le payement d'une dette. Si le

payement de cette dette est garanti par une hypothèque, j'ai un droit hypothécaire.

Vous n'en conclurez pas que tout devoir engendre
un droit correspondant. Vous savez qu'il faut faire
ici la différence entre la morale et le droit positif.
Voilà pourquoi je vous ai parlé de la faculté juridique
de contraindre à l'accomplissement du devoir. Ainsi
l'obligation morale de l'aumône, par exemple, n'engendre pas la faculté juridique de l'exiger. Vous reconnaissez cette belle pensée, qui trouve ici naturellement sa place : Le droit a le même centre, non la
même circonférence que la morale.

On prend quelquefois le mot droit comme synonyme de science du droit, de jurisprudence. Les Romains disaient : *Jurisprudentia est justi atque injusti
scientia*. C'est en ce sens, Messieurs, que vous êtes des
étudiants en droit; c'est dans ce sens que l'on dit
École de droit. Vous voyez que jurisprudence est aussi
un mot qui, à l'École et au Palais, a plus d'une signification. Vous savez déjà que jurisprudence se dit le
plus sonvent de l'habitude qu'ont les tribunaux de
juger, dans un certain sens, les questions qui leur sont
déférées. C'est ainsi qu'on dit la jurisprudence des
arrêts, les recueils de jurisprudence, la jurisprudence
de la Cour de cassation, la jurisprudence du conseil
d'État, la jurisprudence de la cour de Lyon ou de Paris.

Quand on parle d'appliquer le droit au fait, ce qui
est un des grands talents de l'avocat et le devoir quotidien des magistrats, le mot droit est pris dans une
acception différente; il signifie la loi, comme dans

cette phrase que vous entendez répéter souvent : Avoir, dans un procès, le droit pour soi. Si l'on dit droits de timbre, droits d'enregistrement, droits de douane, c'est que droit est pris comme synonyme d'impôt; et il est pris comme expression de l'ensemble de toute la législation d'un peuple, quand on parle du droit romain, du droit français, du droit anglais.

Je n'ai pas tout dit, Messieurs, mais c'en est assez pour appeler votre attention sur un point qui ne pouvait être négligé. Nous serons bien obligés, en effet, et je devais vous en prévenir, de prendre ce mot dans toutes ces acceptions si différentes, que l'usage et la pauvreté de la langue lui imposent.

Vous verrez que, dans la pratique de l'enseignement et dans les livres, les divisions de la science sont aussi nombreuses que, dans le langage, les divers sens du mot.

Quelques-unes de ces divisions sont fondamentales, nécessaires; d'autres sont arbitraires et variables avec la conception, le goût, le point de vue de chaque auteur.

Je veux, avant d'aller plus loin, vous indiquer la plus usuelle, et je le ferai pour le moment sans commentaires ni justifications. Nous aurons à revenir sur chacune de ces parties de l'encyclopédie du droit. Mais pour ne pas vous parler un langage trop nouveau, et afin d'échapper à la nécessité d'interrompre le cours des idées par l'explication des termes, il est utile que, sous forme d'une simple table des matières, je vous indique les grandes lignes du terrain à parcourir et les noms qu'ont reçus ses grandes divisions.

La première et fondamentale division est celle qui fera l'objet de cette conférence : le *droit naturel* et le *droit positif*.

Ce dernier est divisé, par la plupart des jurisconsultes, en trois branches principales, et voici comment cette division est justifiée :

Tous les rapports d'où naissent des obligations et des devoirs existent, soit entre les citoyens membres de l'État, soit entre l'État lui-même, considéré comme individualité distincte, comme unité collective, et ses membres, soit enfin entre l'État et d'autres États ayant comme lui une personnalité et une existence indépendante.

Les lois qui règlent les premiers rapports composent le *droit privé*. Le *droit public* est l'ensemble des lois qui règlent la constitution de l'État et les rapports entre l'État lui-même et les citoyens. La réunion des règles qui composent ces deux *droits* était appelée par les Romains le droit de la cité, *jus civitatis*. Enfin les lois naturelles, les usages et les traités qui obligent les États les uns envers les autres, forment le *droit international* ou *droit des gens*.

Le droit privé, objet spécial et presque exclusif de vos examens, se divise lui-même en droit privé *théorique*, — c'est le droit civil proprement dit, — et droit privé *pratique*, qui contient dans le sens large toute la *procédure*, c'est-à-dire l'ensemble des règles qui tracent aux ayants droits le *procédé* à suivre pour faire valoir leurs droits en justice.

Le *droit commercial* a ses règles particulières, né-

cessitées par la nature spéciale des intérêts auxquels il
doit pourvoir.

Le *droit public* comprend le *droit constitutionnel*,
qui est l'ensemble des principes constitutifs de la société politique, et le *droit administratif*, qui est la
procédure du droit public, l'ensemble des règles suivant lesquelles fonctionnent ces pouvoirs.

Le *droit criminel* donne au souverain, à l'État, les
moyens de faire exécuter les lois et de pourvoir à sa
propre conservation et au respect des personnes et
des droits privés des membres de la communauté.

Au point de vue historique, la division capitale est
celle que vous connaissez dejà : droit romain, droit
coutumier, droit moderne.

Je suis loin d'avoir tout dit, et que serait-ce si j'es-
sayais de vous indiquer les subdivisions ?

Le reste viendra à son heure.

Nous nous arrêterons aujourd'hui, je le répète, à la
grande et fondamentale division, déjà indiquée, entre
le *droit naturel*, qu'on appelle aussi *immuable*, et le
droit positif, quelquefois appelé *arbitraire*.

Le sens de cette distinction, les conséquences qui en
découlent, la nature d'investigations que cette recherche exige, sont dignes de votre attention, et cette
sommaire et rapide étude suffira, je l'espère, à vous
faire concevoir du droit, pris dans son sens le plus
élevé et le plus large, une idée juste et nette.

Le droit positif, avec ses divisions dogmatiques et
historiques, sera l'objet des conférences suivantes.

Un grand orateur, l'Irlandais Edmond Burke, que

l'on a justement appelé le Cicéron de l'Angleterre, a écrit la phrase que voici :

« Il y a, dans la nature, des sources de justice d'où toutes les lois découlent comme des ruisseaux, et, de même que les eaux prennent la teinte et le goût des différents terrains qu'elles traversent, ainsi les lois civiles varient avec les régions et les gouvernements des diverses contrées, quoique provenant des mêmes sources. »

C'est là une image aussi juste qu'ingénieuse, et, dès le début, elle vous fait apercevoir la différence des deux grandes branches du droit : le *droit naturel* et le *droit positif*.

M. Troplong dans la préface de son *Commentaire sur la vente*, écrit une profession de foi que je veux aussi vous lire.

« Je crois, dit-il, à l'existence d'un droit naturel supérieur à l'homme et condition de sa nature sociale. Rien ne me paraît plus faux et plus dégradant pour l'humanité que le système contraire, renouvelé d'Archélaüs par M. Bentham et qui veut que nos actions soient toutes indifférentes, quand il n'y a pas une convention faite entre les hommes pour les rendre licites ou les défendre. A mon sens, il est des règles antérieures à toutes les lois positives, et je ne saurais admettre que les mouvements de la conscience et l'idée du droit soient l'ouvrage du législateur. Ce n'est pas la loi qui a fait la famille, la propriété, la liberté, l'égalité, la notion du bien et du mal, etc. Elle peut sans doute organiser toutes ces choses, maïs elle ne fait alors que travailler sur le fonds que la nature lui a donné, et elle est d'autant plus parfaite qu'elle se rapproche de ces lois éternelles, immuables, innées, que le Créateur a gravées dans nos cœurs. »

Ces lois éternelles, immuables, innées, que le Créateur a gravées dans nos cœurs, c'est ce qu'on appelle le droit naturel.

Il existait avant le Décalogue, qui en a donné la divine formule; aucune conscience humaine n'a été privée de la lumière intérieure qui le lui révèle; et ce qui fait l'honneur des jurisconsultes romains, c'est d'avoir, les premiers, au moins d'une façon systématique et doctrinale, et avec une perfection croissante, réalisé dans les textes et dans les commentaires les préceptes de cette loi primitive, au point de justifier cette parole de Domat, « qu'on peut admirer dans les livres du droit romain les lumières que Dieu a données à des infidèles, dont il a voulu se servir pour composer une science du droit naturel ».

Mais comment, dans la seconde moitié du XIXe siècle, un commentateur du Code civil peut-il croire utile de faire la déclaration que vous avez entendue, et comment se fait-il que l'on ne puisse pousser un peu avant une discussion, une étude de droit, d'économie sociale ou de philosophie, sans être amené à prendre son parti sur la question de l'origine divine ou humaine du droit, de la société, du pouvoir?

Car voilà bien la question qui prime les autres, et si elle se pose en termes plus ou moins explicites chaque jour, c'est qu'elle est au fond de toutes les querelles qui divisent les esprits sur les questions les plus actuelles et les plus pressantes.

Mais est-il donc vrai que cette question en soit encore une? Les erreurs de Hobbes et de Rousseau ne sont-elles pas définitivement répudiées, irrévocablement oubliées?

La vérité est, Messieurs, que personne ne défend ouvertement le système du *Contrat social*; l'hypothèse de Rousseau n'a plus de champions déclarés. Mais, en y regardant de près, on s'aperçoit bien vite que, si l'invention paraît ridicule, l'idée subsiste; que le principe a survécu à l'auteur et au livre; à la racine de la plupart des erreurs contemporaines, vous retrouverez le venin de cette philosophie désastreuse : *l'origine contractuelle de la société, l'origine humaine du droit.*

Cherchez dans les discours, dans les livres, dans la polémique quotidienne; écoutez ce qui se dit et lisez ce qu'on imprime, sur l'autorité, sur la liberté, sur le droit de punir, sur le mariage, sur la propriété, sur les droits du père de famille et les héritages, sur l'étendue des droits de l'État vis-à-vis de la famille ou de l'individu, en matière d'enseignement, par exemple, — je pourrais poursuivre l'énumération, — et vous trouverez plus ou moins nettes, plus ou moins déguisées, les conséquences du principe dont Rousseau a été le séduisant apôtre et que je résume ainsi :

Le droit et l'autorité n'ont pour cause première que le consentement réciproque des hommes. C'est d'un pacte primitif et révocable, comme tout autre contrat, par le concours des volontés qui l'ont formé, que la société civile est née. L'État, ainsi créé, a un pouvoir illimité, puisqu'il est l'œuvre de la volonté de tous et que tous ont abdiqué dans ses mains tous leurs droits.

Voilà, Messieurs, les bases d'une doctrine philosophique dont les principes (si l'on peut, en face de pareilles aberrations, parler de principes et de doctrine) sont à l'état latent dans beaucoup d'esprits qui se croient supérieurs, et qui, surtout, se croient conservateurs, dans beaucoup d'écrits intentionnellement honnêtes. Les conséquences de ces doctrines éclatent quelquefois comme celles de l'électricité. Pourquoi faut-il que cette foudre brûle et détruise, sans éclairer?

Voulez-vous entendre le maître de cette philosophie, Rousseau? L'heure est bien choisie pour parler de lui, et puisque l'on a pu proposer de convoquer l'Europe à fêter le centenaire de ce *moraliste*, la rapide étude de ses idées sur le droit naturel cueillera, dans le bruit qui s'est fait autour de son nom, un regain d'actualité.

Les deux erreurs capitales de la philosophie de Rousseau sont le contrat social et la perfection originelle, la négation de la chute. La première seule rentre dans le sujet de nos études. Vous lirez dans les ouvrages de M. Le Play les conséquences de la seconde sur l'état social. Vous y verrez, magistralement décrite, la suite des calamités engendrées par cette fatale erreur si cruellement féconde, qui, attribuant aux institutions, et non à la perversité humaine, les maux dont souffrent les peuples, fait des changements incessants une nécessité, et de la révolte un devoir.

Écoutez donc Rousseau, Messieurs : vous verrez que je ne lui ai rien prêté dans le résumé que je formulais il y a un instant. Et je tiens à vous faire cette citation, pour deux motifs. Le premier est que le *Contrat social* est un livre plus vanté que lu et fort inconnu de la plupart de ceux qui en parlent. Vous en saurez ainsi quelque chose, et, vraiment, je crois que vous en saurez assez. Le second motif, c'est qu'il y a des théories, dites de liberté, qui ont voulu s'imposer au monde et qui ne reposent pas sur d'autres idées que celles-ci. C'est la pure doctrine de l'État, maître absolu.

Voici comment parle Rousseau au chapitre VI du Ier livre du *Contrat social* :

« Trouver une forme d'association qui défende et protège de toute la force commune la personne et les biens de chaque associé, et par laquelle chacun, s'unissant à tous, n'obéit pourtant qu'à lui-même et reste aussi libre qu'auparavant; tel est le problème fondamental dont le *Contrat social* donne la solution. Les clauses de ce contrat sont tellement déterminées par la nature de l'acte, que la moindre modification les rendrait vaines et de nul effet, en sorte que, bien qu'elles n'aient peut-être jamais été formellement énoncées, elles sont partout les mêmes, partout tacitement admises et reconnues; jusqu'à ce que, le pacte social étant violé, chacun rentre alors dans ses premiers droits et reprenne sa liberté naturelle, en perdant la liberté conventionnelle pour laquelle il y renonça.

« Les clauses, bien entendu, se réduisent toutes à une seule : *l'aliénation totale de chaque associé avec tous ses droits à toute la communauté;* car, premièrement, chacun se donnant tout entier, la condition est égale pour tous, nul n'a intérêt à la rendre onéreuse aux autres. De plus, l'aliénation se faisant sans réserve, l'union est aussi parfaite qu'elle peut l'être, et nul associé n'a plus rien à réclamer : car *s'il restait quelques droits aux particuliers,* comme il n'y aurait aucun supérieur commun qui pût prononcer entre eux et le public, chacun étant en quelque point son propre juge prétendrait bientôt l'être en tout. L'état de nature subsisterait, et l'association deviendrait nécessairement tyrannique ou vaine.

« Enfin chacun, se donnant à tous, ne se donne à personne; et, comme il n'y a pas un associé sur lequel on n'acquière le même droit qu'on lui cède sur soi, on gagne l'équivalent de tout ce qu'on perd, et plus de force pour conserver ce qu'on a. Si donc on écarte du pacte social ce qui n'est pas de son essence, on trouvera qu'il se réduit aux termes suivants : *Chacun de nous met en commun sa personne et toute sa puissance sous la suprême direction de la volonté générale, et nous recevons chaque membre comme partie indivisible du tout.*

« A l'instant, au lieu de la personne particulière de chaque contractant, cet acte d'association produit un corps moral et collectif, composé d'autant de membres que l'assemblée a de voix, lequel reçoit de ce même acte son unité, son *moi* commun, sa vie et sa volonté. »

Il ajoute ailleurs (liv. I, chap. VII) ces paroles que je cite pour compléter sa pensée :

« Afin que le *Contrat social* ne soit pas un vain formulaire, il renferme tacitement cet engagement qui seul peut donner de la force aux autres, que quiconque se refusera d'obéir à la volonté générale sera contraint par tout le corps : ce qui ne signifie autre chose sinon *qu'on le forcera d'être libre;* car telle est la condition qui, donnant chaque citoyen à la patrie, le garantit de toute dépendance personnelle. »

Voilà, Messieurs, la thèse du *Contrat social.*

Vous pensez sans doute que c'est faire trop d'honneur à ces rêveries pleines de contradictions, et souvent contredites par Rousseau lui-même, que d'en entreprendre la réfutation; vous avez raison. Je vous les signale, et c'est assez; il me tarde de vous faire entendre un autre langage. Mais retenez cette affirmation, dont vos réflexions et vos études ultérieures vous démontreront la justesse; c'est là le langage de l'orgueil humain, c'est l'erreur fondamentale de l'esprit révolté contre l'autorité divine.

L'orgueil a trouvé cependant de nos jours une autre hypothèse. Pour arriver à ce but si ardemment poursuivi, de se dégager du devoir de respect et d'obéissance à une volonté suprême et maîtresse, pour échapper à l'autorité de ce fait constaté par l'histoire, de cette vérité proclamée par la conscience, que la société est de droit naturel et divin, des modernes ont inventé le système des *évolutions progressives* : le *transformisme*, car c'est ainsi qu'on le nomme. C'est un progrès, comme vous l'allez voir. Hobbes et Rousseau, d'autres encore, comme Puffendorf et Burlamaqui, ont enseigné que l'homme s'est élevé de l'état sauvage, dans lequel il aurait longtemps vécu, à l'état social ; Darwin et ses disciples soutiennent que nous nous sommes élevés, nous-mêmes, de la nature purement animale à la nature raisonnable, et que l'homme n'est que le perfectionnement du singe, qui lui-même est la métamorphose d'une espèce inférieure.

Je n'invente rien, vous le savez.

Laissons ces docteurs en face de leurs ancêtres, si vous le voulez bien ; ils traiteront en famille la question de leurs origines. Nous n'avons, nous, Dieu merci ! rien à y voir.

La réfutation, désormais inutile, du système du *Contrat social* a été faite bien des fois. A quoi bon l'entreprendre ? Personne n'oserait défendre ces contradictions. Qui croit à l'hypothèse de cette assemblée, dans un lieu inconnu, de l'humanité tout entière, dans des assises solennelles qui n'ont pas laissé de trace dans la mémoire des générations et dont la logique de Sieyès, pour le dire en passant, demandait le renouvellement tous les vingt ans, par cet excellent motif que le contrat fait par une génération ne peut engager les suivantes, qui ont le droit de revenir à l'état de nature ?... Mais si ces insanités prêtent à rire, si l'hypothèse est ridicule, le poison qu'elles couvrent a pénétré profondément dans le corps social ; et, je vous le répète, l'idée de l'HOMME CRÉANT LUI-MÊME L'AUTORITÉ, c'est le fond des erreurs modernes. Je n'insiste pas, mais un peu de réflexion vous démontrera que je suis absolument dans le vrai.

Écoutons maintenant, Messieurs, d'autres paroles.

C'est d'abord Cicéron que je consulte, et je ne m'adresserai pas à d'autres païens. Cicéron est le plus brillant esprit de l'antiquité ; nul homme, avant le christianisme, ne s'est appliqué à la recherche du vrai avec un sens plus droit et une volonté plus pure.

Quand vous lirez son *Traité des lois*, vous y trouverez, exposée avec une admirable éloquence, la doctrine dont voici la brève et sèche analyse :

Seul de tous les êtres animés, l'homme est participant de la pensée et de la raison : *particeps rationis et cogitationis*.

La nature a déposé dans l'esprit de l'homme des notions nécessaires, *necessarias intelligentias*, qui sont les fondements de la science : *quasi fundamenta quædam scientiæ*.

La raison, « ce qu'il y a de plus divin », dit-il, existe dans l'homme et dans Dieu. La première société est donc celle de l'homme avec Dieu, dans cette participation à la raison : *prima hominis cum Deo rationis societas*.

De cette première vérité et de l'égalité des hommes dans leur participation à cet attribut divin de la raison, le philosophe tire cette conséquence que la société humaine est naturelle et nécessaire : *quæ sit conjunctio hominum et naturalis societas inter ipsos.*

La société humaine est donc l'état naturel et nécessaire de l'homme fondé sur l'égalité de la nature humaine dans la participation à la raison, et sur la première société de l'homme avec Dieu.

L'origine du droit dans la philosophie de Cicéron découle de ces prémisses. Il le dit expressément : *Constituendi ergo juris ab illa summa lege capiamus exordium quæ sæculis omnibus ante nata est.* Et il ajoute : *Nihil est profecto præstabilius quam plane intelligi, nos ad justitiam esse natos, neque opinione sed natura constitutum esse jus ; id jam patebit, si hominum inter ipsos societatem conjunctionemque perspexeris.*

Vous entendez, Messieurs, ce magnifique langage : le droit a son origine dans la loi souveraine antérieure à tous les siècles ! nous sommes nés pour la justice ! Et si vous considérez la société naturelle et l'union entre les hommes, vous concluerez avec certitude que ce n'est pas sur l'opinion, mais sur la nature que le droit repose !

Cicéron ne s'arrête pas là et pousse plus loin les conséquences de ces principes. Il en fait résulter l'origine divine du pouvoir et la limitation de la souveraineté du peuple qui ne saurait changer la nature des choses. « Ni les volontés de la multitude, dit-il, ni les décrets, ni les sentences ne fondent le droit.

« C'est la nature et la raison qui seules nous donnent la règle supérieure pour distinguer le bien du mal, le juste de l'injuste. La mission du pouvoir est d'ordonner ce qui est juste et d'en prescrire l'exécution. » Je résume, Messieurs, mais je vous affirme que le résumé est exact [1].

J'ajoute que le droit, *positif* ou *arbitraire*, n'est rien autre chose que l'ensemble des prescriptions de chaque souveraineté, dans le but indiqué par le philosophe romain.

Quelle admirable philosophie et quel génie que celui qui, cueillant ainsi la fleur seule des doctrines de l'antiquité, formule ce chef-d'œuvre de la raison humaine livrée à ses seules forces et arrive à la pure et indiscutable notion de l'origine du droit!

Domat, jurisconsulte chrétien, n'a pas à contredire à de telles idées. Mais vous allez voir de quelle lumière plus vive ces vérités sont éclairées par lui.

« Toutes les lois, dit-il, ont leur source dans les premiers principes qui sont les fondements de la société des hommes, et on ne saurait bien entendre la nature et l'usage des différentes espèces de lois que par la vue de leur enchaînement à ces principes, et de leur rapport à l'ordre de cette société dont elles sont les règles. »

Cherchons avec lui quels sont ces premiers principes, qui sont les fondements de l'ordre de la société des hommes.

Nous ne saurions, pour cela, suivre un guide plus éloquent et plus sûr. Et si vous deviez trouver longue la citation que je vais vous lire, vous m'excuseriez

1. Voyez Laferrière, *Histoire du Droit;* — Fénelon, *Essai sur le gouvernement civil;* — de Bonald, *Recherches philosophiques.*

après avoir entendu d'Aguesseau, qui est certes un bon juge.

« Personne n'a mieux approfondi que Domat le véritable principe des lois et ne l'a expliqué d'une manière plus digne d'un philosophe et d'un chrétien. C'est le plan de la société civile le mieux fait et le plus achevé qui ait jamais paru. »

Ceci est encore vrai, Messieurs.

Celui de qui d'Aguesseau parle en ces termes, et que Boileau a appelé le restaurateur de la raison dans la jurisprudence, fut simple avocat du roi au présidial de Clermont. Jean Domat, né à Clermont en Auvergne, le 30 novembre 1625, est mort pauvre à Paris, le 14 mars 1695, âgé de soixante-dix ans. Il avait été précédé dans la tombe par Pascal, son contemporain et son ami, qui lui confia en mourant ses papiers les plus secrets. Quels amis que ces deux hommes et quelles admirables pensées ont dû s'échanger dans les conversations entre Pascal et Domat ! Les ouvrages principaux de Domat sont : le *Traité des lois*, les *Lois civiles dans leur ordre naturel*, et le *Droit public*, suite des *Lois civiles*.

Je ne pouvais citer Domat sans vous donner au moins la date de la naissance et de la mort de l'un des plus nobles esprits qui se soient appliqués à l'étude du droit.

Écoutez maintenant, c'est Domat qui parle :

« On ne peut prendre une voie plus simple et plus sûre pour découvrir les premiers principes des lois qu'en supposant deux premières vérités, qui ne sont que de simples définitions : l'une, que les lois de l'homme ne sont autre chose que les règles de sa conduite ; et l'autre, que cette conduite n'est autre chose que les démarches de l'homme vers sa fin. Pour découvrir donc les premiers fondements des lois de l'homme, il faut connaître quelle est sa fin, parce que sa destination à cette fin sera la première règle de la voie et des démarches qui les conduisent, et par conséquent sa première loi et le fondement de toutes les autres. »

Ce principe posé, Domat recherche quelle est la fin de l'homme, et je ne saurais trop vous inviter à lire cette admirable dissertation.

Il constate l'existence dans l'âme humaine de deux puissances : l'entendement propre pour connaître et la volonté propre pour aimer. Dieu a donc fait l'homme pour connaître et aimer quelque objet dont la connaissance et l'amour doivent faire son bonheur et assurer son repos. La première loi de l'homme est donc de tendre à cet objet qui est sa fin, et *cette loi, règle de toutes ses démarches, doit être le principe de toutes ses lois.*

Mais quel est cet objet, fin de l'homme, but de toute sa conduite ?

Le grand jurisconsulte démontre aisément que, dans cet univers fait pour l'homme, il n'est rien, sans excepter l'homme lui-même, qui soit digne d'être sa fin et puisse assurer son repos, et il conclut ainsi :

« Enfin il faut apprendre de celui qui a formé l'homme que c'est lui seul qui, étant son principe, est aussi sa fin, et qu'il n'y a que Dieu seul qui puisse remplir le vide infini de cet esprit et de ce cœur qu'il a faits pour lui. »

Puis, après des développements que j'abrège, il termine l'exposé de cette doctrine par les paroles que je cite textuellement :

« C'est cette première loi qui est le fondement et le principe de toutes les autres : car cette loi qui commande à l'homme la recherche et l'amour du souverain bien, étant commune à tous les hommes, elle en renferme une seconde qui les oblige à s'unir et s'aimer entre eux, parce qu'étant destinés pour être unis dans la possession d'un bien unique, qui doit faire leur commune félicité, et pour y être unis si étroitement qu'il est dit qu'ils ne feront qu'un, ils ne peuvent être dignes de cette unité, dans la possession de leur fin commune, s'ils ne commencent leur union, en se liant d'un amour naturel, dans la voie qui les y conduit. Et il n'y a pas d'autre loi qui commande à chacun de s'aimer soi-même, parce qu'on ne peut s'aimer mieux qu'en gardant la première loi, et se conduisant au bien où elle nous appelle.

« C'est par l'esprit de ces deux premières lois que Dieu, destinant les hommes à l'union dans la possession de leur fin commune, a commencé de lier entre eux une première union dans l'usage des moyens qui les y conduisent ; et il fait dépendre cette dernière union, qui doit faire leur béatitude, du bon usage de cette première, qui doit former leur société.

C'est pour les lier dans cette société qu'il l'a rendue *essentielle à leur nature*. Et comme on voit dans la nature de l'homme sa destination au souverain bien, on y verra aussi sa destination à la société et les divers liens qui l'y engagent de toutes parts, et que ces liens, qui sont des suites de la destination de l'homme à l'exercice des deux premières lois, sont en même temps les fondements du détail des règles de tous ses devoirs et les sources de toutes les lois. »

Ne sentez-vous pas, Messieurs, que l'esprit trouve, en entendant ce langage si admirable de clarté et de sérénité, si grand et si noblement simple, une autre satisfaction qu'à écouter les sophismes du philosophe genevois?

Si ces conférences avaient le droit naturel pour objet, je vous apporterais d'autres autorités. Je vous démontrerais par des arguments puisés à des sources diverses, par l'étude des besoins physiques et moraux, par l'histoire et les faits, que l'état social est l'état naturel et nécessaire de l'homme; « Dieu, dit Domat, a fait la société *essentielle* à leur nature. » Mais je tiens cette vérité pour acquise, et je n'ai, pour le but que nous poursuivons, qu'à l'énoncer et non à la démontrer.

Vous savez maintenant ce qu'est le droit naturel. Il repose tout entier sur ces deux lois primordiales, certaines (j'en atteste vos consciences, l'instinct profond de la nature humaine, j'en atteste le philosophe païen et le jurisconsulte chrétien) : l'homme est fait pour une fin qui est Dieu lui-même, sa première loi est de tendre à cette fin, et toute loi qui lui fait obstacle est injuste. Pour moyen, Dieu a fait la société humaine. La société est d'origine divine. Cette société repose sur des bases dont la raison et l'expérience du genre humain suffiraient seules à démontrer l'irréfragable nécessité, quand même la foi ne l'affirmerait pas. Vous entendez que je veux parler de la religion à laquelle le pouvoir social doit respect et appui, de cette société première qui s'appelle la famille, et de la propriété, base économique de la société chrétienne.

Les deux lois primordiales sont le fondement de toutes les autres. Elles constituent le *plan social*, *l'ordre divin*. Et tous les hommes étant égaux par le droit qu'ils ont de tendre ensemble et librement à leur fin, toute loi qui contredit le plan social, l'ordre divin, est indigne du nom de loi, car elle est sans base légitime, elle viole la liberté, contredit l'égalité et blesse la fraternité humaine.

Connaissant ainsi l'origine du droit, nous en connaissons la nature; et à la question que nous nous étions posée nous pouvons répondre et je réponds : Le droit dans son sens le plus large et le plus élevé, le droit, c'est la *conformité à l'ordre divin*. Vous savez maintenant, Messieurs, ce qu'est le droit naturel, et vous savez pourquoi on l'appelle le droit immuable.

Ce que nous avons dit suffit, je l'espère, pour vous faire apprécier l'utilité de l'étude du droit naturel. Cette étude donne satisfaction à ce noble désir, à ce besoin de notre esprit de savoir la raison des choses

et de remonter aux principes et aux vérités premières.
Nous savons, vous et moi, où se trouve la réponse aux
questions que posent à tous les augures l'angoisse
douloureuse et l'incessante préoccupation de l'âme humaine inquiète de ses destinées. Un philosophe qui
n'est pas suspect, Jouffroy, l'un de ceux qui ont peint
avec le plus d'éloquence cette nostalgie du vrai, cette
agitation mélancolique de l'humanité à la recherche
de la grande solution, a écrit une page charmante
dont je veux vous citer un passage, parce qu'il touche
directement à ce qui fait l'objet de nos entretiens.

Il parle du catéchisme, de ce petit livre qui renferme la solution de toutes les questions qu'il a posées, « de toutes sans exception ». Puis, parlant de
l'enfant qui sait son catéchisme, il ajoute : « Origine
du monde, origine de l'espèce, question des races,
destinée de l'homme en cette vie et en l'autre, rapports de l'homme avec Dieu, devoirs de l'homme
envers ses semblables, droits de l'homme sur la création, il n'ignore rien; et, quand il sera grand, il
n'hésitera pas davantage sur le droit naturel, sur le
droit politique, sur le droit des gens; car tout cela
sort, tout cela découle, avec clarté et comme de soi-
même, du christianisme. »

Je ne vous ai pas dit autre chose, Messieurs, que
ce que dit Jouffroy.

Il y a d'autres motifs pour vous inviter à l'étude
du droit naturel. La connaissance en est indispensable pour faire et pour interpréter les lois.

Qu'est-ce en effet que le droit positif?

Il n'est autre chose que le droit dont les pouvoirs sociaux garantissent l'exécution. Il ne doit être que la consécration du droit naturel et son application proportionnée à l'état social de la nation pour laquelle il est fait. Obéissance lui est due parce qu'il émane du pouvoir, instrument indispensable de la conservation sociale, c'est-à-dire de l'ordre divin.

Si Dieu vous destine à prendre part à la redoutable mission du législateur, vous voyez quelle nécessité s'imposera à vous d'étudier les principes contre lesquels rien ne peut légitimement prévaloir.

De là découle la nécessité de la connaissance du droit naturel pour la saine interprétation des lois positives.

C'est un principe souvent proclamé dans les discussions préparatoires du Code civil que, dans le silence et l'obscurité de la loi, le juge doit se décider d'après les règles du droit naturel. Les rédacteurs du Code, Portalis, Tronchet, Bigot de Préameneu et Malleville, avaient rédigé un livre préliminaire du Code civil, qui était comme une espèce de déclaration de principes du législateur français; ce titre a été retranché. Nous aurons à en parler plus tard; je n'en cite aujourd'hui qu'un article, l'article 11 du titre V, ainsi conçu :

« Dans les matières civiles, le juge, à défaut de loi précise, est un ministre d'équité. L'équité est le retour à la loi naturelle ou aux usages reçus dans le silence de la loi positive. »

Je ne m'occupe pas aujourd'hui des critiques dont

la rédaction pourrait être l'objet ; je veux seulement vous faire remarquer que, même dans le texte du Code civil, on rencontre l'obligation pour le juge de statuer d'après les règles du droit naturel.

Ainsi l'art. 565 dispose : « Le droit d'accession, quand il a pour objet deux choses mobilières, appartenant à deux maîtres différents, est entièrement subordonné aux principes de l'*équité naturelle*. »

L'art. 1135 : « Les conventions obligent non seulement à ce qui y est exprimé, mais encore à toutes les suites que l'*équité*, l'*usage* ou la *loi* donnent à l'obligation d'après sa nature. »

L'art. 1854 : « Si les associés sont convenus de s'en rapporter à l'un d'eux ou à un tiers pour le règlement des parts, ce règlement ne peut être attaqué s'il n'est évidemment contraire *à l'équité*. »

Je vous ai avertis, Messieurs, que le droit positif est quelquefois appelé le droit *arbitraire*.

Je vous dois sur ceci un mot d'explication. Il ne faut pas croire que le législateur ait un pouvoir arbitraire dans le sens large du mot.

Nous avons établi qu'il y a des règles primordiales qu'il ne peut pas violer ; les lois humaines contradictoires aux lois de Dieu ne sont pas des lois, elles sont une forme de la violence et de l'usurpation.

Mais, néanmoins, vaste est le champ ouvert à ce qu'on peut appeler l'arbitraire de la loi positive. La loi naturelle ne prévoit pas le *mode d'exécution* de ses règles immuables. Il y a un grand nombre de rapports sociaux, il y a surtout des règlements concernant le côté

purement extérieur des relations sociales que le législateur doit faire et qui peuvent varier ou disparaître
sans qu'aucun principe de droit naturel soit atteint ou
engagé. Enfin la loi naturelle n'a dans ce monde qu'une
sanction imparfaite, et si les fraudes, les violences
n'étaient pas réprimées par les lois positives et la
force publique, la société serait bouleversée et le mal
triompherait. De là, Messieurs, la variété et la mobilité des lois positives faites en vue du temps, du lieu,
des circonstances.

Ainsi le droit de tester n'est pas violé parce que le
législateur exige quatre ou six témoins du testament.
Le droit naturel, qui proscrit le vol, n'a pas à souffrir
de ce que le vol, puni dans des circonstances données
de cinq ans ou de dix ans de prison, ne l'est dans
d'autres que d'une simple amende. Que la minorité
cesse à vingt et un ou à vingt-cinq ans, que la prescription s'acquière par dix, vingt ou trente ans, que les
donations doivent ou non être faites par acte solennel,
qu'importe tout cela aux principes ? Et si je voulais
vous donner un exemple de matières qui vous occupe-
ront longtemps sans que vous ayez à vous préoccuper des règles du droit naturel, je vous citerais le
long chapitre des formalités hypothécaires. Vous entendez donc bien, Messieurs, ce que droit arbitraire
veut dire.

De la différence entre les lois naturelles et les lois
positives ou arbitraires naît une conséquence qu'il
suffit de signaler.

Vous connaissez cet adage : La loi n'a pas d'effet

rétroactif; et cet autre : La loi n'oblige que du jour de sa promulgation.

Vous comprenez qu'il s'agit là des lois arbitraires et non de la loi naturelle. Les lois positives pourraient ne pas exister, elles n'obligent donc que du jour où elles sont connues par une promulgation dont le législateur détermine la forme et les délais; elles ne peuvent réagir sur les faits et les droits antérieurs à cette promulgation. Au contraire, les lois immuables du droit naturel sont contemporaines de l'intelligence elle-même; elles existent pour chacun dès que sa raison est éveillée. La nature elle-même se charge de leur promulgation; elles obligent donc en tout temps comme elles obligent en tout lieu.

Une réflexion se présente à mon esprit au moment de clore cet entretien.

J'ai parlé de ce qu'exige l'intérêt social; j'ai parlé de la légitimité des lois positives qui le protègent, et de l'obéissance qui leur est due. Nous avons, en effet, affirmé que l'ordre social est d'origine divine. Il faut donc obéir aux lois.

Or, nous sommes, nous, jurisconsultes chrétiens, bien à l'aise pour donner cet enseignement, et vous, Messieurs, chrétiens comme nous, vous êtes bien préparés à l'entendre. Comme citoyens, nous n'hésitons pas, vous n'hésiterez pas plus que nous à conformer les actes aux croyances. On ne nous trouve jamais parmi les révoltés.

Mais combien aveugles et insensés sont les législateurs et les chefs de nation qui marchandent leur appui, quelquefois même la liberté, à l'enseignement de ces doctrines sociales auxquelles la foi chrétienne donne la sanction suprême!

Vous souvenez-vous, Messieurs, de l'admirable apostrophe de Tertullien au persécuteur? Il plaidait la cause des chrétiens. Il démontrait que l'État n'avait pas de serviteurs plus fidèles, l'armée de soldats plus vaillants, la patrie d'enfants plus dévoués, les lois de plus exacts observateurs. Il en donnait une preuve irréfragable et singulièrement éloquente. Écoutez-la, quoique plus d'une fois sans doute vous l'ayez déjà entendue : ces idées sont de tous les temps.

« Nous ne sommes que d'hier et déjà nous remplissons vos villes, vos îles, vos châteaux, vos assemblées, vos camps, les tribus, les écuries, le palais, le Sénat, le barreau, la place publique. Nous ne vous laissons que les temples ! A quelle guerre ne serions-nous pas disposés, quand nous serions en nombre inégal au vôtre, nous qui endurons si résolument la mort, n'était que notre doctrine nous prescrit plutôt d'être tués que de tuer. Nous pourrions même, sans prendre les armes et sans rébellion, vous punir en vous abandonnant. Votre solitude et le silence du monde vous feraient horreur; les villes vous paraîtraient mortes et vous seriez réduits, au milieu de votre empire, à chercher à qui commander. »

Après vous avoir exposé la doctrine qui donne à l'autorité son vrai titre et sa force, en lui donnant pour auteur le Créateur de l'homme et de la société; après vous avoir rappelé les paroles de l'apologiste, n'ai-je pas le droit d'affirmer que, seules, l'ignorance ou la haine peuvent redouter pour le pouvoir civil l'enseignement catholique?

Terminons sur ce mot. Et emportez, Messieurs, plus forte et plus ardente, cette conviction : Oui, c'est la vérité qui sauve les nations. Oui, elle rend en sécurité à l'État ce que l'État lui donne en liberté et ce qu'il lui laisse prendre d'empire sur les âmes.

TROISIÈME CONFÉRENCE

Le droit des gens à Rome. — Le droit des gens dans les sociétés modernes. — Le droit naturel international. — Vertus et crimes des nations. — Le droit positif international. — La papauté. — Indépendance des États. — Droits innés ou acquis. — Les traités. — Le territoire. — Les mers. — Les agents diplomatiques. — Sanction du droit. — Défense du droit. — La guerre.

Messieurs,

Je vous parlais, dans ma dernière conférence, du droit naturel.

Vous rencontrerez dans les livres des jurisconsultes romains le mot droit naturel, *jus naturale,* pris comme synonyme de droit des gens, *jus gentium.* Ils le distinguent du droit civil, appelé aussi par eux *jus proprium cujusque civitatis.*

Le mot droit des gens est peu usité chez les modernes dans le sens que je viens d'indiquer. Cependant il signifie quelquefois l'ensemble de certaines institutions, relatives à des droits individuels, mais communes à tous les peuples.

Pour les Romains, il était spécialement le droit des

étrangers : *Jus quo gentes utuntur*. Gaïus l'appelle formellement *leges moresque peregrinorum*. C'était le droit commun au genre humain par opposition au droit civil, au droit des Quirites, qui régissait exclusivement les rapports des citoyens romains entre eux.

Dès le vi[e] siècle de Rome, nous voyons naître une magistrature dont la juridiction embrassait toutes les contestations entre étrangers, ou entre étrangers et citoyens romains. Je veux parler du *prætor peregrinus*, le préteur étranger, qui appliquait à ces contestations le *jus gentium*.

Vous savez que Rome était une cité jalouse ; mais peu à peu elle laissa passer à travers les aspérités de son vieux droit les amendements de l'équité. Les préteurs adoucirent, en les tournant, les rudes et aristocratiques formules du *stricti juris*. Dans cette lutte intéressante, dont l'histoire interne du droit romain offre le tableau animé, il arriva plus d'une fois au préteur urbain d'emprunter des solutions puisées par le préteur étranger dans le *jus gentium*, dont vous comprenez ainsi le sens primitif, spécial et tout à fait romain.

Plus tard, une définition, sinon complète au moins plus exacte, est donnée par les *Institutes : Jus quod usu exigente et humanis necessitatibus, gentes humanæ sibi constituerunt*. Cette définition a le mérite de distinguer le droit des gens du droit naturel et du droit civil.

Dans le langage moderne, droit des gens se dit des règles qui régissent les rapports entre nations indépendantes. Il est synonyme de droit international.

C'est de ce droit que je me propose de vous entretenir aujourd'hui. Mais le sujet est de telle nature, que je ne puis vous en donner qu'une idée générale, un aperçu sommaire. En effet, c'est au cours de droit naturel qu'appartient la matière de ce que les auteurs appellent le droit des gens *primaire*, composé des principes du droit naturel applicables aux nations aussi bien qu'aux individus. C'est à l'histoire politique qu'appartient l'étude du droit des gens *secondaire*, c'est-à-dire de ce droit positif composé des règles résultant de précédents historiques, d'usages généralement acceptés et surtout de traités internationaux.

Cette matière, vous le voyez, touche par des points de contact fréquents et de nombreuses affinités au droit naturel, qui a été l'objet de notre dernier entretien.

J'essaierai de vous donner une idée d'ensemble, une physionomie exacte de ce chapitre intéressant de la science du droit.

Et d'abord, existe-t-il un droit naturel international?

Nous avons posé des principes qu'il nous suffit de rappeler pour répondre à cette question.

Le droit, avons-nous dit, c'est la conformité à l'ordre divin. Il y a, en effet, un plan divin, un ordre dont Dieu est l'auteur et dont les lois obligent toutes les créatures; et c'est la violation de cet ordre, par celles de ces créatures à qui Dieu a donné la liberté, qui constitue le mal. Le mal, c'est la violation de l'ordre divin par la créature libre.

Nous avons affirmé cette autre vérité, que la société des hommes est une partie du plan divin; qu'elle en est un des éléments constitutifs, nécessaires; que l'état social est d'origine divine.

Il faut aujourd'hui aller plus loin. Dieu n'a pas fait seulement la société humaine. Il a fait des sociétés particulières, des nations; et le plan divin comporte l'existence de peuples indépendants, ayant une vie propre. Ces êtres vivants, ces grandes unités qui doivent à Dieu leur existence, ont aussi leurs lois, et ne s'écartent ni sans crime ni sans péril de l'obéissance qu'ils doivent aux lois d'éternelle et universelle justice.

Et comme les nations n'ont pas à attendre, dans une autre vie, la rémunération de leur obéissance, ou la peine des violations de la loi de justice, c'est une croyance, confirmée par l'étude attentive de l'histoire, que les nations reçoivent dans ce monde, au delà duquel leur vie ne se prolonge pas, la récompense et le châtiment dont les individus ont la promesse pour la vie future.

Cette pensée, que les nations fidèles à leur mission et à la justice reçoivent leur récompense; que les nations infidèles reçoivent leur châtiment; qu'en un mot les vertus et les crimes nationaux sont récompensés et punis ici-bas, cette pensée, Messieurs, je vous la livre, en passant, comme une de celles qui éclairent d'une vive lumière la suite des événements. Elle n'est pas un dogme; elle est pour moi une vérité morale et historique évidente; elle peut être pour vous le sujet d'intéressantes et fructueuses méditations. Ne la perdez pas de vue quand vous étudierez l'histoire.

Les lois de justice absolue, le droit naturel, obligent donc les nations entre elles, comme dans leurs rapports avec les membres de la cité. Cette idée domine toute la science du droit des gens, elle en est la règle première. Les grandes souffrances de l'humanité, les guerres et les conquêtes injustes, les violences inutiles, les écrasements des faibles par les plus forts, sont le douloureux résultat de la méconnaissance de cette loi divine.

Des hommes éminents groupés autour d'un publiciste anglais, M. Urquhart, se sont, depuis quelques années, voués à la tâche de la restauration du droit des gens, par la proclamation persévérante de ces grandes vérités méconnues. L'un d'eux résume ainsi la doctrine de cette école dont vous suivrez avec intérêt les travaux : « Le droit des nations se trouve dans le Décalogue comme tous les droits et tous les devoirs possibles. Le Décalogue regarde les nations comme les particuliers, puisqu'elles se composent de particuliers. *Dieu en vain tu ne jureras; Faux témoignage ne diras; Homicide point ne seras; Bien d'autrui tu ne prendras; Bien d'autrui tu ne convoiteras.* Voilà les principes du droit des gens. »

On ne saurait mieux dire, ni offrir aux peuples chrétiens une règle plus certaine de leurs relations mutuelles.

Nous affirmons donc d'abord que les relations nécessaires des États entre eux sont soumises à la *loi* que Dieu, auteur de la nature et de la société, a imposée aux associations d'hommes aussi bien qu'aux individus. Cette loi est pour les États, considérés comme personnes morales, ce qu'elle est pour chaque homme, nécessaire, universelle et immuable. C'est ce que l'on a quelquefois appelé le *droit naturel des gens*, pour le distinguer du *droit positif des gens*.

Il nous suffit d'avoir affirmé le principe; le plan de ces conférences ne comporte pas l'examen des questions dont le développement théorique de cette vérité appellerait la discussion.

Plus que jamais ces questions, dans les circonstances actuelles, sont délicates et difficiles à aborder. Elles ne peuvent trouver place dans des leçons que la ferme volonté du professeur entend maintenir hors du terrain des faits extérieurs et des événements contemporains. Un passage emprunté à un ouvrage de M. Guizot [1] vous fera comprendre les motifs et apprécier la sagesse de cette résolution :

« Depuis que l'esprit de réforme ou de révolution agite presque toutes les nations européennes et que la plupart des gouvernements sont aux prises avec cette redoutable alternative, la sphère du droit des gens s'est fort agrandie, et la politique extérieure est appelée à prendre en considération des faits et à résoudre des problèmes bien plus compliqués que ceux dont elle se préoccupait jadis. Aux questions d'étendue

1. *L'Église et la Société chrétienne en 1861.*

ou de configuration territoriale, d'équilibre européen, de liens politiques ou de rapports commerciaux viennent se joindre aujourd'hui celles que soulèvent les relations des gouvernements avec leurs peuples, les droits mutuels du pouvoir et de la liberté dans les divers États, les luttes intestines des partis, la variété de leurs principes, de leurs forces et de leurs chances de succès. La politique extérieure ne peut se dispenser de regarder avec soin à tous ces faits et d'en tenir grand compte dans son attitude et ses résolutions. L'appréciation du régime intérieur des États, de ses troubles, de ses vicissitudes, la comparaison des droits des princes et des droits des peuples, et la solution des questions de principe ou de prudence qui s'élèvent à ce sujet, entrent maintenant dans le domaine du droit des gens...

« ... Anciennes ou nouvelles, ce n'est que selon les principes et par le respect du droit des gens que les questions qui agitent dans leurs relations les sociétés chrétiennes peuvent être efficacement résolues. Hors du droit des gens, il n'y a que l'état révolutionnaire, qui est la barbarie jetée au travers de la civilisation. »

Ce n'est pas ici le lieu de juger les doctrines d'un ouvrage que vous ne lirez pas sans vous souvenir qu'il y a des réserves à faire; mais on ne peut qu'applaudir à ces dernières paroles.

Nous, Messieurs, nous nous occuperons exclusivement, au point de vue juridique, du droit positif international qui se compose des conventions et des coutumes ou usages reçus.

4.

Mais quoi! un droit positif international? Ici encore, une question se pose. Pour ceux qui nient l'existence du droit, là où n'existe pas un pouvoir armé de moyens d'exécution et de contrainte, le droit international n'est qu'une noble chimère. Que parlez-vous, disent-ils, de droit, d'obligation, de traités? Où est le tribunal qui interprète les traités et juge les différends? Qui écrira au pied d'une sentence le : *Mandons et ordonnons?* Et qui, l'ayant écrit, contraindra à l'exécution du jugement le débiteur récalcitrant qui ne reconnaît d'autre autorité que la sienne, et appuie sa résistance sur des baïonnettes et des forteresses? Où est donc le droit?

Nous venons, nous, Messieurs, de résoudre cette difficulté. Je vous rappelle l'idée première et fondamentale de tout ce que vous avez entendu de moi jusqu'à cette heure : le droit et la procédure, le droit et la garantie du droit sont choses distinctes; le droit existe *de soi*, et l'impossibilité de le faire respecter, d'en procurer la réalisation, ne lui ôte rien, sinon de son utilité actuelle, au moins de son existence réelle et de la valeur de ses revendications. Cela est vrai pour les nations comme pour les particuliers. Il n'y a ni tribunal international ni gendarme international; il y a néanmoins un droit international.

La papauté fut, à un moment de l'histoire, l'arbitre suprême des querelles des souverains et des peuples. Elle apportait aux faibles, elle donnait au droit méconnu et menacé l'appui d'une autorité matériellement désarmée, mais dont la conscience universelle,

alors universellement chrétienne, réprouvait, con-
damnait le mépris. Nous sommes loin de là! Des
hommes dont il faut admirer les illusions — que ne
puis-je dire: les espérances!... —rêvent la constitution
d'un tribunal international dont les décisions auraient
pour garants et exécuteurs tous les États civilisés. Ne
peut-on pas espérer, au moins, la création, auprès de
chaque gouvernement et au-dessus des pouvoirs politiques, d'un tribunal suprême, représentant une haute
autorité morale et religieuse, sans l'avis duquel aucune
guerre ne serait légitime? C'est le but que poursuivent
les publicistes de l'école dont je vous parlais tout à
l'heure. Applaudissons à ces efforts, Messieurs, sans
illusion mais non sans espoir.

Vous avez entrevu ce qu'il y eut de grand et d'utile
dans ce rôle de l'autorité religieuse, de la papauté
victorieuse de la barbarie. Cette idée restera dans
vos esprits et vous prémunira, dans le cours de vos
études historiques, contre les erreurs et les menson-
ges des adversaires de l'Église, qui ont exagéré les
fautes et les défaillances et dénaturé, avec une rare
obstination, les faits, les documents, les intentions.
Ils ont ainsi montré sous le jour le plus faux une époque historique qui pouvait être pour l'humanité le
commencement d'une ère de prospérité, de paix et
de justice.

Écoutez, sur ce rôle de la papauté au moyen âge,
l'opinion de l'auteur dont je vous lisais il y a un instant les paroles, M. Guizot:

« Après la chute de l'Empire romain, et pendant

le moyen âge, c'est la papauté qui, à travers les violents désordres du temps et malgré les siens propres, a été l'interprète, le défenseur, le patron du droit des gens. Elle en a souvent toléré et même autorisé la violation; elle l'a souvent subordonné à son ambition et à son intérêt propre (vous n'oublierez pas, Messieurs, que c'est un protestant qui parle); mais, à tout prendre, c'est elle, et elle seule à cette époque, qui, au nom de la religion, de la morale, des droits naturels de l'humanité ou des intérêts généraux de la chrétienté, est intervenue entre les États divers, entre les princes et les peuples, entre les forts et les faibles, pour rappeler et recommander la justice, la paix, le respect des engagements, les devoirs et les ménagements mutuels, posant ainsi, contre les prétentions et les dérèglements de la force, les principes du droit international. »

Je vous disais, Messieurs, que le droit et la procédure sont distincts, que le droit existe de soi. La procédure du droit des gens, hélas! nous ne la connaissons que trop; c'est à coups de canon qu'elle se fait, et c'est le sabre qui déchire ou raccommode les traités. Nous savons aussi que les jugements de la guerre sont souvent iniques et toujours sujets à appel. Inclinons-nous devant ces conséquences de l'oubli et de la méconnaissance du droit. L'humanité paye la première faute. La guerre, le duel, resteront entre les peuples le suprême appel au jugement de Dieu. L'histoire nous apprend que les triomphes de l'iniquité ne sont pas éternels, que les desseins de Dieu s'accomplissent, et que, si le dernier mot se fait souvent attendre, il finit toujours par appartenir à la justice.

L'antiquité n'a pas connu le droit international. La loi des Douze-Tables édictait ce principe barbare : *Contra hostem æterna auctoritas esto.* Les philosophes grecs, je parle des meilleurs, Aristote et Platon eux-mêmes, affirmaient que tout était permis contre l'étranger qu'un traité ne protégeait pas : *Cum alienigenis,* dit Tite-Live, *cum barbaris æternum omnibus Græcis bellum est.*

Les traités n'étaient respectés que parce que les formules sacramentelles et les cérémonies religieuses dont ils étaient accompagnés en faisaient des actes sacrés sous la protection même des dieux.

Vos souvenirs classiques vous représentent sans doute, au moment où je parle, ce conseil des amphictyons s'ouvrant à Delphes, au milieu des plus pompeuses cérémonies, pour terminer les querelles entre les peuples de la Grèce unis par la ligue amphictyonique. Ses décrets étaient considérés comme l'ordre des dieux; mais contre le Barbare, c'est-à-dire contre l'étranger, tout restait permis.

Vous savez quelle a été l'influence du christianisme sur le droit des gens et les relations des peuples.

Prenons les choses en l'état où la suite des événements et des idées les ont mises, et voyons ce qui est généralement accepté et enseigné, en fait de droit positif international.

Il existe, avons-nous dit, entre les nations une société naturelle qui crée des devoirs réciproques de justice, de bienveillance et d'humanité, dont le droit naturel est la loi fondamentale.

Mais les nations sont des personnes morales indépendantes. Quels sont les droits qui découlent de cette *indépendance* des États souverains?

On les divise en droits *innés* ou *absolus* et droits *acquis* ou *relatifs*.

Des premiers, le plus important et celui duquel dérivent presque tous les autres est le droit de *personnalité* ou d'existence, que quelques auteurs nomment droit de conservation de soi-même. De là, pour l'État, le droit de *défense;* défense de sa constitution, de sa dignité, de son honneur. De là le droit *territorial*, c'est-à-dire le droit de posséder et de défendre son territoire et d'y exercer seul sa juridiction. De là le droit d'*acquérir des domaines;* le droit d'*exercer le commerce* nécessaire à l'utilité des citoyens, et enfin le *droit de guerre* dont nous parlerons tout à l'heure.

Il faut nommer ensuite le droit d'*indépendance*. Le mot n'a pas besoin de commentaires. Enfin le droit d'*égalité*. C'est, vous l'entendez bien, de l'égalité juridique qu'il s'agit et non de l'égalité de fait. Cela signifie que, malgré la disproportion des forces et l'inégalité de l'étendue du territoire, le droit de souveraineté étant le même dans chaque nation, les États sont entre eux sur le pied d'une parfaite égalité juridique. Vous apercevez quelles graves conséquences découlent de ces principes.

A ces droits absolus, innés, fondés sur la justice, la

bienveillance, disons-mieux, la charité, qui oblige les nations comme les individus, en ajoute d'autres moins stricts. Ainsi l'hospitalité, l'intervention pacifique, le laisser-passer sur le territoire ou la mer occupée, quand le passage est sans péril et ne compromet pas la neutralité ; ainsi encore la communication des découvertes utiles à l'humanité, en un mot, les services mutuels. C'est à ces devoirs, aussi bien qu'aux devoirs absolus, que pensait Cicéron, lorsqu'il formulait ces belles maximes, si peu pratiquées par le patriotisme, jaloux jusqu'à la cruauté, des peuples anciens : *Qui civium rationem dicunt habendam, externorum negant, hi dirimunt communem humani generis societatem, quâ sublatâ beneficentia, liberalitas, bonitas, justitia funditus tollitur ; quæ qui tollunt, etiam adversus deos immortales impii judicandi sunt, ab iis enim constitutam inter homines societatem evertunt. »* (*De Officiis*, l. III, c. v.)

Ces devoirs sont quelquefois nommés imparfaits parce que l'accomplissement ne peut en être exigé par la force, l'État à qui on le demande étant seul juge de la mesure dans laquelle l'intérêt de ses nationaux lui permet de l'accorder.

Nous venons d'énumérer les droits innés ou absolus des États souverains. Les droits *acquis* ou *relatifs* résultent des *traités* internationaux et de la *propriété du territoire.*

La question de savoir à qui appartient le droit de conclure ou de ratifier les traités est du ressort du droit public de chaque nation. Disons d'une façon générale que les souverains (je dis souverains, quelle que soit la forme du gouvernement) peuvent, par eux-mêmes ou par des mandataires, munis de pouvoirs suffisants, s'engager et engager la nation.

Les principes qui régissent les contrats privés, principes de justice, d'honnêteté, de fidélité à la foi jurée, sont applicables aux traités entre les nations. Il faut noter, en passant, qu'il est d'usage constant en diplomatie que le traité international n'est pas parfait par le consentement des parties contractantes, et que le *vinculum juris*, le lien du droit, n'est créé que par l'échange des signatures et la réalisation d'un acte, dont la forme, du reste, n'a rien de sacramentel.

Vous comprenez, Messieurs, que la variété des noms et des formes des traités est en quelque sorte infinie comme celle des intérêts en vue desquels ils peuvent être conclus. Il y a les traités d'alliance; il y a l'innombrable catégorie des traités de commerce, de protection, de libre échange; traités sur les brevets et les contrefaçons; traités pour la protection de la propriété artistique et littéraire; traités réglant les communications postales et télégraphiques, et combien d'autres encore? Il est arrivé que les gouvernements, mus par un sentiment d'humanité, ont conclu des traités et se sont soumis à certaines gênes et obligations réciproques, sans qu'aucun intérêt matériel y parût engagé. C'est ainsi qu'à l'instigation de l'Angleterre les puissances maritimes avaient, pour parvenir à l'abolition de la traite des noirs, consenti au droit de visite des navires en temps de paix.

Je dois une mention particulière à une catégorie de traités qui intéressent spécialement les jurisconsultes. Ce sont les traités d'extradition.

Il est de l'intérêt non seulement des États, mais de l'humanité tout entière que les violations de la loi ne restent pas impunies et que le malfaiteur puisse être recherché, poursuivi et appréhendé. La justice humaine ne rencontre plus l'obstacle de l'ancien droit d'asile. Vous savez tous, Messieurs, que les temples dans l'antiquité et plus tard les églises, certaines villes même et d'autres lieux privilégiés abritaient contre toute poursuite celui qui y avait cherché un refuge. Que le droit d'asile ait protégé plus d'un coupable, on ne peut le nier. « Mais, dit un grand criminaliste, M. Faustin-Hélie, on est disposé à penser, quand on se reporte à l'absurdité des preuves, à la faiblesse des juridictions, que cette institution des asiles, quels qu'en fussent les abus, a rendu autant de services à la société qu'elle lui a fait de mal et a dû sauver autant d'innocents qu'elle a protégé de coupables. » Il n'y a certainement dans cette appréciation rien d'excessif. Le droit d'asile fut la manifestation d'un instinct profond de l'âme humaine. Chercher un refuge aux pieds de la divinité, c'est le premier mouvement de l'innocence menacée et du crime repentant. Qui pourrait s'étonner du respect des peuples pour ces lieux consacrés par la présence du Dieu de justice et de miséricorde ? Le droit d'asile a été une des formes de la protection, par l'autorité religieuse, de la faiblesse et de l'innocence présumée, contre les violences des pouvoirs sans contrôle.

Ce droit n'a plus sa raison d'être; mais l'indépendance des États et l'inviolabilité du territoire créent un asile au delà de chaque frontière, et de là naît la nécessité des traités d'extradition.

L'extradition est l'acte par lequel un gouvernement livre à un autre gouvernement un individu prévenu d'un crime. L'extradition est un acte de souveraineté. Chaque État souverain est donc libre d'accorder l'extradition, lorsqu'il lui paraît utile de le faire. Il peut y être amené par des négociations diplomatiques, il n'y est obligé que par un traité formel.

Ces traités sont nombreux ; il est peu de gouvernements avec qui la France n'en ait pas conclu. L'énumération en serait ici sans utilité ; vous la trouverez dans les ouvrages spéciaux et dans tous les dictionnaires de jurisprudence.

Chacun de ces traités énumère les catégories plus ou moins nombreuses des méfaits pour la répression desquels l'extradition sera accordée. Les crimes et délits purement politiques en sont exclus. Vous comprenez les motifs de cette exclusion. Elle peut être une cause d'abus sans doute ; mais des considérations de plusieurs sortes la justifient et en imposent la nécessité. Aucune nation n'accorde l'extradition de ses nationaux ; chacune se réserve de juger les siens.

Tels sont les caractères généraux de ces traités. Je ne puis même essayer d'entrer dans l'examen des nombreuses et délicates questions que présente cette matière de l'extradition. J'ajouterai seulement que le type de la plupart des conventions passées par la France avec les nations étrangères, pour l'extradition réciproque des malfaiteurs, est le traité avec la Belgique, qui porte la date du 22 novembre 1831. Vous pourrez l'étudier spécialement quand vous aurez le désir de compléter cette étude, sur laquelle le temps ne me permet de vous donner que des indications.

Il y a pour les États une autre source de droits acquis ou relatifs. C'est la propriété du territoire.

Le territoire occupé par une nation est sa propriété exclusive. Quand nous parlerons, dans nos prochaines conférences, du droit de propriété, je vous signalerai les doctrines diverses professées à propos de l'acquisition de la propriété, par l'occupation et la conquête. Ce sujet ne peut être traité utilement que dans une étude d'ensemble.

Le droit de propriété d'une nation sur son territoire est théoriquement divisé en droit de *domaine*, c'est-à-dire droit d'user de toutes les ressources offertes par le territoire, et droit *d'empire* ou de commandement.

En parlant du droit de domaine et du droit d'empire d'une nation sur son territoire, on fait une distinction purement théorique. La distinction est dans les livres, elle n'existe pas dans la pratique, les deux droits sont inséparables.

L'usage étend la propriété des rivages de la mer sur la mer elle-même, jusqu'à portée de canon des côtes. On dit qu'un navire est entré dans les eaux françaises, par exemple, quand il est entré dans l'espace ainsi mesuré. Cette partie de la mer est censée comprise dans le territoire de la nation maîtresse du rivage et participe à son inviolabilité. La nation exerce sur elle les droits de domaine et de juridiction qu'elle a sur la terre ferme. La sécurité militaire et commerciale des nations exige qu'il en soit ainsi.

Mais la pleine mer peut-elle être l'objet d'un droit de propriété? Ce fut, il y a bientôt trois siècles, une question discutée avec passion. Un Anglais, Selden, soutint, au profit de l'Angleterre, l'affirmative, dans un livre intitulé : *Mare clausum*.

La liberté des mers a été défendue par Grotius dans un ouvrage célèbre : *Mare liberum*. Il n'a plus aujourd'hui de contradicteurs. Je ne vous en citerai qu'une phrase, qui, sous une forme vive et saisissante, tranche la querelle. « *Nemo nescit*, dit Grotius, *navem per mare transeuntem non plus juris quam vestigii relinquere*. Nul n'ignore que le sillage d'un navire ne laisse pas sur la mer plus de droit acquis que de trace. » La mer, en effet, sur laquelle tout établissement permanent, toute délimitation est impossible, échappe, par sa nature même, à la possession, à l'appropriation. Mme de Staël avait lu Grotius quand elle écrivait cette phrase : « Si les vaisseaux sillonnent un moment les ondes, la vague vient effacer aussitôt cette légère marque de servitude et la mer reparaît ce qu'elle fut au jour de la création. »

Ce que je dis ne s'applique point aux mers intérieures dont tous les rivages sont possédés par une seule nation et qui ne communiquent avec l'Océan que par un passage étroit, lequel peut être effectivement gardé et protégé par la nation propriétaire des rivages. Vous savez, Messieurs, que les Romains s'attribuaient la propriété de la Méditerranée.

Tels sont, sommairement énumérés, les droits absolus et les droits acquis des États souverains.

Avant de parler de la sanction de ces droits et de ces devoirs réciproques des nations, disons un mot des agents par l'intermédiaire desquels les nations traitent de leurs intérêts en temps de paix et négocient avant ou pendant la guerre. Je veux parler des agents diplomatiques.

Les chefs d'États ne peuvent pas traiter chaque jour directement des affaires politiques et des intérêts commerciaux des peuples. De là la nécessité d'intermédiaires dont le nombre s'est accru avec la fréquence des relations entre les peuples.

L'antiquité n'a pas connu les ambassades permanentes. Les envoyés de l'ancienne Rome étaient appelés *legati* ou *oratores*. Leur mission était toujours spéciale et temporaire.

Il y a deux ordres d'agents diplomatiques : les *ministres publics* proprement dits, chargés de traiter directement avec les gouvernements, et les *consuls*, fonctionnaires ou agents spécialement chargés, par un gouvernement, de protéger à l'étranger les opérations commerciales et les personnes de ses nationaux. La France a des consuls généraux et des consuls de première et de seconde classe.

Il y a, entre les ministres publics, une hiérarchie très marquée.

Au premier rang sont les *ambassadeurs*, ambassadeurs ordinaires et ambassadeurs extraordinaires. Ils représentent le souverain, le chef de l'État, non seulement pour les affaires, mais quant à la personne et à la dignité. Ils ont seuls le caractère représentatif par excellence. Les ambassadeurs du pape sont appelés *nonces* et ses envoyés extraordinaires ont gardé le nom romain de *légats, legati, legati a latere*.

Au second rang sont les *ministres plénipotentiaires*, qui prennent le nom d'*internonces* s'ils sont envoyés par le pape. Il y a encore des *résidents*, des *envoyés* et des *ministres*, mandataires sans attribution spéciale de rang et de caractère. Ces distinctions, dont je n'ai pas épuisé la nomenclature, sont, du reste, personnelles à chaque nation et n'obligent aucunement les autres, sinon suivant un usage que maintient la courtoisie réciproque, à envoyer un représentant de rang égal à celui du ministre accrédité auprès d'elles.

Une ordonnance du 16 décembre 1832 divise en quatre classes les missions et les agents diplomatiques français : ambassadeurs, ministres plénipotentiaires, ministres résidents, chargés d'affaires. Un règlement annexé à l'acte du congrès de Vienne les avait partagés en trois classes : ambassadeurs, légats et nonces ; envoyés, ministres ou autres accrédités auprès des souverains, et enfin chargés d'affaires, accrédités auprès des ministres des affaires étrangères.

Les agents diplomatiques sans exception, agents diplomatiques proprement dits ou ministres publics, et

consuls, jouissent du privilège personnel d'inviolabilité, privilège incommunicable comme son nom
l'indique.

Les ministres publics, et non les consuls, jouissent du
privilège d'exterritorialité. Le mot n'est pas euphoni-
que, mais il exprime très nettement ce qu'il veut dire.
Ce privilège comporte la franchise de l'hôtel de l'ambassade. Mais cette franchise a ses limites et ne fait
pas de l'hôtel un lieu d'asile pour les malfaiteurs
étrangers à l'ambassade.

La fiction d'exterritorialité garantit à l'envoyé le
droit de pratiquer librement sa religion, lors même
que l'exercice en serait prohibé par les lois du pays.

Cette fiction le fait échapper à la juridiction civile
et criminelle du pays qu'il habite comme représentant d'une autre nation. Pour tous les actes relatifs à
sa personne, à sa famille, à ses biens, il suit les formes
de la loi de son pays d'origine. Il ne peut être poursuivi civilement devant les tribunaux. Aucune saisie
ne peut être pratiquée à son préjudice. Ni le ministre,
ni sa famille, ni aucun de ceux de ses compatriotes
qui font, même comme serviteurs, partie du personnel
de l'ambassade ou de la suite de l'ambassadeur ne
sont soumis à la juridiction criminelle étrangère. Ils
sont, en cas de poursuite, remis à la justice du pays
que l'ambassadeur représente.

Telles sont les conséquences essentielles qui découlent de la fiction d'exterritorialité. Les questions de
détail, les difficultés d'application sont nombreuses.
Leur étude, même incomplète, nous demanderait

beaucoup plus de temps que nous ne pouvons en consacrer à ce chapitre du droit international.

Il nous reste à parler de la guerre.

Les nations ont des droits, elles ont des devoirs. Les droits de conservation personnelle, de liberté, d'égalité, le droit de vivre et d'améliorer sa vie, appartiennent aux personnes morales comme aux individus. Nous avons dit que les nations ont non seulement des droits innés, mais aussi des droits acquis.

Le droit étant reconnu, la défense du droit ne peut être refusée. De là la légitimité de la guerre. Empêcher par la force la violalion d'un droit, c'est la guerre défensive. Exiger la réparation de l'injure subie ou du dommage causé par la violation déjà accomplie d'un droit, c'est faire une guerre offensive. (Quelquefois, dans le langage ordinaire, les mots : offensive et défensive indiquent seulement l'ordre chronologique des hostilités.) Les États doivent veiller à leur sécurité et il est impossible de contester aux peuples le droit, que nul ne conteste aux individus, de repousser une agression ou d'exiger la réparation d'un préjudice injustement souffert.

Le droit naturel ne condamne pas la guerre, et Cicéron a pu dire qu'elle est non seulement permise, mais quelquefois commandée : « *Non-modo justum sed etiam necessarium est, cum vi vis illata defenditur.* » Vous savez que le droit divin ne l'interdit pas. Il suffit d'ouvrir l'Ancien Testament pour s'en convaincre, et sur ce point là doctrine de l'Église catholique n'est pas douteuse, contraire en cela à l'étrange opinion exprimée un jour par Luther, qui, sous prétexte qu'il est illicite de résister aux châtiments de Dieu, ne voulait pas que les chrétiens se défendissent contre les Turcs! Les chrétiens se sont défendus, et vous ne doutez pas plus que moi, Messieurs, que Dieu ait fait mieux que de leur pardonner.

Tout ceci s'entend, vous le comprenez, d'une guerre juste. Mais quand la guerre est-elle faite pour une juste cause? La question est quelquefois facile, d'autres fois si difficile à résoudre qu'une guerre peut être, sinon absolument, au moins subjectivement, intentionnellement juste des deux côtés, grâce à la bonne foi des belligérants.

Les justes causes de guerre sont, nous l'avons dit, la défense contre les injures ou la réparation à exiger des injures reçues. Injure se prend ici dans le sens large du mot : *injuria*; il comprend toutes les violations du droit, toutes les injustices.

Les causes injustes, — nous le savons trop, hélas! — *le droit de la force* n'est pas embarrassé pour les trouver; et la race n'est pas perdue de ceux qui, s'ils livraient toute leur pensée, répondraient, comme Brennus en Étrurie, ces mots rapportés par Tite-Live : « *Se in armis jus ferre, et omnia fortium virorum esse.* Le droit est attaché au fer de nos lances, et tout appartient aux plus forts! »

Il y a une cause injuste, quoi qu'on en ait osé dire, que l'on nomme la raison d'État. C'est sous ce nom, sous les mots pompeux d'équilibre et de nationalité, c'est sous le prétexte d'ombrages conçus sur les intentions des voisins, de délimitations incorrectes, qu'une politique perverse a plus d'une fois coloré de coupables agressions.

Cette politique, qui fonde la prospérité des États sur la ruine de leurs voisins, qui a pour pratiques ordinaires la violence et le mensonge, et l'utilité pour mesure du droit, cette politique qui proclame la légitimité du succès, elle a jadis porté un nom d'homme: Machiavel. Elle a l'audace aujourd'hui de s'appeler: le droit nouveau. Je ne l'aurai pas nommée sans protester contre elle et sans affirmer que le droit naturel et la doctrine chrétienne la réprouvent et la condamnent.

La guerre cesse d'être légitime, sinon dans sa cause au moins dans ses procédés, si elle est conduite contrairement au droit des gens.

En effet, tout n'est pas permis à la guerre et par la guerre. Le droit naturel défend certains actes de violence, et il en est d'autres que, par un sentiment d'humanité, de prudence et d'honneur, les nations civilisées s'interdisent. En principe, toute violence inutile est coupable. Celui qui combat justement ne peut rien faire qui nuise à l'ennemi sans nécessité et n'atteigne pas directement le but de la lutte, qui est de diminuer les forces de combat de l'adversaire. C'est ainsi que la conscience publique flétrit l'emploi des armes empoisonnées et le massacre des prisonniers, car il est nécessaire, pour le but de la guerre, non pas que l'ennemi meure, mais qu'il soit mis hors de combat.

Vous connaissez les paroles de du Guesclin à ses soldats : « En quelque lieu que vous fassiez la guerre, souvenez-vous toujours que les ecclésiastiques, les femmes, les enfants et les laboureurs ne sont point vos ennemis. » Ce jour-là le connétable Bertrand du Guesclin enseignait le droit des gens.

Il faut ajouter que la guerre n'est légitime que tant qu'elle est nécessaire et que tous les efforts, pour arriver au règlement amiable du différend, ont été épuisés. La guerre est quelquefois évitée par des *médiations* de puissances amies ou par des *arbitrages*.

Je dois encore mentionner le devoir strict des belligérants de respecter le *droit des neutres*.

La guerre faite pour une juste cause est donc légitime. Mais, en ce cas même, la guerre est un fléau. L'humanité le sent et le crie ; poussée à la guerre par je ne sais quelle passion mystérieuse, l'humanité, qui n'élève aucune gloire aussi haut que la gloire des armes, l'humanité pourtant se révolte et gémit, et Joseph de Maistre a bien dit : « Rien n'est plus contraire à la nature de l'homme et rien ne lui répugne moins : il fait avec enthousiasme ce qu'il a en horreur. » Vous connaissez le mot si vrai d'Horace : *bella matribus detestata*. Avant lui le vieil Hérodote avait écrit que la paix est le temps où les fils enterrent les pères, et la guerre le temps où les pères enterrent les fils.

J'ai nommé J. de Maistre. Écoutez de lui, Messieurs, quelques paroles d'une puissante et originale éloquence : « Les fonctions du soldat sont terribles ; mais il faut qu'elles tiennent à une grande loi du

monde spirituel, et l'on ne doit pas s'étonner que toutes les nations de l'univers se soient accordées à voir,
dans ce fléau, quelque chose encore de plus particulièrement divin que dans les autres. Croyez que ce
n'est pas sans une grande et profonde raison que le
titre de *Dieu des armées* brille à toutes les pages de
l'Écriture sainte. Coupables mortels, et malheureux
parce que nous sommes coupables, c'est nous qui ren-
dons nécessaires tous les maux physiques, mais surtout la guerre. Les hommes s'en prennent ordinaire-
ment aux souverains, et rien n'est plus naturel. Horace
disait en se jouant :

> Du délire des rois les peuples sont punis.

Mais Jean-Baptiste Rousseau a dit avec plus de gravité et de véritable philosophie :

> C'est le courroux des rois qui fait armer la terre,
> C'est le courroux du ciel qui fait armer les rois.

« Observez de plus que cette loi, déjà si terrible de la
guerre n'est cependant qu'un chapitre de la loi générale qui pèse sur l'univers. Dans le vaste domaine de
la nature vivante, il règne une violence manifeste,
une espèce de rage prescrite qui arme tous les êtres
in mutua funera ; dès que vous sortez du règne insen-
sible, vous trouvez le décret de la mort violente
écrit sur les frontières mêmes de la vie. »

C'est là, Messieurs, un grand et terrible sujet de
méditation. Mais combien plus redoutable encore, si
l'on considère les suites de ces immolations, de ces

dévastations et de ces ruines ! Tant de pleurs et de sang répandus, et pour quels résultats ! Combien de fraudes triomphantes, d'injustices victorieuses, d'innocents sacrifiés et de saintes causes vaincues !

Pourquoi faut-il que ces réflexions soient aujourd'hui si douloureuses pour un Français et un catholique ? Ah ! gardons, dans l'impénétrable asile inaccessible à la violence, notre foi inébranlable et nos invincibles espérances ; et puisqu'il m'est interdit de tout dire, Messieurs, écoutez Bossuet :

« Ce long enchaînement des causes particulières qui font et défont les empires dépend des ordres secrets de la divine Providence. Dieu tient, du plus haut des cieux, les rênes de tous les royaumes ; il a tous les cœurs dans sa main : tantôt il tient les passions, tantôt il leur lâche la bride ; et par là, il remue tout le genre humain.

« Veut-il faire des conquérants : il fait marcher l'épouvante devant eux, et il inspire à eux et à leurs soldats une hardiesse invincible. Veut-il faire des législateurs : il leur envoie son esprit de sagesse et de prévoyance ; il leur fait prévenir les maux qui menacent les États et poser les fondements de la tranquillité publique.

« Dieu connaît la sagesse humaine, toujours courte par quelque endroit ; il l'éclaire et étend ses vues, et puis il l'abandonne à ses ignorances : il l'aveugle et la précipite, il la confond par elle-même ; elle s'enveloppe, elle s'embarrasse dans ses propres subtilités, et ses précautions lui sont un piège.

« Dieu exerce, par ce moyen, ses redoutables jugements, selon les règles de sa justice toujours infaillible. C'est lui qui prépare les effets dans les causes les plus éloignées et qui frappe ces grands coups dont le contre-coup porte si loin ; quand il veut lâcher le dernier et renverser les empires, tout est faible et irrégulier dans les conseils.

« Mais que les hommes ne s'y trompent point : Dieu redresse, quand il lui plaît, le sens égaré, et celui qui insultait à l'aveuglement des autres tombe lui-même dans des ténèbres plus épaisses, sans qu'il faille souvent autre chose, pour lui renverser le sens, que ses longues prospérités.

« C'est ainsi que Dieu règne sur tous les peuples...

« En un mot, il n'y a point de puissance humaine qui ne serve malgré elle à d'autres desseins que les siens. Dieu sait tout réduire à sa volonté. C'est pourquoi tout est surprenant, à ne regarder que les causes particulières, et néanmoins tout s'avance avec une suite réglée.

« Pendant qu'on voit tomber les grands empires, presque tous d'eux-mêmes, et qu'on voit la religion se soutenir par sa propre force, on connaît aisément où est la solide grandeur et où un homme sensé doit mettre son espérance. »

Si jeunes que vous soyez, Messieurs, vous connaissez déjà ces hommes devant qui Dieu fait marcher l'épouvante. Bossuet vous dit qu'ils trouvent dans leurs prospérités la cause de leur chute. Préparez-vous donc, fortifiez vos cœurs à l'abri du solide rempart de vos croyances, en attendant, et peut-être n'attendrez-vous pas longtemps, l'un de ces grands coups dont le contre-coup porte si loin.

Messieurs, cette conférence sera la dernière de cette année scolaire. L'heure de vos examens approche et votre esprit ne doit pas être distrait par d'autres préoccupations.

Au revoir donc, et laissez-moi vous remercier de l'accueil que vous avez fait à ces conférences préparatoires. Vous m'avez démontré et, de plus en plus j'en ai la confiance, vous ferez apprécier par tous vos professeurs, la vérité de cette observation, que je lisais hier, dans une étude de M. Auguste Nicolas sur les universités libres et sous l'impression de laquelle je veux vous laisser :

« Le succès de l'enseignement se compose de la double valeur des élèves et des maîtres. On s'occupe beaucoup de la valeur des maîtres, et on a bien raison. Mais on ne tient pas assez compte de celle des élèves. Or les universités catholiques se trouveront avoir les meilleurs, et achèveront de les rendre tels... De bons élèves ! c'est plus que la moitié de l'enseignement. Ils ont l'ardeur de l'âge comme les autres, mais une ardeur qui, épurée et préservée, ne se perd dans aucun écart... A nature égale, la moralité se transforme alors en intelligence. — « Elle « se transforme en humanité chez le religieux, dit « Chateaubriand ; elle se change en étude chez le « savant ; elle devient méditation dans le solitaire : « caractère essentiel de l'âme et de la force mentale,

« il n'y a pas d'homme qui n'en ait senti l'avantage
« pour se livrer aux travaux de l'esprit. » L'esprit
alors s'appartient, il est ouvert à la lumière, il va
au-devant de la vérité, il s'intéresse, il s'échauffe, il
s'enflamme à son étude, il en forcerait les sentiers,
à cet âge où il prend son essor, et où les grands horizons s'ouvrent devant lui.

« Les bons élèves font les bons maîtres. A capacité
égale d'enseignement, quelle avance pour le professeur d'avoir un auditoire, et un auditoire fidèle, attentif, appliqué, soutenu, soutenant ! »

Cet auditoire, c'est vous, Messieurs ; mais ici l'éloge
est encore une leçon, et je veux que vous compreniez à
quoi et combien, élèves de la Faculté catholique, ces
considérations vous obligent.

J'ai dit au revoir, Messieurs, mais non pas à tous.

Je ne reverrai pas autour de cette chaire ceux
d'entre vous dont les études s'achèvent cette année.
A ceux-là, c'est adieu qu'il faut dire. Pour vous, chers
jeunes hommes, la vie commence, la vie, c'est-à-dire
le combat. Allez donc au combat pour la justice, au
combat contre le mensonge et l'erreur. Il vous sera
beaucoup demandé, car vous avez beaucoup reçu.
Vos yeux ont vu la lumière cachée à tant d'autres.
Que votre âme reste attachée, par l'indissoluble chaîne
d'un invincible amour, à la vérité que vos pères et
vos maîtres vous ont enseignée. Acceptez et affirmez-
la tout entière, sans compromis, sans défaillance,
sans découragement. C'est à ce prix qu'est la victoire
peut-être, c'est là certainement qu'est l'honneur.

Vous êtes l'espoir des temps meilleurs. Citoyens dévoués, catholiques militants, soyez la joie et l'orgueil de notre chère France. Nos regards vous suivent ; nos cœurs sont avec vous. Vous vous éloignez, mous ne nous séparons pas. Demain nous ne serons plus vos professeurs, mais nous ne cesserons pas d'être vos amis.

Allez, jeunes amis, et, Dieu aidant, soyez meilleurs et plus heureux que nous.

QUATRIÈME CONFÉRENCE

DONNÉE LE 23 JANVIER 1877

DU MARIAGE

La famille dans le plan divin. — Le mariage. — Institution divine. — Croyance universelle. — Conséquences. — Le mariage à Rome. — La décadence des mœurs. — Le divorce. — La loi nouvelle. — La femme chrétienne.

MESSIEURS,

Nous avons, dans les conférences précédentes, affirmé qu'il existe un plan providentiel ordonné pour conduire l'homme à sa fin, qui est Dieu. Nous avons dit que le Droit, dans son sens le plus élevé, c'est la conformité à cet ordre divin. Rien n'est légitime que ce qui concorde avec lui, rien n'est illégitime que ce qui lui est contraire.

La société, nous l'avons dit avec Domat, est essentielle à la nature de l'homme. Elle n'est pas née d'un contrat, elle fait partie d'un plan divin. Au sommet de l'ordre social est l'autorité; à sa base nous allons voir la famille et la propriété qui, pas plus que l'autorité, ne sont l'œuvre de l'homme.

La révolution n'est pas autre chose que la négation
de ces vérités. Ici, Messieurs, entendez-le bien, car
nous faisons du droit et non de la polémique, je
prends le mot révolution dans le sens philosophique.
Je n'ai en vue aucun événement particulier; je ne
vise aucune date de l'histoire. J'indique seulement sur
quel terrain la bataille se livre, sur quelle question
se fait la division des intelligences.

La révolution nie la divinité du droit; elle se révolte contre l'ordre providentiel, et le socialisme, fils
naturel de la révolution, est bien nommé; car, au fond
de tous les systèmes socialistes, il y a une idée commune,
qui n'est autre que celle de la substitution à la société
ordonnée par Dieu d'une société ordonnée par l'homme.

Nous allons juger des conséquences de l'option
entre l'idée chrétienne et l'idée révolutionnaire. Nous
ne pouvons, en effet, faire un pas de plus sans nous
demander ce que sont, dans le plan divin, la famille
et le mariage qui la fonde, sans nous demander ce
qu'est le droit de propriété. Il n'est pas une seule
partie de la législation qui, plus ou moins directement, ne se rattache aux principes qui dominent ces
deux grands chapitres de la science du droit.

Qu'est-ce donc, Messieurs, que le mariage?

Écoutez le récit de la Genèse, et vous aurez la réponse à cette question dont la solution emporte des
conséquences sociales et juridiques de la dernière
gravité.

Dieu créateur avait placé le premier homme au
milieu des enchantements de l'Éden. Il regarde son

œuvre et la trouve incomplète. L'Écriture nous dit, en effet, que, contemplant l'œuvre des cinq premiers jours de la création, Dieu l'avait trouvée bonne : *Et vidit Deus quod esset bonum*. Il regarde l'homme qu'il vient de former du limon de la terre, l'homme à qui il a donné une âme faite à l'image de son auteur, et, le voyant, il dit : *Non est bonum...* Pourquoi ? Achevons le récit :

Dixit quoque Dominus : Non est bonum hominen esse solum; faciamus ei adjutorium simile sibi. Immisit ergo Dominus soporem in Adam, cumque obdormisset, tulit unam de costis ejus et replevit carnem pro ea. Et œdificavit Dominus Deus costam quam tulerat in mulierem et adduxit eam ad Adam. Et voici qu'Adam, ravi de la beauté de cette créature que Dieu a faite pour lui, donne le premier consentement au premier mariage et s'écrie : Voilà l'os de mes os, la chair de ma chair, voilà la moitié de moi-même! Et lui, qui n'avait ni père ni mère à quitter, prévoyant les générations futures et stipulant pour sa descendance, il ajoute : C'est pourquoi l'homme quittera son père et sa mère, et il s'attachera à sa femme, et ils seront deux dans une même chair... *duo in carne una.*

Voilà ce qu'est le mariage, et c'est dans la considération de son origine, soyez-en certains, que se trouve la solution non seulement la plus sûre, mais la plus facile, des problèmes posés par la passion, l'ignorance ou la haine de la vérité.

Le mariage est d'origine divine. Déjà nous pouvons l'affirmer, il est, de sa nature, un acte religieux. C'est après avoir complété l'homme par la création de la femme, que Dieu a prononcé ces paroles, adressées, dans la personne de nos premiers parents, aux générations à venir et à l'humanité tout entière qui devait naître de cette injonction : *Crescite et multiplicamini, replete terram et subjicite eam.* « Croissez et multipliez, » voilà le mariage. « Assujettissez la terre à votre empire, » voilà la libéralité divine d'où naît le droit primitif de propriété. Voilà pourquoi j'ai pu vous dire : Mariage et propriété sont, dans le plan divin, les bases de la société des hommes.

Nul n'ignore ces vérités premières. Et cependant il est nécessaire de remonter jusqu'à ces principes. Ne voyez-vous pas que ces vérités primordiales doivent être rappelées aux nations et aux législateurs ? Ne vivons-nous pas au milieu d'un monde qui s'habitue à l'idée du *mariage civil*, comme si la loi civile pouvait créer elle-même les bases préexistantes et immuables de la société humaine ? Ah ! sans doute, meilleures que les lois, les mœurs ont gardé la tradition du lien religieux, et l'instinct profond de l'humanité se révolte contre l'idée de l'union des sexes que la religion n'a pas consacrée. On l'a dit avec vérité : « L'épouse qui ne s'est pas présentée devant Dieu n'ose pas lever le front devant les hommes. En vain le magistrat consacre de telles alliances, l'opinion, plus puissante que lui, les méconnaît sans pitié, et la pudeur publique exécute son arrêt. »

Mais il faut avoir peu réfléchi à l'influence des lois sur les mœurs pour se contenter de cette garantie. Ce

n'est pas sans un péril mortel que des erreurs fondamentales envahissent les esprits et prennent pied dans
la législation. Les sentiments ne luttent pas longtemps contre de telles influences, et, lors même que
la surface de la société offre à des yeux inattentifs
l'apparence de l'ordre maintenu, une observation
plus exacte découvre la plaie intérieure et les ravages
causés par l'erreur sur d'autres points qui semblaient
être hors de son atteinte. Tout se tient, en effet, dans
le sujet qui nous occupe, et c'est sur l'organisme
social tout entier qu'influent les principes de la législation relative au mariage. Si la famille est une création du droit civil, les lois civiles peuvent tout sur
elle. Si l'on nie que la famille, véritable unité sociale
préexistante à l'État, soit, quant à sa constitution
intime, indépendante de lui ; si ce n'est pas sur le
droit naturel, mais sur le droit civil, arbitraire et
contingent, qu'elle est assise, alors l'autorité paternelle n'est plus qu'un pouvoir provisoire, limité à la
durée des besoins matériels et des premières années
de l'enfant ; la direction morale échappe au couple
conjugal qui lui a donné la vie, et l'État peut, avec
raison, revendiquer une autorité prééminente sur les
fruits d'une union dont il règle seul les conditions,
dont il juge seul la validité, dont, seul, il impose,
restreint ou étend les obligations.

Il est donc intéressant, autant que nécessaire, de
chercher où sont le droit et l'autorité en matière de
mariage. Nous le ferons, Messieurs, sans nous dissimuler qu'il est impossible de ne pas heurter, en trai-

tant ce sujet, des opinions reçues : de ne pas effrayer, par une apparente témérité, des cœurs droits, des âmes timorées qui, dans le désarroi actuel des esprits, en sont venus à redouter comme un péril religieux et social l'exposition sincère de la vérité.

Je vous ai rappelé le récit de la Genèse. Vous avez entendu comment Dieu a voulu faire de l'homme lui-même l'instrument par lequel l'œuvre de la création serait continuée. « Croissez et multipliez, » dit-il au premier couple qu'il a formé lui-même, et il crée ainsi le moyen par lequel des êtres nouveaux naîtront pour adorer sa divinité, contempler ses bienfaits, dominer la nature et accomplir librement sur cette terre, dont il leur abandonne le domaine, les œuvres conçues dans sa prescience infinie. Cette considération ajoute, à la démonstration déjà suffisante, un irréfutable argument. Le but du mariage, c'est l'enfant qui naîtra, l'homme à venir, l'homme composé d'un corps et d'une âme immortelle. Or, s'il est impossible d'assigner au mariage une autre destination, comment nier que l'immuable essence de cette institution échappe par sa nature à l'arbitraire mobilité des lois civiles? comment comparer aux contrats ordinaires, soumis aux caprices de la volonté, l'acte par lequel est formée, en vue d'un tiers qui naîtra pour d'immortelles destinées, cette société conjugale dont les éléments constitutifs appartiennent évidemment au droit naturel, préexistant et immuable, que la loi civile a pour seule mission d'appliquer et de défendre?

Je veux demander la confirmation de mes paroles
à un vieux légiste français, à Domat, dont je vous ai
déjà fait entendre le charmant langage, à Domat dont
un législateur moderne, M. Grenier, disait dans un
rapport au Tribunat que « son ouvrage est le recueil
des principes les plus sûrs en matière de législation
civile ».

Vous vous souvenez, Messieurs, que Domat découvre les premiers principes des lois dans l'étude de
la fin de l'homme. La première loi, dit-il, est celle
qui lui commande la recherche du souverain bien.
Il ajoute que cette première loi, étant commune à
tous les hommes, en renferme une seconde qui les
oblige à s'unir et à s'aimer entre eux. C'est par l'esprit de ces deux premières lois que Dieu a commencé à lier entre les hommes, destinés à la même
fin, une première société qu'il a rendue essentielle à
leur nature.

Puis il expose comment les liaisons générales que
Dieu fait entre tous les hommes, par leur nature et
par leur destination à une même fin, sous les mêmes
lois, sont communes à tout le genre humain; comment à ces liaisons générales et communes à tous le
Créateur a ajouté d'autres liaisons et d'autres engagements particuliers de diverses sortes, par où il lie de
plus près tous les hommes entre eux, et ces engagements sont à chacun des lois particulières qui règlent
ses devoirs.

Il dit que ces engagements sont de plusieurs sortes.

La première espèce de ces engagements particuliers

6

est de ceux qui se forment par les liaisons naturelles du mariage entre le mari et la femme, et de la naissance entre les parents et les enfants...

Puis Domat continue :

« L'engagement que fait le mariage entre le mari et la femme, et celui que fait la naissance entre eux et leurs enfants, forment une société particulière dans chaque famille, où Dieu lie ces personnes plus étroitement, pour les engager à un usage continuel des divers devoirs de l'amour mutuel. C'est dans ce dessein qu'il n'a pas créé tous les hommes comme le premier, mais qu'il a voulu les faire naître de l'union qu'il a formée entre les deux sexes dans le mariage, et les mettre au monde dans un état de mille besoins, où le secours de ces deux sexes leur est nécessaire pendant un long temps. Et *c'est dans la manière dont Dieu a formé ces deux liaisons du mariage et de la naissance qu'il faut découvrir les fondements des lois qui les regardent.* »

Domat reprend ensuite le récit de la Genèse. Dieu, pour *instituer* le mariage, qui devait être la source de la multiplication du genre humain, a formé la femme d'une des côtes de l'homme ; c'est pour marquer, par l'unité de leur origine, qu'ils font un seul tout.

Il explique et justifie cette considération et ajoute :

« C'est ainsi qu'il les lia par cette union si étroite et si sainte, dont il est dit que c'est Dieu lui-même qui les a conjoints et qui les a mis deux en une chair. Il rendit l'homme le chef de ce tout et il affermit leur union, défendant aux hommes de séparer ce qu'il avait lui-même conjoint.

« Ce sont ces manières mystérieuses dont Dieu a formé l'engagement du mariage qui sont les fondements, non seulement des lois qui règlent tous les devoirs du mari et de la femme, mais aussi des lois de l'Église et des lois civiles qui regardent le mariage et les matières qui en dépendent ou qui s'y rapportent. » Puis, après des développements que j'omets, il écrit ce mot que nous retiendrons comme la conclusion de ces prémisses et la formule de la vérité sur cette question : « Le mariage est *un lien formé de la main de Dieu.* »

J'ai dit que c'était là « un charmant langage », charmant, en effet, et admirable dans sa simplicité. Quelle vue claire, quelle majestueuse et sereine exposition de la vérité ! Quelle noble étude que celle du droit et bien faite pour séduire et enchaîner vos intelligences, si vous savez la poursuivre jusqu'à ces hauteurs d'où rayonne la lumière qui éclaire l'esprit et réchauffe le cœur !

Les conclusions naissent sans effort et irrésistibles : « Ainsi, poursuit le grand jurisconsulte, le mari et la femme étant donnés l'un à l'autre de la main de Dieu qui les unit en un seul tout que rien ne peut séparer, on ne peut jamais dissoudre un mariage qui a été une fois contracté légitimement. »

En effet, Messieurs, si l'on admet que le mariage est *un lien formé de la main de Dieu,* que reste-t-il à dire du divorce ?

« Ainsi, ajoute-t-il, le mari étant, par l'ordre divin, le chef de la femme, cette puissance est le fondement de l'autorité que les lois civiles donnent au mari et des effets de cette autorité dans les matières où elle a son usage. »

Et, à cause de l'importance, sur une aussi grave question, de l'opinion du grand légiste, je ne quitterai pas Domat sans vous citer un court passage du chapitre dans lequel il traite des deux pouvoirs.

« C'est encore par une suite de la puissance des princes sur la police temporelle qu'en d'autres matières, qui de leur nature ont rapport au spirituel, les rois ont établi des règles sur ce qu'il y a dans ces matières qui se rapporte au temporel. Aussi, quoique la célébration du mariage soit une matière spirituelle qui regarde un sacrement de l'Église, les rois y ont fait des règles sur ce qui se rapporte au temporel. »

Voilà la distinction essentielle posée, et dans ce que vous venez d'entendre nous trouvons la réponse aux inquiétudes, sincères ou simulées, des défenseurs des libertés civiles. L'union des personnes a rapport au spirituel, comme s'exprime Domat. Mais l'union des biens et tous les effets civils du mariage légitimement contracté concernent le temporel et sont du domaine des lois civiles et de l'autorité séculière.

Tels sont les principes de la loi naturelle. Tout ceci est vrai, même si l'on fait abstraction du caractère sacramentel qui a élevé le mariage à un état surnaturel : c'est seulement pour ne pas interrompre la citation de Domat que je vous ai lu le dernier passage dans lequel il qualifie le mariage de sacrement de l'Église.

Nous dirons plus tard ce que, à ce point de vue, le respect des croyances et la liberté des cultes exigent du législateur. Mais, pour tous les croyants à l'existence d'un Dieu créateur, il est vrai que le mariage est d'origine divine, qu'il est de sa nature un acte religieux et que sa constitution intime ne peut être modifiée ou atteinte ni par les lois arbitraires ni par les conventions humaines. C'est là, on peut l'affirmer, et vos études historiques viendront à l'appui de mon dire, la croyance universelle du monde. La décadence des nations a toujours suivi de près l'oubli ou le dédain de cette croyance. Elle est magnifiquement formulée par le jurisconsulte Modestin dans cette définition, écho des traditions primitives de l'humanité : *Nuptiæ sunt conjunctio maris et feminæ et consortium omnis vitæ, divini et humani juris communicatio.*

Vous l'entendez, Messieurs, l'union indissoluble pour la vie entière de l'homme et de la femme dans la participation du droit divin et du droit humain!

Cette belle définition, ai-je dit, est un écho. En effet, au moment où elle était formulée, les mœurs du monde païen lui opposaient le plus universel et le plus honteux démenti. Le jurisconsulte en l'écrivant pensait aux lois primitives et aux temps héroïques de Rome.

Peut-être ne sera-t-il pas sans intérêt de jeter sur l'institution du mariage à Rome, et sur les conséquences de l'affaiblissement du caractère religieux qu'il avait reçu de la loi patricienne, un coup d'œil rapide. Nous trouverons de précieuses leçons dans cette histoire et nous serons ainsi conduits, par la chaîne des idées et des temps, à la loi nouvelle qui devait tout restaurer dans le Christ et arracher le monde à la corruption dans laquelle il allait périr.

Aux premiers temps de Rome, le mariage pouvait être contracté sous trois formes différentes; mais la forme religieuse seule donnait à la fois la plénitude des effets civils au mariage, et aux époux la dignité, l'honneur et la considération publique. Tel était le mariage contracté au milieu des solennités en quelque sorte sacramentelles de la *confarréation*.

Après le consentement du père de famille, après les fiançailles et l'échange des présents, le jour des noces avait été indiqué. Ce jour-là, avant l'aurore, les fiancés se rendaient au temple où les dieux étaient invoqués, puis une victime immolée en présence de dix témoins, et où le prêtre offrait le pain de pur froment, dont le partage entre les époux donnait son nom au mariage. Un cortège de parents et d'amis conduisait à la maison conjugale la nouvelle épouse, voilée du *flammeum*, couronnée de verveine cueillie de ses mains et vêtue de la laine des brebis. Devant elle ses parents portaient un bouquet d'épines blanches et des flambeaux de cire, emblèmes de la pureté de l'amour conjugal. Elle arrivait à la maison dans laquelle devait dorénavant s'écouler sa vie; elle était portée par les amies de son enfance au delà de ce seuil que sa pudeur hésitait à franchir, et de nouveaux sacrifices, offerts aux dieux qui présidaient à chacune des obligations du mariage, terminaient une journée qu'avaient remplie tout entière la pensée et, pour ainsi dire, la présence de la divinité.

Ces noces par la confarréation, *justæ nuptiæ*, étaient, selon l'opinion de Niebuhr, les seules qui ne pussent être dissoutes par le divorce.

Elles donnaient à la femme les noms de *justa uxor, tota uxor, mater familias*. L'épouse entrait dans la société des mêmes dieux et des mêmes cultes que son mari, les biens lui devenaient communs. Elle était héritière de son mari décédé sans enfants, elle partageait son héritage avec ses enfants, si elle était devenue mère.

Vous savez de quels honneurs était entourée à Rome la mère de famille. La nation avait l'instinct profond de la solidarité des vertus de la femme, de la pureté des mœurs, de la dignité et de la force du lien de la famille avec la grandeur de la patrie. La femme romaine sentait qu'elle portait en elle une part de la responsabilité de l'honneur de Rome. Elle était payée en respect de ce que la loi et les mœurs lui demandaient de dignité et de vertu. M. de Champagny, dans son beau livre des *Césars*, a pu dire : « Les vertus qui ne sont ailleurs que des vertus privées, la chasteté, la vigilance domestique, le soin des enfants, l'économie de la maison, sont à Rome des vertus publiques... Nulle part autant qu'à Rome la chose publique n'accepta et ne glorifia la vertu féminine. Nulle part aussi l'influence des femmes, cette influence noble et légitime qui augmente quand les mœurs sont plus pures, qui diminue quand elles s'altèrent, n'a été visible comme dans l'ancienne Rome. »

Il en fut longtemps ainsi, Messieurs. Près de six cents années s'écoulèrent, au dire de Tertullien, sans qu'un divorce brisât les liens noués sous les yeux de la divinité.

C'est à ces vertus domestiques, à la chasteté des femmes, à la fidélité des époux, au respect du mariage religieux, pour tout dire en un mot, que Rome a dû la force de ses familles, la virile énergie de ses générations de citoyens et de héros, sa grandeur, enfin, et cette puissance qui s'écroulera plus tard sous le poids de la corruption et périra avec les vieilles mœurs. Saint Augustin a dit que « Dieu accorda aux Romains l'empire du monde pour que les vertus de ce peuple idolâtre, indignes des récompenses du ciel, ne restassent pourtant pas sans récompense ».

Pardonnez-moi, en passant, de fortifier de l'autorité de ce grand génie la pensée que j'exprimais ainsi dans ma dernière conférence sur le droit des gens : « C'est une croyance, confirmée par l'étude attentive de l'histoire, que les nations reçoivent dans ce monde, au delà duquel leur vie ne se prolonge pas, la récompense et le châtiment dont les individus ont la promesse pour la vie future. »

Nous allons voir l'universel oubli de la morale puni par l'épouvantable chute de ce glorieux empire.

Ces mœurs austères, en effet, cette dignité et ces vertus allèrent en s'affaiblissant à mesure que le luxe et la mollesse pénétraient, avec les trésors et les arts

des peuples vaincus, dans la rude et guerrière cité
que le fer des Barbares n'avait pu entamer.

Je vous disais, il y a un instant, que le mariage
pouvait s'opérer à Rome, dès l'époque de la loi des
Douze-Tables, de deux autres manières.

C'était d'abord la *coemptio*, moins solennelle que la
confarreatio, mais dans les cérémonies de laquelle
l'idée de la divinité présente et invoquée se retrouvait
encore. Le mariage *coemptione* s'opérait, comme l'a-
doption, avec les formes de la vente *per æs et libram*,
qui appartenait au droit primitif, au *strictum jus*.
L'aliénation et la remise de la femme, après les formalités symboliques, était faite par le père, et la
femme emportait trois deniers, dont l'un était par elle
offert aux dieux pour marquer l'acquisition des pé-
nates.

Enfin une autre forme du mariage, l'*usucapio*,
mariage d'ordre inférieur et longtemps méprisé, ne
donnait à la femme ni le titre de *mater familias* ni les
droits d'épouse. Elle n'entrait pas dans la famille du
mari, ne devenait point son héritière; elle échappait
à sa puissance, pourvu qu'elle passât chaque année
trois nuits hors du domicile conjugal. Lorsque les
divorces devinrent fréquents, lorsque le relâchement
des mœurs eut rendu lourdes à ce peuple dégénéré
les chaînes des unions durables, les formes solennelles des mariages anciens furent délaissées; le *concu-
binat*, forme légale des cohabitations, dont la durée
dépendait du caprice de chaque conjoint, devint la
coutume et la règle ordinaire, et Rome en était venue,

vers la fin de la République, à ce degré d'oubli des lois morales et de la pudeur, l'égoïsme, la corruption des mœurs et l'avarice avaient si bien dégoûté les citoyens du mariage, que la luxure s'affichait publiquement. Les célibataires, caressés, adulés par une foule vénale, devinrent si nombreux, que la cité, décimée par les guerres civiles et les proscriptions, était menacée de voir tarir les sources mêmes de la population.

Un homme qui a blasphémé tout ce qu'il y a de plus saint, Proudhon, a écrit, sur les conséquences de la démoralisation romaine, due à l'oubli du caractère religieux du mariage, une page qui étonne sous sa plume. Je laisse cette parole non suspecte achever ce que j'avais à dire. Proudhon explique que la forme religieuse du mariage, la *confarréation*, tomba en désuétude. Quant au for extérieur, la *coemptio*, puis l'*usucapio*, produisant les mêmes effets, on en conclut, avec Ulpien, que le contrat était tout, et la cérémonie religieuse insignifiante. La famille étant ainsi établie sur une base douteuse, puisqu'on n'en comprenait plus le côté religieux, on conçoit — c'est Proudhon qui parle — comment il devint impossible de distinguer le mariage du concubinage. Puis il continue ainsi :

« C'est ici le cas d'appliquer la règle : la forme emporte le fond. Le *sacrement* dédaigné, le sentiment religieux du mariage ne tarde pas à s'éteindre, l'institution disparaît du foyer, elle n'existe plus que pour la place publique. »

Il peint ensuite l'incompatibilité des humeurs, des

idées, des sentiments, prenant l'essor; la division, puis le scandale, entrant dans la famille; l'autorité paternelle, que ne tempère plus l'affection, prenant un caractère de tyrannie auquel le législateur se croit obligé de mettre un frein; et l'on éprouve une vive impression de surprise en entendant Proudhon parler de la femme qui, protégée par les siens, sentant sa force, s'exagérant ses droits, devient insolente, aspire à l'égalité; des enfants qui, à peine adultes, obtiennent l'émancipation; de la famille qui devient une pépinière de discordes, et du serment conjugal qui, sanctionné par le divorce, n'est plus qu'une promesse tacite de résiliation.

« Alors, dit-il enfin, malgré les phrases pompeuses des juristes qui continuaient à définir le mariage une participation du droit divin et humain, il devient clair pour tout le monde que cette prétendue participation se réduisait à une pure association de biens et de gains, à une communauté de profits et de pertes, dont les enfants formaient le principal article. Dans un contrat de cette espèce, auquel suffisait le ministère du tabellion, les stipulations d'intérêt tenant toute la place, l'amour laissé à ses propres risques, le mot mariage retenu par habitude et pour les convenances, l'union des époux, quant à la couche, ne se distinguait en rien de celle des concubinaires, que dis-je? des simples fornicateurs; de sorte qu'entre le mariage, le concubinage et la prostitution légale, il n'y avait plus de différence essentielle...

« La vieille Rome avait présenté ce miracle de

cinq cent vingt années passées sans un divorce : nous pouvons hardiment en conclure que les adultères, soigneusement dissimulés, furent rares... Une telle race était faite pour conquérir le monde. Mais voici qu'avec la religion nuptiale la pudicité s'est envolée; et les mêmes hommes, les mêmes femmes, qui ont étonné le monde par leur chasteté, l'étonneront par leur luxure. »

Ils l'étonnèrent en effet, Messieurs. L'histoire nous apprend que les violences de Juvénal ne dépassent pas la mesure des épouvantables réalités que peignait sa muse vengeresse.

Lorsque le soleil de la vérité chrétienne se leva sur le monde, le mariage, en réalité, n'existait plus qu'à l'état d'union passagère dont le caprice nouait et dénouait, au gré de la passion de chaque jour, le fragile lien. Vainement Auguste avait essayé d'encourager les mariages par les honneurs et l'intérêt. Vainement il essaya de rendre les divorces moins faciles. Les lois *Julia* et *Pappia Poppœa* n'eurent d'autre résultat que de souiller par la passion du gain et des héritages espérés l'union conjugale, et l'on vit des spéculateurs épouser des femmes impudiques pour garder la dot que la loi conservait au mari lorsque le divorce avait lieu par suite de l'inconduite de l'épouse.

A l'époque d'Auguste, le divorce avait, pour me servir d'une expression de M. Troplong, débordé sur la société romaine. Comment en eût-il été autrement? Les faits ne peuvent rester longtemps en contradiction avec la logique des idées. La femme païenne était la propriété du mari à qui les premières et dures lois de Rome donnaient sur elle droit de vie et de mort. Jusqu'au jour où le christianisme rendit aux filles d'Ève leur dignité d'enfants de Dieu, le mari garda sur cet être faible et méprisé le droit du maître qui retient sa propriété, la cède et la reprend à son gré. Le mariage, s'il n'est qu'un contrat, s'il n'est pas *un lien formé de la main de Dieu*, ne peut-il pas être dissous par la volonté humaine qui seule lui a donné la vie? Aussi voyez Caton céder Martia son épouse à son ami Hortensius. Écoutez Cicéron vous parler de cette belle-mère qui épouse le mari de sa fille, après l'avoir poussé à rompre son mariage avec elle. Cicéron lui-même répudie Térentia pour chercher dans la fortune d'une seconde épouse le moyen de payer ses dettes. Combien d'autres exemples célèbres je passe sous silence! Mais comment ne pas vous rappeler Auguste prenant des mains de Tibérius Néron sa femme Livie enceinte de six mois. *Cupidine formæ,* dit Tacite, *marito aufert; incertum an invitam, adeo properus ut, ne spatio quidem ad enitendum dato, penatibus suis gravidam induxerit...*

Vainement, je vous l'ai dit, Auguste chercha-t-il à mettre, par des peines pécuniaires, édictées contre l'époux dont les mauvaises mœurs entraînaient la répudiation, un frein à la fréquence des adultères; vainement essaya-t-il de rendre le divorce plus difficile et plus rare en l'entourant de formalités gênantes : toutes ces tentatives étaient impuissantes contre l'irrésistible torrent de la dépravation. « A-t-on aujourd'hui la moindre honte de l'adultère? écrivait le grave Sénèque; la chasteté n'est plus qu'une preuve de laideur. L'adultère, quand il se borne à un seul amant, est presque un mariage. » Et il ajoute : « Quelle femme rougit à présent de divorcer, depuis que certaines dames illustres ne comptent plus leurs années par le nombre des consuls, mais par le nombre de leurs maris? Elles divorcent pour se remarier; elles se marient pour divorcer. On craignait cette infamie alors qu'elle était peu commune; maintenant que les registres publics sont couverts d'actes de divorce, ce qu'on entendait si souvent répéter, on s'est instruit à le faire. »

Tel était le monde à qui fut annoncée la loi nouvelle. L'humanité se noyait dans la fange. Le bras de Dieu était seul assez fort pour la retirer du bourbier; la lumière d'en haut pouvait seule dissiper les ténèbres au milieu desquelles s'éteignait le flambeau de la raison humaine. Le droit naturel sombrait dans les flots impurs de la concupiscence déchaînée; l'heure du droit divin était venue.

La doctrine nouvelle est annoncée, c'est la civilisation chrétienne qui commence : quel changement, Messieurs, et quelle merveille! L'union des sexes, la source des générations humaines sanctifiée, le contrat élevé à la dignité d'un sacrement dont les époux eux-mêmes sont les ministres, l'indissolubilité du lien proclamée et l'union de Jésus-Christ avec son

Église donnée comme le modèle de l'union de l'homme
et de la femme dans le mariage!

« L'Église, dit Tertullien, prépare le mariage et
en dresse le contrat; l'oblation des prêtres le confirme; il est scellé par la bénédiction, ratifié par Dieu
lui-même. Deux chrétiens portent le même joug; ils
ne sont qu'une seule chair, qu'un même esprit; ils
prient ensemble; ils jeûnent ensemble; ils sont ensemble à l'église, ensemble à la table de Dieu, dans
les persécutions et dans la paix! »

Puis, à cette société qui se souvenait de Messaline,
il fait de la femme chrétienne un admirable tableau
dont je ne cite que quelques traits : « Elle va visiter
les frères dans les réduits les plus pauvres; elle se
rend à la table du Seigneur ou pénètre dans les pri-
sons pour baiser la chaîne des martyrs, pour répan-
dre l'eau sur les pieds des saints... Dans les festins,
loin d'elle les hymnes profanes et les chants de
volupté!.... Elle se prépare à la tempérance par la
salutation divine; on ne la voit pas aux spectacles
et aux fêtes des gentils. Elle reste chez elle et ne se
montre au dehors que pour des motifs graves,
pour visiter les frères malades, assister au saint
sacrifice, écouter la parole de Dieu. Point de brace-
lets pour des mains qui doivent porter le poids des
chaînes. Point de perles et d'émeraudes pour orner
une tête que menace l'épée de la persécution... »

Qui de vous n'a lu les pages enchanteresses que
Chateaubriand a écrites sur le mariage chrétien?...
Comment ne pas pardonner à son enthousiasme la

poétique exagération de cette peinture : « L'épouse du chrétien n'est pas une simple mortelle, c'est un être extraordinaire, mystérieux, angélique? » Il ne fait que parler comme l'Évangile lorsqu'il ajoute : « C'est la chair de la chair, le sang du sang de son époux. L'homme, en s'unissant à elle, ne fait que reprendre une partie de sa substance; son âme ainsi que son corps sont incomplets sans la femme. » Puis le poète reprend sa lyre : « La femme suspend autour de lui les fleurs de la vie comme ces lianes des forêts qui décorent le tronc des chênes de leurs guirlandes parfumées. Enfin l'époux chrétien et son épouse vivent, renaissent et meurent ensemble; ensemble ils élèvent les fruits de leur union; en poussière ils retournent ensemble et se retrouvent ensemble par delà les limites du tombeau. »

Enfants de race chrétienne, ajoutez à ce tableau ce que vous a appris l'exemple de vos mères et rendez grâces à Dieu, car la femme telle que le christianisme l'a faite, vous la connaissez, vous êtes son fils, vous êtes son frère, et, si vous en êtes digne, elle sera votre épouse.

J'ai dit : si vous en êtes dignes, Messieurs. Laissez-moi, puisque j'ai prononcé ce mot, compléter ma pensée.

Je lisais, il y a peu de temps, dans le beau livre de mon ami Charles de Ribbe, *la Vie domestique*, les avis que, dans son testament, Antoine de Courtois adresse à son fils. Je me suis promis de vous faire entendre cet admirable langage. Je me garderai de rien ajouter à ces paroles, et, en vous les citant, je ne m'écarte pas du sujet de cette conférence. Nous venons d'étudier, en comparant les premiers Romains aux Romains de la décadence et le monde païen au monde nouveau, l'influence de la notion chrétienne du mariage sur les lois et sur les mœurs; écoutez donc un père chrétien parlant du mariage à son fils :

« Veux-tu être heureux époux, garde ta virginité pour celle que tu veux trouver vierge : c'est alors que le mariage est le paradis de ce monde.

« Ce conseil, mon bon ami, il n'y a que ton père qui puisse te le donner; ce n'est que de moi que tu peux apprendre ce grand secret de la félicité humaine. J'y attache tant d'importance, que je me mets à genoux devant toi, je prends tes mains, je les arrose de mes larmes; et, les yeux baissés devant les tiens, je te dis, mon cher enfant, que, depuis que tu es né, j'ai veillé nuit et jour à la conservation de tes mœurs. J'ai écarté de toi, avec le plus grand soin, tout ce qui aurait pu te corrompre. Aujourd'hui que la mort me presse, je te remets à toi-même le dépôt que Dieu m'avait confié.

« Oui, garde-toi toi-même, mon fils; ne souille point ton corps, garde-toi pour la femme que le ciel te destine. Si, à ma prière, tu te conserves chaste, crois que j'aurai plus fait pour toi que si je t'avais laissé d'immenses richesses. Ta vie sera longue; ta couche nuptiale ne cessera jamais de t'être aussi chère que le premier jour; tous tes jours seront des jours

de satisfaction, de paix et de bonheur domestique;
ton sang pur coulera dans les veines de tes enfants.
Leur santé sera le prix de ta sagesse, et leurs béné-
dictions seront une nouvelle récompense pour toi. »

Ce qu'Antoine de Courtois disait à son fils, Messieurs,
le père de chacun de vous le lui dit par ma bouche.

Messieurs, le mariage, nous l'avons dit, est d'origine divine. Il est, de sa nature, un acte religieux
soumis ainsi aux lois émanées d'une autorité préexistante et souveraine, et il échappe, en ce qui concerne
ses éléments essentiels et ses conditions nécessaires,
à la compétence des lois civiles.

Il est, au contraire, soumis à ces lois en tout ce
qui concerne les effets civils du mariage accompli.

Pour les catholiques, le mariage n'est pas seulement un acte religieux, il est un sacrement; et il n'y
a entre le contrat et le sacrement aucune distinction
à établir, puisque le contrat, s'il est légitime, constitue le sacrement, et que le sacrement ne peut exister sans le concours des deux volontés des contractants.

Il ne peut donc y avoir mariage légitime, ou, pour
mieux dire, — puisque c'est un non-sens que de parler
de mariage illégitime, — il ne peut y avoir mariage
quand il ne peut y avoir réception du sacrement.

Telle est la loi chrétienne, telle est la doctrine
catholique. Cette loi est vivante, elle gouverne les
esprits, elle règne sur les cœurs de millions d'êtres
humains, et, sous peine de faire violence à la foi

et à la conscience des citoyens, nul législateur n'a le droit de la tenir pour non avenue.

Réclamer la *liberté du mariage*, c'est donc réclamer pour chacun le droit de contracter mariage conformément à la loi émanée de la seule autorité compétente à ses yeux.

C'est à la lumière de ces principes que, dans une prochaine conférence, nous étudierons les discussions préparatoires et le texte du Code civil français.

CINQUIÈME CONFÉRENCE

DU MARIAGE

(Suite)

MESSIEURS,

Je vous ai annoncé que nous étudierions notre législation actuelle sur le mariage. Nous le ferons avec la prudence qu'impose un si grave sujet. Je n'oublierai pas plus que je ne l'ai fait jusqu'ici qu'un cours de droit naturel, complété par un cours de droit ecclésiastique, vous offrira un enseignement sur lequel je me garderai bien d'empiéter. Je n'oublierai pas que l'étude approfondie de nos lois appartient au cours du Code civil et que ce que vous devez attendre

7.

de moi, c'est seulement un travail préparatoire à
l'étude de ces questions si dignes de nos méditations
les plus sérieuses. Vous en avoir fait comprendre l'importance et vous avoir indiqué les lignes essentielles
du terrain à parcourir suffira à la réalisation du but
que je me suis proposé.

L'article 165 du Code civil dispose ainsi :

« Le mariage sera contracté publiquement devant
l'officier de l'état civil du domicile de l'une des parties. »

Les formalités sont réglées par l'article 75 au titre
des actes de l'état civil. Cet article, après l'énumération des lectures et interpellations qui doivent être
faites aux futurs époux, en présence de quatre témoins, par l'officier de l'état civil, ajoute ces mots :
« Il recevra de chaque partie la déclaration qu'elles
veulent se prendre pour mari et femme, il pronon-
cera, au nom de la loi, qu'elles sont unies par le
mariage et il en dressera acte sur-le-champ. »

Le mot de mariage religieux n'est pas prononcé
dans le Code civil. Il l'est au Code pénal, dont il est
nécessaire de vous lire deux articles, pour vous donner
une idée exacte de l'esprit des lois qui nous régissent.

L'article 199 du Code pénal est placé au titre premier du livre III sous cette rubrique : *Des contraventions propres à compromettre l'état civil des personnes.*
Il est ainsi conçu : « Tout ministre d'un culte qui pro-
cédera aux cérémonies religieuses d'un mariage, sans
qu'il lui ait été justifié d'un acte de mariage préalablement reçu par les officiers de l'état civil, sera, pour

la première fois, puni d'une amende de seize francs
à cent francs. » L'article 200 ajoute : « En cas de nouvelles contraventions de l'espèce exprimée en l'article
précédent, le ministre du culte qui les aura commises
sera puni, savoir : pour la première récidive, d'un
emprisonnement de deux à cinq ans, et, pour la seconde, de la détention. »

Ainsi le mariage n'est plus qu'un contrat civil dont
le maire est le témoin nécessaire. Il n'y a pas de mariage sans la déclaration de l'officier de l'état civil;
il y a mariage dès que cette déclaration est faite. Et
l'État, qui tient pour purement facultatives et sans
importance, au point de vue civil, « les cérémonies
religieuses du mariage », ne s'en préoccupe que pour
les interdire, tant que le mariage civil n'aura pas été
préalablement *reçu* par un officier de l'état civil. Le
mariage, avait dit Domat, est un lien formé de la
main de Dieu. « Le mariage, dit le Code, est un lien
formé par la loi civile. » Nous sommes loin du temps
de Domat, nous voilà bien plus loin de sa doctrine.

Or, Messieurs, vous le savez, l'Église enseigne que
le mariage est un sacrement. Le catholique qui n'a
pas reçu le sacrement n'est pas marié. Au sortir de
la mairie, il peut bien y avoir un contrat, un échange
de promesses, il n'y a pas de mariage. Il y a donc un
moment où la religion de la majorité des Français et
la loi civile qui les oblige tous sont en contradiction
formelle sur une des questions les plus intéressantes,
sans contredit, pour l'ordre social. Vous êtes mariés
et vous devez vivre comme mari et femme, je vous y

contraindrai au besoin, dit le Code civil. Vous n'êtes pas mariés; toute cohabitation vous est interdite, dit l'Église; et il faut ajouter que l'opinion, les mœurs publiques, l'instinct profondément chrétien de la nation, donnent, en fait, raison à l'Église contre le Code.

Nous ne sommes pas les premiers à penser que cette situation n'est pas bonne. Les chrétiens, les indifférents et les sceptiques sont presque tous d'accord qu'il y a *quelque chose à faire*, pour me servir d'une expression très moderne.

Mais, en l'état actuel de la société française, qué peut-il, que doit-il être fait?

C'est ce que je voudrais chercher à mon tour, après vous avoir fait parcourir rapidement les étapes historiques par lesquelles a passé cette question du *mariage sans Dieu*, avant d'arriver à l'éclosion de la folie révolutionnaire, puis à cette législation que les auteurs du Code civil ont considérée comme une transaction.

S'il plaît à Dieu que je puisse, après cette introduction philosophique à l'étude du droit, entreprendre et mener à bien la partie historique de ces études préliminaires, je suivrai, dans le cours des temps, le mouvement des esprits et de la législation. Aujourd'hui je passerai rapidement sans remonter plus haut que l'année 1539.

A ce moment, il prit fantaisie à Philippe, landgrave de Hesse, d'épouser une belle personne qui s'appelait Marguerite de Saal. Mais il y avait un obstacle à ce désir : la femme de Philippe, Christine de Saxe, était vivante. L'idée vint à ce prince de se faire autoriser à avoir deux femmes, et, mû par un scrupule qui peut paraître singulier, il voulut une autorisation écrite de *ses théologiens*, qui lui permît la bigamie et mît sa conscience en repos. Ses théologiens, c'étaient Martin Luther, Philippe Mélanchthon, Martin Bucer et cinq autres moins illustres docteurs de la Réforme, dont le landgrave de Hesse était alors le principal appui et le bras séculier.

L'Église réformée avait, disait Luther, besoin de princes vertueux : *Paupercula et misera Ecclesia, exigua et derelicta, indigens probis dominis regentibus...*

Le vertueux landgrave, qui voulait deux femmes, comprit ce qu'il pouvait attendre d'apôtres aussi désintéressés, et il procéda à leur égard avec la délicatesse d'un acheteur arrogant en face d'un vendeur besogneux et que les scrupules n'embarrassent pas.

Il les consulta par écrit. Il leur exposa sa doctrine sur le mariage, leur déclara qu'il ne pouvait se contenter de Christine de Saxe, son épouse. Il en donnait des motifs que je tais, par respect pour cet auditoire. Il dit qu'il était depuis longtemps adonné à des fornications adultères qui inquiétaient sa conscience ; que, les patriarches ayant eu plusieurs femmes, il ne voyait pas pourquoi cette faveur lui serait refusée. « Je ne veux pas, ajoutait-il, demeurer plus longtemps dans les lacets du démon, et je ne puis ni ne veux en sortir que par cette voie : *Et alias absque hac via me præservare nec possum, nec volo.* »

« De mon côté, ajoutait-il, si Luther, Mélanchthon et Bucer me donnent *le conseil* que je leur demande et me mettent à même de vivre et de mourir plus gaiement, *alacri animo*, pour la cause de l'Évangile, je ferai tout ce qu'ils me demanderont, selon la religion et l'Évangile, soit qu'ils me demandent les *biens des monastères*, soit qu'ils désirent avoir d'autres choses... »

Il était obligé, ajouta-t-il enfin, si ce qu'il demandait lui était refusé, de se retourner d'un autre côté moins agréable pour ceux à qui il s'adressait, et de recourir à l'empereur, ennemi de la cause de la Réforme, de qui, moyennant une grosse somme d'argent donnée à un ministre, il espérait tout obtenir...

Ces considérations étaient bien faites pour toucher les pieux réformateurs, et vous pourrez lire [1] la consultation de Luther, qui finit, après beaucoup d'exhortations à la vertu, par donner la permission demandée, à la seule condition que le mariage serait secret. Il insistait sur la différence qu'il y a entre établir une loi universelle et user de dispense en un cas particulier. « Votre Altesse, lui disait-il, a donc dans cet écrit non seulement l'approbation de nous tous, mais encore les réflexions que nous y avons faites. » Suit une exhortation pressante de ne pas parler de tout cela à l'empereur catholique, « qui met l'adultère au nombre des moindres péchés, et de qui, la foi étant pareille à celle du pape et des Sarrasins, les

---

1. *Histoire des Variations*. Pièces annexées.

plaisanteries sont à redouter » sur l'honnête projet du prince réformé.

Puis le contrat de mariage est passé devant Me Balthazar Rand, notaire à Rotembourg, le 4 mars 1540. Il y est expliqué que beaucoup de prédicateurs doctes, dévots, prudents et chrétiens, ont conseillé à Son Altesse de mettre son âme et sa conscience en repos par un double mariage.

Il était bon que cela fût authentique. On nous accuserait de calomnier la Réforme, si cela n'était dit « par-devant notaire ». Dieu, lui aussi, prend quelquefois ses sûretés et veut des actes authentiques. Il faut lire le récit de cette aventure dans l'*Histoire des Variations* et entendre tomber, sur ces abominations, la verge vengeresse de la parole de Bossuet.

Ce trait est caractéristique. La Réforme a eu pour résultat incontestable la réunion, dans les mains de l'autorité politique, des deux pouvoirs spirituel et temporel, ou tout au moins la prédominance absolue du temporel sur le spirituel. Je n'ai pas à étudier ce fait au point de vue général; il serait intéressant de nous demander ce que la liberté y a gagné; mais je puis dire, sans crainte d'être démenti sur ce point par ceux que je rencontrerai ailleurs comme contradicteurs, que la *sécularisation du mariage* est historiquement fille de la Réforme. Vous venez de voir quelles lâchetés et quelles infamies ont préparé son avènement. Vous prévoyez ce qui devait la suivre.

Bossuet, qui peut et sait tout dire, explique que Luther ne faisait, en donnant au landgrave une permission de bigamie, que suivre les principes qu'il avait posés ailleurs : « Puisque, dit le grand évêque, la suite de cette histoire m'a une fois fait rompre une barrière que la pudeur m'avait imposée, je ne puis plus dissimuler ce qui se trouve bien imprimé dans les œuvres de Luther ; » et il cite ces infâmes et scandaleuses paroles d'un sermon que Luther fit à Witenberg pour la réformation du mariage : « Si les femmes sont opiniâtres, il est à propos que leurs maris leur disent : Si vous ne voulez pas, une autre voudra. Si la maîtresse ne veut pas venir, que la servante approche. »

On prévoit ce que devait produire une *réformation* du mariage entreprise et prêchée par de pareils apôtres. Certes il y a d'admirables exemples de respect du lien conjugal, il y a des familles modèles dans les nations protestantes. Les mœurs ont, chez quelques-unes, résisté à l'influence des lois et des doctrines de façon à humilier, hélas ! certaines nations catholiques ; mais je raconte l'histoire et je constate les faits. Luther, en retranchant le mariage du nombre des sacrements, porta une atteinte mortelle à l'inviolabilité du pacte conjugal. C'est Luther, c'est Calvin, c'est Henri VIII qui ont ouvert la plaie hideuse du divorce. Le divorce est resté la loi des nations protestantes ; chez beaucoup d'entre elles, il est passé dans les mœurs. Je finirai, sur cette partie de notre sujet, par quelques lignes que j'emprunte à un publiciste distingué [1] : « Mon but n'a pas été de répéter, ce que

______

1. M. le comte de Bréda.

personne n'ignore, que le protestantisme n'a pas su garder la loi du mariage intacte; la loi du divorce est là pour le prouver aux plus aveugles. J'ai voulu surtout montrer que la cause véritable et la plus profonde de cette déchéance était dans l'intervention de l'État; dans l'absorption éminemment protestante du pouvoir spirituel par le pouvoir temporel; dans l'impuissance où sont les lois purement humaines de sauver la société. »

Les légistes, partisans, eux aussi, de l'absorption du pouvoir spirituel par le temporel, ont été en France, vous le savez, Messieurs, les ardents défenseurs des prérogatives royales, de la suprématie de l'État, du pouvoir absolu. Ce n'est ni le lieu ni le temps d'étudier leur œuvre. Pour rester dans notre sujet, qu'il me suffise de vous dire que, sur la question du mariage comme sur les autres, vous les trouverez inclinant vers la *sécularisation*, vers tout ce que l'on devait plus tard appeler l'*indépendance laïque du pouvoir*, et ce n'est au fond que l'omnipotence de l'État et la servitude des âmes. Je sortirais aujourd'hui des limites que je me suis tracées, si j'étudiais le lien qui rattache à l'idée protestante toute cette école des légistes, à commencer par Pierre Pithou, qui naissait précisément en 1539, au moment où Luther donnait au pouvoir temporel, dans la personne de Philippe, landgrave de Hesse, une preuve si formelle de la condescendance envers lui de l'autorité spirituelle représentée par les réformateurs.

Venons à la doctrine que professent sur le mariage

ces légistes dont Sully, pour le dire en passant, parle
en termes assez irrespectueux lorsqu'il dit à Henri IV
qu' « on voit un tas de maîtres des requêtes et autres
bonnets cornus qui voudraient volontiers réduire toutes les affaires de l'État et de finance en chica-
neries ».

Je ne veux consulter que Pothier, un homme de
bien et un chrétien, à qui, certes, il serait injuste
d'appliquer le reproche que faisait Sully « aux *bonnets
cornus* » de vouloir réduire les affaires d'État en « chi-
caneries ».

Mais Pothier était de son temps; il avait subi l'influence des légistes, et, dans la doctrine du grave
jurisconsulte, dans son langage chrétien, dans ses
efforts pour concilier avec le caractère sacramentel
du mariage le pouvoir prééminent de l'État sur les
questions mixtes en matière de mariage, vous allez
saisir les traits saillants de l'une de ces étapes dont je
vous parlais dans la marche des idées vers la sécularisation du mariage, vers le *mariage civil*.

Pothier appartenait à la religion catholique et
vivait dans un pays où le catholicisme était la religion
de l'État; aussi enseigne-t-il que le mariage est un
sacrement. Il répète le mot de Domat : un lien formé
par la main de Dieu. « Aucune puissance, dit-il, ne
peut casser un mariage lorsqu'il a été valablement
contracté; ce lien du mariage étant formé par Dieu
même, aucune puissance ne peut le dissoudre : *Quod
Deus conjunxit homo non separet.* »

Mais voici comment parle le même homme qui

donne, dans le passage précédent, une si haute, si chrétienne et si juste idée du mariage :

« *Le contrat civil étant la matière du sacrement de mariage*, il ne peut y avoir sacrement de mariage lorsque le contrat civil est nul. »

Entendez bien cettre phrase, tout le système est là. Le contrat civil du mariage est la *matière du sacrement* de mariage ; il est préexistant et nécessaire.

Pothier posait ainsi, sans le vouloir, les prémisses dont la constitution de 1791 devait formuler les conclusions.

Voici un passage plus explicite : « Je conviens que le mariage, en tant qu'il est sacrement, est quelque chose de spirituel et n'est point du ressort de la puissance séculière... Mais si le mariage est sacrement, et, sous ce respect, du ressort de la puissance ecclésiastique, il est aussi contrat civil ; et, comme contrat civil, il appartient à l'ordre politique et il est, en conséquence, sujet aux lois de la puissance séculière. La qualité de sacrement qui survient à ce contrat, mais qui en suppose la préexistence, ne soustrait pas ce contrat au droit qu'a la puissance séculière de régler les contrats et tout ce qui est de l'ordre politique. » Et plus loin : « La loi civile, en déclarant nul un contrat de mariage fait contre sa disposition, ne touche point au sacrement de mariage, puisque ce contrat de mariage qu'elle rend nul n'est pas sacrement. Elle empêche seulement, en le déclarant nul, qu'il puisse être la matière du sacrement de mariage. »

Je ne suis point un théologien et je laisse à plus

autorisé que moi de vous dire que la matière du
sacrement est l'acte même, la donation mutuelle des
contractants, que leur consentement exprimé en est
la cause efficiente, que les époux en sont les ministres,
et le curé, selon le décret du concile de Trente, le
témoin obligé. Mais je veux — et je reste ici dans mon
domaine — vous indiquer les conséquence de la doctrine de Pothier.

Si Pothier avait dit comme nous : A la loi séculière
appartient la disposition absolue de tout ce qui concerne les effets civils du mariage contracté, il serait
dans la vérité de la doctrine chrétienne. Mais si l'on
dit, avec lui, que le contrat et le sacrement sont
distincts, que l'État est maître des conditions du contrat et que le contrat civil est la matière du sacrement qui ne peut exister sans lui, on arrive à cette
conséquence : que la dispensation du sacrement
dépend de la volonté du pouvoir séculier. Comment le
nier, Messieurs, puisque le juge, en décidant que le
contrat est nul, décide du même coup qu'il n'y a
jamais eu sacrement?

Je n'insiste pas, mais je constate que de cette distinction entre le contrat civil et le sacrement est né,
comme conséquence logique, le mariage purement
civil, puisqu'il a suffi à l'État de garder la part que
lui faisait Pothier, le contrat, en cessant de se préoccuper du sacrement, dont le contrat était la matière,
mais dont les nouveaux législateurs ne voudront pas
même connaître l'existence et dont les contractants
pourront désormais se dispenser.

J'arrive ainsi à 1790 et aux lois révolutionnaires.

Dès 1787, un édit de Louis XVI avait autorisé les non-catholiques à se marier devant un officier de la justice civile. Cela ne devait pas suffire.

Bientôt la Révolution éclata; l'article 7 du titre II de la constitution du 3 septembre 1791 est ainsi conçu : « La loi ne considère le mariage que comme contrat civil. Le pouvoir civil établira pour tous les habitants, sans distinction, le mode par lequel les naissances, mariages et décès seront constatés, et il désignera les officiers publics qui en recevront et conserveront les actes. » En effet, par un décret du 20 septembre 1792, l'Assemblée législative détermina le mode de constater l'état civil des citoyens. Le dernier article du décret déclare que l'Assemblée nationale n'entend ni innover, ni nuire à la liberté qu'ont tous les citoyens de consacrer les naissances, mariages et décès par les cérémonies du culte auquel ils sont attachés.

Il ne devait pas longtemps en être ainsi. La loi de 1792 avait posé le principe de la sécularisation du mariage. Nous allons voir les conséquences qui devaient en sortir.

Le 20 septembre 1792, l'Assemblée nationale, « considérant combien il importe de faire jouir les Français de la faculté du divorce, qui résulte de la liberté individuelle, dont un engagement indissoluble serait la perte, décrète que le mariage se dissout par le divorce ».

Rien, dit M. Laferrière, n'est plus facile dans cette

phase législative que de contracter mariage, si ce n'est de dissoudre le mariage par le divorce.

En effet, Messieurs, le divorce a lieu par le consentement mutuel des époux. Il est prononcé à la requête d'un seul, sur la simple allégation d'incompatibilité d'humeur ou de caractère, et la loi prend ensuite la peine d'ajouter, par surérogation, qu'il a lieu encore pour des causes déterminées qu'elle énumère et parmi lesquelles je remarque la folie de l'un des époux ou son absence pendant cinq ans sans nouvelles.

Inflexible pour ceux que la conscience éloignerait du divorce, la loi leur refuse la ressource de la séparation de corps; facile à l'excès pour ceux qu'aucun scrupule ne gêne, elle permet aux époux de se reprendre après s'être quittés et de contracter entre eux un nouveau mariage. Quant au mariage avec un autre, tous les obstacles sont écartés. « Il n'y a pas de raison, dit le législateur de nivôse an II, d'empêcher le mari divorcé de se remarier immédiatement après le divorce. Il n'y a pas de raison d'empêcher la femme de se remarier dix mois après le divorce. »

Le dédain du mariage devait amener et amena, en effet, l'assimilation, à peu près complète, des enfants naturels aux enfants légitimes.

« La différence qui existe entre eux, disait Cambacérès, est-elle juste? peut-il y avoir deux sortes de paternités? Présenter ces questions à des législateurs philanthropes, c'est préjuger leur solution. Ce serait leur faire injure que d'oser croire qu'ils fermeront l'oreille à la voix incorruptible de la nature, pour consacrer à la fois et la tyrannie de l'habitude et les erreurs des jurisconsultes... »

Si l'on eût écouté ce très libre penseur, l'assimilation se serait étendue jusqu'aux enfants adultérins. « Dans un gouvernement basé sur la liberté, les individus ne peuvent être victimes des fautes de leur père. L'exhérédation est la peine des grands crimes, l'enfant qui naît en a-t-il commis? Et si le mariage est une institution précieuse, son empire ne peut s'étendre jusqu'à la destruction de l'homme et des droits du citoyen... » Ainsi parlait Cambacérès.

Il restait une chose à faire; elle fut faite : un décret de pluviôse an II décerna des récompenses aux filles-mères...

Ne vous étonnez pas, Messieurs : les faits ne peuvent rester longtemps en désaccord avec les idées. Or, les idées des législateurs d'alors, vous les connaissez. Laissez-moi vous les rappeler par quelques courtes citations.

Condorcet, dans un de ses rapports sur la constitution de 1793, écrit que « les législateurs ont à consacrer, pour la première fois sur la terre, dans les institutions d'un grand peuple, *toute l'égalité de la nature* ». Nous retrouvons Rousseau. « Il est nécessaire, ajoute-t-il, de séparer la morale des principes de toute religion particulière. Il est important de fonder la morale sur les seuls principes de la raison... »

Et plus loin : « Cette prescription doit s'étendre même sur ce qu'on appelle la religion naturelle; car les simples théistes ne sont pas plus d'accord que les théologiens sur l'idée de Dieu et sur ses rapports moraux avec les hommes. »

Vergniaud, discutant l'article de la déclaration des droits qui dispose que « tout homme est libre dans son culte », s'écrie que cet article est un résultat du despotisme et de la superstition sous lesquels la France a longtemps gémi. « Je ne crois pas, dit-il, que dans une déclaration des droits sociaux vous puissiez consacrer des principes *absolument étrangers à l'ordre social.* »

Avais-je raison de le dire, Messieurs? point de société ni de famille, si la société et la famille ne sont pas l'œuvre et la loi de Dieu! Et pour en revenir à ce qui fait plus spécialement le sujet de cet entretien, voyez où conduisent le dédain et l'oubli du caractère essentiellement religieux du mariage : « *Institution précieuse*, disait Cambacérès, mais qui ne peut détruire les droits du citoyen. » *Institution divine*, disons-nous, et aux conditions essentielles de laquelle aucune convention, aucune loi ne peut porter atteinte, sans amener une catastrophe sociale.

Cette rapide esquisse de la législation révolutionnaire n'aura pas été inutile pour la démonstration de cette vérité.

Nous voici revenus au Code civil dont, au début de cette conférence, je vous ai fait connaître les dispositions.

Un jour, Messieurs, je l'espère, nous étudierons les origines du droit français moderne. C'est alors, et après avoir cherché ce que le Code civil a emprunté au droit romain et aux coutumes, que nous pourrons, dans ce grand et, à beaucoup de points de vue, admirable monument de notre unité législative, faire la part de ce qui subsistera et la part de ce que le jurisconsulte voudrait voir disparaître. Le Code civil, personne ne le nie, fut une œuvre de transaction, qui eut, comme toutes les œuvres humaines, sa part d'imperfection et d'erreur. Déjà il a subi des modifications profondes; la confiscation, le droit d'aubaine, la mort civile, le divorce, sont effacés de nos lois. Le Code civil a-t-il réalisé tout ce que permettait l'état de la société et des esprits en 1804? Je ne veux pas l'examiner aujourd'hui; mais veillons à ce que l'admiration et le respect ne tournent pas à l'idolâtrie. Il y a dans la législation des principes immuables; le Code civil en a appliqué beaucoup et méconnu quelques-uns. Il y a des dispositions contingentes, mobiles et transitoires qui doivent disparaître avec le temps qui les vit naître et les motifs qui les avaient exigées. C'est donc avec un sentiment de prudente et respectueuse indépendance que doivent être abordées les discussions dont est l'objet la loi qui nous régit.

Quelle pensée a inspiré la rédaction du Code civil en ce qui concerne le mariage?

Quelques mots suffiront pour vous éclairer sur ce point. L'exposé des motifs que fit Portalis dans la séance du 16 ventôse an XI contient de très belles et très chrétiennes pensées exprimées dans un noble langage:

« Ce contrat n'est pas purement civil, quoi qu'en

disent les jurisconsultes; il a son principe dans la nature, qui a daigné nous associer en ce point au grand ouvrage de la création... » Et plus loin : « Tous les peuples ont fait intervenir le ciel dans un contrat qui doit avoir une si grande influence sur le sort des époux... C'est dans de telles occurrences que nos espérances et nos craintes ont toujours appelé le secours de la religion établie entre le ciel et la terre pour combler l'espace immense qui les sépare... Le mariage est donc aujourd'hui ce qu'il a toujours été, un acte naturel, nécessaire, institué par le Créateur lui-même. »

Eh bien, Messieurs, vous attendez la conséquence : le législateur va respecter, sans doute, ce qu'il a si hautement affirmé : l'institution du Créateur, l'intervention du ciel appelée par tous les peuples dans un contrat aussi exceptionnellement solennel?

Non, Messieurs, et voici pourquoi : c'est encore Portalis qui parle et vous auriez peine à le croire, si je ne vous l'avais dit, car, dans le style même, vous ne retrouverez plus Portalis : « Sous l'ancien régime, les institutions civiles et les institutions religieuses étaient intimement unies... Depuis, la liberté des cultes a été proclamée. Il a été possible alors de séculariser la législation; on a organisé cette grande idée, qu'il faut souffrir tout ce que la Providence souffre, et que la loi, qui ne peut forcer les opinions religieuses des citoyens, ne doit voir que des Français comme la nature ne voit que des hommes. »

Si la Providence n'était pas nommée, je croirais

dans cette dernière phrase entendre les platitudes de Condorcet.

Vainement Bonald écrit l'éloquente protestation que vous savez. Il faut l'entendre rappeler les vérités premières avec une profondeur de vues et une hauteur de raison vraiment incomparables. Portalis avait dit, dans le discours préliminaire, « qu'on ignorait jusqu'ici ce qu'est le mariage en soi ». Le grand philosophe se demande comment on a pu émettre ce que j'ose appeler une orgueilleuse puérilité, en France, après quinze siècles de profession publique de christianisme, c'est-à-dire de ce qu'il y a de plus parfait dans la discipline des mœurs et les principes des lois; après tout ce qu'il y a eu, chez les nations les plus éclairées, d'hommes versés dans la science de la législation civile et religieuse. Il défend, contre le divorce, le droit de ce *tiers*, l'enfant, au préjudice de qui ne peut être rompu un contrat dans lequel il est, sinon la première personne, au moins la plus importante; de l'enfant, qui est la *raison* de l'union sociale des deux contractants.

Portalis avait écrit que, le mariage existant avant l'établissement du christianisme, le mariage qui a précédé toute loi positive et dérive de la constitution même de notre être n'est ni un acte civil ni un acte religieux, mais un acte naturel.

À cette occasion, Bonald marque la filiation des erreurs sur lesquelles repose la doctrine du premier discours préliminaire, et la part qui revient, dans ces égarements, à Rousseau : car dire que le mariage est un acte naturel qui n'est ni civil ni religieux, c'est avancer que l'état civil et religieux n'est pas dans la nature de l'homme, c'est tirer la conclusion de cette parole du philosophe genevois : que la société n'est pas dans la nature de l'homme. C'est, dit Bonald, parce que le mariage a été dans les premiers temps, et antérieurement à l'établissement des sociétés publiques, politiques et religieuses, un acte divin et humain (j'entends, par *humain*, moral et physique) comme il est depuis l'établissement des sociétés publiques un acte civil et religieux, c'est pour cela qu'il dérive de la constitution de notre être, de notre nature, et qu'il est un acte naturel.

Il rend hommage au talent et aux intentions de Portalis, qu'il appelle le *vir bonus dicendi peritus* de Cicéron; mais il ne laisse rien debout de l'échafaudage philosophique sur lequel cet honnête homme, aveuglé par les préjugés du temps, avait appuyé sa thèse du contrat purement civil et du divorce.

Cet éloquent plaidoyer, que tout jurisconsulte doit lire, n'empêcha pas les idées du discours préliminaire de se traduire dans le Code par les articles que je vous ai lus et par ceux qui forment le chapitre du divorce.

Entre les paroles du discours préliminaire de l'an IX et celles de l'exposé des motifs de l'an XI la différence est sensible et l'on sent que le retour à l'idée religieuse s'accentue; mais rien n'est sacrifié de l'omnipotence de l'État, qui fait le mariage, qui demeure le maître des conditions et des dispenses, et le juge unique de la validité.

Quelles sont les conséquences pratiques de cette législation?

C'est d'abord la proclamation législative d'une erreur fondamentale, véritable calamité publique, alors surtout que cette erreur porte sur l'une des bases essentielles de la société des hommes.

Eh bien, Messieurs, si j'ai été assez heureux pour être suivi et compris par vous, je n'ai pas besoin d'insister sur ce grand côté de la question de la sécularisation du mariage. Bien aveugles seraient ceux que les souvenirs du passé, les angoisses du temps présent et les menaces de l'avenir n'auraient pas éclairés. Tout se tient et s'enchaîne dans l'ordre social : si la loi brise le premier anneau qui la relie à la source du droit, à Dieu, tous les liens se relâchent ou se brisent. Les textes subsistent, l'autorité disparaît. La force, il est vrai, la force de plus en plus violente et despotique supplée encore, pendant un temps, à l'énergie de la contrainte morale que les croyances imposaient à la conscience humaine; mais le frein est brisé, la chute se précipite, et, lorsque l'orgueil de la raison indépendante a décrété qu'il n'y a pas de Dieu, la logique des multitudes révoltées lui prouve bientôt qu'il n'y a plus de lois.

Mais j'en ai dit assez dans le cours de cette étude, et nous retrouverons, en parlant de la propriété, de nouvelles occasions de confirmer ces idées générales.

Voyons de plus près les inconséquences pratiques de notre loi.

Elle ne respecte ni la liberté de conscience ni la

8.

liberté des cultes, et je suis sûr d'étonner, en parlant ainsi, quelques-uns de mes auditeurs, tant ont d'influence, même sur les meilleurs esprits, les idées depuis longtemps régnantes et le long abus des mots.

Bien avant moi, c'était *au nom de la liberté des cultes* non moins que de la religion, des mœurs et de la liberté individuelle, que Bonald réclamait « contre la tyrannie de ces unions dans lesquelles, victime de sa propre faiblesse ou d'une autorité coupable, une jeune personne, engagée seulement par l'acte civil, voit éluder la promesse de bénédiction nuptiale (disons plutôt *du mariage*), sans pouvoir obtenir justice d'un parjure, et forcée de vivre dans un état qui blesse également les mœurs publiques et sa propre conscience ».

La possibilité de cette situation, moins rare qu'on ne pense, a excité les appréhensions et sollicité l'étude de beaucoup de jurisconsultes. Une protestation éloquente jaillissait encore, il y a peu d'années, sous la plume d'un écrivain qui fut un grand orateur et un incomparable avocat : « Après les paroles de l'officier de l'état civil, le mariage est tenu pour consacré, et si la jeune et timide vierge attend une autre sanction pour cet irrévocable changement de sa destinée, si c'est au ciel même qu'elle demande le signal de la transformation de ses devoirs et la conservation de son avenir, on pourra se rire impunément de ses scrupules et refuser à sa pudique piété le secours de la bénédiction promise. La promesse qu'on lui aurait faite de la conduire devant le prêtre restera sans valeur aux yeux de la loi, et l'époux parjure, même avant les derniers serments, pourra revendiquer les droits d'un hyménée qu'elle ne reconnaît pas et l'écarter de l'autel pour l'arracher à sa mère. Et la société verrait de sang-froid ces angoisses de l'innocence, et son autorité prêterait main forte au ravisseur légal contre la victime trompée; elle ne lui laisserait pas même la triste consolation d'une séparation qui, cette fois, précéderait le mariage et la ferait veuve avant d'avoir été épouse. Ou bien, pour autoriser cette séparation, triste et pourtant tutélaire, il faudrait des magistrats qui voulussent méconnaître leurs devoirs de juges et n'obéir qu'à leurs consciences d'hommes en mettant les mœurs au-dessus des lois. »

Vous avez, Messieurs, reconnu Paul Sauzet [1].

Il ne pense pas, vous l'avez entendu, que le refus par l'un des époux de la célébration religieuse du mariage soit pour l'autre un motif légal de séparation de corps.

En cela je crois qu'il se trompe. L'opinion contraire a pour elle des jurisconsultes de haute autorité. Je citerai parmi ceux là MM. Duverger et Demolombe. Elle a été accueillie et remarquablement motivée par un arrêt de la cour d'Angers du 29 janvier 1859, à la doctrine duquel on peut rattacher celle de plusieurs arrêts de la Cour de cassation et de quelques cours d'appel [2].

Cette question sera traitée dans vos cours de Code.

1. *Le Mariage civil et le Mariage religieux.*
2. Dijon, 4 janvier 1860. *Cassation*, rejet 20 novembre 1860.

civil. Pour moi, cette dernière opinion me paraît la meilleure et la plus juridique ; mais, ne fût-elle plus ni discutée ni discutable, elle n'offrirait qu'un insuffisant palliatif à un mal qui veut un remède topique.

Cette opinion est juridique, car la femme refusera de suivre son mari au domicile où il ne lui offre pas une existence compatible avec sa dignité d'honnête femme. Elle appuiera sa résistance sur les termes de l'article 214 du Code civil qui, ordonnant au mari de fournir à sa femme « tout ce qui est nécessaire au besoin de la vie », n'a pas entendu parler seulement des besoins matériels, mais encore (et sur ce point la jurisprudence est unanime) des besoins de dignité et de sécurité morales. Il est vrai qu'aux termes de l'article 213 du Code civil la femme doit obéissance à son mari ; mais cet article ajoute que le mari doit protection à sa femme, et celle-ci dira que la protection dont parle la loi n'est pas la protection contre les seules violences extérieures, mais aussi la protection de la dignité et de l'honneur. Elle ajoutera que ce devoir de protection ne saurait se concilier avec la méconnaissance, par le protecteur, du droit pour la protéger de rester fidèle à sa foi religieuse. Enfin elle affirmera, et vous, Messieurs, juges, vous n'hésiteriez pas à décider que la persistance du mari à lui imposer une cohabitation qui n'est à ses yeux qu'un concubinage constitue une injure grave, de nature à motiver la séparation de corps. S'il est permis de faire l'invraisemblable hypothèse d'une femme refusant la consécration religieuse de son union, le mari, cela est hors de doute, pourrait, pour des motifs de même nature, refuser de recevoir sa femme et obtenir la séparation.

Mais, palliatif insuffisant, ai-je dit, car l'époux séparé restera la victime innocente du manque de foi de son conjoint. Marié aux yeux de la loi civile, il ne pourra demander à l'Église la consécration d'une union légitime, et, veuf avant le mariage, il vivra dans un célibat forcé auquel il n'était point destiné; il ne pourra goûter ni les joies de la famille ni les austères jouissances de la virginité volontairement gardée sous l'impulsion d'une vocation religieuse.

Aussi d'autres auteurs ont cherché des remèdes plus efficaces. Marcadé, qu'un critique éminent [1] appelle justement l'homme des solutions franches et tranchées, va plus loin, et, dans le cas qui nous occupe, il soutient que le mariage est *annulable*. Il se fonde sur les termes de l'article 180 du Code civil dont le second paragraphe est ainsi conçu : « Lorsqu'il y a eu erreur *dans la personne*, le mariage ne peut être attaqué que par celui des deux époux qui a été induit en erreur. »

Là, selon Marcadé, est la solution. J'ai cru, dit la femme, épouser un catholique, j'ai épousé un incrédule, il y a erreur *dans la personne*; le mariage « peut être attaqué », il est annulable.

Jusqu'alors l'erreur *sur la personne* n'avait été en-

---

1. M. P. Serret.

tendue que de l'erreur sur la personne physique, erreur qui rendait le mariage *nul*. Voici un hardi novateur qui déclare le mariage annulable pour cause d'erreur sur la personne *morale*. Que faut-il en penser?

Pour nous, Messieurs, qui savons qu'au sortir de la mairie les prétendus époux ne sont pas mariés, nous ne serions pas embarrassés. Nous ne dirions pas mariage annulable, mais mariage nul. Et il faut aller jusque-là, car, suivant le langage de Pothier, « aucune puissance humaine ne peut casser un mariage lorsqu'il a été valablement contracté ». Il faut donc y regarder à deux fois avant d'admettre la théorie des mariages annulables. Ah! s'il était entendu que dans ce cas le juge ne fait que constater qu'il n'y a pas eu mariage, nous n'aurions qu'à applaudir. Mais comment concilier cette manière d'expliquer l'*annulation* dont il s'agit avec le Code civil? comment ne pas craindre que cette théorie des annulations de mariage n'amène, sous prétexte d'erreur sur *les qualités* de la personne, erreur dont l'appréciation resterait livrée à la discrétion des juges, l'annulation des mariages consacrés par l'Église?

Nous ne devrions pas, sans doute, refuser le secours que pourrait apporter à la conscience des époux catholiques cette doctrine qui a conquis des adhésions importantes; mais, à vrai dire, je doute de son triomphe définitif[1], et elle ne me semble pas sans péril.

____

1. Elle est condamnée par un arrêt de la Cour de cassation rendu, toutes chambres réunies, le 24 avril 1862. Arrêt Berthon. — C. Berthon.

M. Batbie, dans un *Mémoire sur la revision du Code Napoléon*, lu à l'Académie des sciences morales, et qui a vivement, en France et au dehors, attiré l'attention des jurisconsultes, a proposé une solution.

« Que demande, dit-il, la liberté de conscience? que la célébration devant le maire soit suffisante; que l'athée, s'il en existe, puisse se marier... Mais la même liberté de conscience demande aussi que, si un époux civilement marié ne veut pas, au mépris d'une promesse formelle ou tacite, ajouter la célébration religieuse à la célébration civile, il ne puisse pas contraindre à la cohabitation l'autre futur époux qui voit un concubinage dans toute relation sexuelle non consacrée par la religion... Je voudrais donc que devant l'officier de l'état civil les conjoints déclarassent s'ils entendent célébrer leur mariage religieusement ou non. Si non, le mariage civil serait définitif; si oui, la loi ne reconnaîtrait le mariage qu'autant qu'on justifierait de la célébration religieuse. Ainsi se concilierait le droit individuel avec l'intérêt général, et satisfaction serait donnée à la liberté de conscience d'une manière pleine. »

Cette réforme, Messieurs, ne va pas sans difficultés pratiques assez graves qui vous seront exposées. On y a fait des objections nombreuses. Malgré tout, Messieurs, et en attendant mieux, passez-moi l'expression, je ne serais pas disposé à rejeter cette concession si elle nous était offerte; mais je ne puis accepter le procédé imaginé par M. Batbie pour échapper à l'une des difficultés qui lui ont été signalées, la seule dont je veuille vous dire quelques mots.

Qu'arriverait-il, lui a-t-on demandé, si vos époux chrétiens, après la double célébration, découvraient que le mariage est nul par suite d'un empêchement canonique? Ce mariage, nul aux yeux de l'Église, le serait-il à ceux de la loi civile? L'auteur répond négativement et propose une disposition législative dont le texte serait celui-ci : « Si les parties ont déclaré subordonner la perfection du mariage à la célébration religieuse, l'acte de mariage ne sera parfait que par la mention de cette célébration en marge du registre. Cette mention, faite sur la réquisition des parties, emportera renonciation à toute nullité fondée sur les usages et règlements en matière de célébration religieuse. »

Eh bien! non, Messieurs, il est impossible que des catholiques s'engagent à se considérer comme valablement mariés lorsqu'ils sauront que leur mariage est nul aux yeux de l'Église, et sur ce point évidemment il faudrait, pour la rendre acceptable, réformer la réforme de l'honorable jurisconsulte.

Ce cas n'est pas le seul dans lequel les droits de la conscience seront menacés par la législation qui ne voit dans le mariage qu'un contrat civil, et interdit la célébration antérieure du mariage religieux. Je veux vous en indiquer un autre, ce sera le dernier.

Un prêtre est appelé au chevet d'un mourant. Il trouve, suivant la belle pensée d'un auteur que je vous nommerai, il trouve auprès de cet homme que le repentir a touché « une femme, des enfants, point d'épouse »; que fera-t-il? Vous savez quels délais exigent les publications et les formalités qui précèdent le mariage civil. Or, le temps presse, voici la dernière heure. Que fera le prêtre? désobéira-t-il à la loi au risque de pénalités menaçantes? renverra-t-il, avant d'accorder le dernier pardon, renverra-t-il comme une étrangère, après avoir exigé une séparation douloureuse, la mère des enfants qui pleurent auprès de ce désespéré? ou bien la laissera-t-il, cette concubine, usurper jusqu'à la fin le rôle de femme légitime et serrer encore, en présence du Dieu qui visite les mourants, cette main dont chaque étreinte a été une offense à la loi divine?

Terribles perplexités, s'écrie le P. Daniel[1], angoisses d'un ministre de paix et de pardon! Et il ajoute : « Trop souvent le prêtre s'éloigne sans avoir pu dénouer ce nœud fatal, et le moribond, privé des sacrements qui sauveraient son âme, n'a pas même, à sa dernière heure, la consolation de laisser à ceux qu'il quitte le droit de porter un nom dont ils n'aient pas à rougir. »

Où est ici, je vous le demande, le respect de la liberté de la conscience et des cultes? Vous en concluez, et vous avez raison, qu'il faudrait abroger les articles 199 et 200 du Code pénal. La logique le demande avec vous; car il n'est pas possible que la loi pénale continue à voir un délit dans un fait que la loi civile ignore.

Mais est-ce tout, Messieurs, et l'effort pacifique,

---

1. *Le Mariage chrétien et le Code Napoléon.*

prudent, mais persévérant et énergique, des hommes religieux doit-il se borner à la poursuite de cette modeste conquête?

A quoi faut-il donc viser pour un avenir que Dieu seul connaît? jusqu'où doivent aller nos désirs, et, pour l'heure présente, que devons-nous demander et quelles raisonnables espérances pouvons-nous concevoir?

Messieurs, voici la réponse à la première question. Le 9 septembre 1852, le Souverain Pontife, le Pape Pie IX, répondant au roi Victor-Emmanuel, alors roi de Sardaigne et régnant à Turin, lui disait : « Il n'y a pas d'autre moyen de conciliation que de laisser à César ce qui est à César et à l'Église ce qui appartient à l'Église. Que le pouvoir civil dispose des effets civils qui dérivent du mariage, mais qu'il laisse à l'Église le droit d'en régler la validité entre les chrétiens. Que la loi civile prenne pour point de départ la validité ou la non-validité du mariage telle que l'aura déterminée l'Église, et partant de ce fait qu'il est en dehors de sa sphère de constituer, qu'elle dispose alors des effets civils. »

Au moment où ces paroles étaient écrites, on préparait en Piémont la loi sur le mariage, et il y avait alors un roi qui s'inquiétait de ce qui, dans la législation de son royaume, pourrait contredire la doctrine de l'Église, inquiéter la conscience de ses sujets et « contrister le Pape ».

Eh! sans doute, Messieurs, la solution est là, simple, facile, claire comme la vérité. Ces paroles du

Pontife sont la conclusion logique de ces deux leçons trop longues et pourtant incomplètes.

Je n'oublie pas que nous vivons sous le régime de la liberté des cultes, et, en parlant ainsi comme je viens de le faire, je ne demande pas que ce régime soit modifié. Je n'entreprends rien de ce chef, pas même une discussion. Ce n'est point l'objet de cette conférence. Personne ne me soupçonnera d'admettre, en principe, l'égalité des droits entre la vérité et l'erreur; mais je ne crains nullement d'affirmer que la liberté des cultes sincèrement pratiquée est, en l'état, ce que les catholiques de France peuvent espérer de plus favorable. Il serait téméraire autant qu'inutile de manifester ici le désir de voir modifier le fait de la liberté, au regard de la loi civile, des cultes publics et de la conscience individuelle. Nous acceptons le fait, on ne peut rien nous demander de plus. Mais il faut prendre garde de laisser couvrir par ce pavillon si populaire de la liberté des cultes une marchandise de provenance suspecte et de détestable qualité, je veux dire dire l'oppression du culte et de la conscience de la majorité.

Prenant, en effet, les mots dans leur sens excessif, et allant jusqu'à ce terme extrême que « liberté des cultes » signifie même le droit de ne professer aucun culte, et que l'État stipule législativement, même pour le compte de la négation absolue, de l'athéisme pour tout dire, qu'est-ce donc que la liberté des cultes, qu'est-ce que la liberté de conscience exige?

Pour les catholiques et pour les sectateurs des cultes reconnus, la liberté des cultes exige la pleine faculté de contracter mariage conformément aux prescriptions de la loi religieuse à laquelle ils obéissent.

A tous les autres, la loi civile n'aura rien refusé de ce que réclament leurs exigences les plus extrêmes, quand elle leur aura permis de former l'union conjugale en dehors de toute intervention d'un clergé, d'un culte quelconques.

Il n'y a rien de contestable dans les conséquences que je tire du fait même de la liberté des cultes, et lorsque Pie IX demande que l'État laisse l'Église régler la validité du mariage *entre les chrétiens*, il ne demande rien qui ne soit du droit strict de la liberté chrétienne, et il n'entreprend rien contre la faculté laissée aux dissidents de se passer du mariage religieux.

Mais l'État peut, disent quelques-uns, il doit même, suivant d'autres, offrir aux mécréants la possibilité d'un mariage purement civil; il ne saurait donc prendre pour règle la validité ou la non-validité du mariage déterminée par l'Église; car ce serait imposer le mariage religieux à tous les catholiques.

Eh bien, Messieurs, toutes réserves faites, plaçons-nous en face de ce qui est généralement considéré comme une nécessité, et au nom de la liberté des consciences demandons *que le « mariage religieux » puisse précéder le « mariage civil »*.

Quel chemin il a fallu parcourir pour descendre à cette humble formule! Au début de ma dernière conférence, je vous lisais le récit du premier mariage que le Créateur de l'homme daigna lui-même bénir. Nous, Messieurs, nous aurons de la peine à obtenir qu'il soit permis aux catholiques de s'épouser devant Dieu avant d'en informer le maire! Ah! il y a loin de la Genèse au Code civil!

Mais, au moins sur ce terrain si étroit, si abaissé, quel adversaire de bonne foi oserait contester la légitimité et l'opportunité de notre réclamation? Je ne demande pas que le mariage religieux puisse remplacer le « mariage civil », je demande qu'il puisse au gré des époux avoir la priorité. Les droits de l'État, c'est de régler seul les effets civils du mariage accompli et de ne connaître, par conséquent, d'autre mariage que celui dont la dénonciation lui est faite dans les formes légitimement établies par lui. Ce droit sera respecté, le « mariage civil » seul produira les effets civils. Mais les catholiques passeront par l'église avant d'aller à la mairie; je vois bien ce que les consciences y gagneront de sécurité, je ne vois pas ce que la mairie peut y perdre.

Cette réforme est bien insuffisante, je le reconnais; car, après comme avant, l'État sera le maître du mariage, nul mariage n'étant civilement légitime que dans les conditions que l'État aura souverainement réglées. Juge de la validité du mariage, l'État résoudra toujours seul les questions d'empêchements, de dispense et de publicité. Mais, au moins, sera écarté le refus de la consécration religieuse. Mais le prêtre ne risquera plus, pour avoir administré un sacrement à l'heure des suprêmes réconciliations, d'être condamné comme un criminel [1].

Un jour, j'en ai la ferme espérance, des législateurs animés d'un noble respect pour les droits de Dieu et la liberté des consciences s'entendront avec l'Église sur tous les points qui touchent au dogme catholique. Un concordat fixera les limites des deux domaines, et le mariage purement civil, qui n'est, Dieu merci! dans nos mœurs qu'une exception et une rupture avec le monde des femmes honnêtes et des hommes de bien, cessera enfin de tenir dans la loi française la place exclusive que la Révolution lui a faite.

En attendant cette heure et pour la hâter, ayons foi dans la puissance irrésistible de la vérité qui parle et du droit qui s'affirme. Ne tenons ni le droit caché ni la vérité captive. Revendiquons légalement, pacifiquement, mais avec une invincible persistance, *la liberté du mariage*.

Le temps que vous avez consacré à m'entendre n'aura pas été perdu, si vous emportez d'ici cette résolution.

1. Un jugement qui serait transcrit sur les registres de l'état civil pourrait, moyennant des conditions à déterminer, donner au mariage, après le décès de l'un des deux époux, les effets civils en faveur du survivant et des enfants.

SIXIÈME CONFÉRENCE

DE LA PROPRIÉTÉ

De la propriété. — Les erreurs anciennes et modernes. — Fondement du droit de propriété. — Droit naturel. — Portalis et le Code civil. — L'argument chrétien. — La propriété féodale. — Les droits de l'État. — Les charges publiques.

Messieurs,

La propriété, sa nature et ses éléments, les limitations dont elle peut être frappée dans l'intérêt public ou privé, ses différents modes d'acquisition, les garanties dont elle doit être entourée, tiennent, dans toutes les législations positives, une place considérable. J'ai le désir de vous donner une juste idée de l'ensemble et des divisions principales de cet immense champ d'étude. Je veux surtout fixer l'attention de vos esprits sur les principes qui régissent ces matières. Je vous ferai, je l'espère, partager cette conviction que la connaissance des vérités essentielles et primordiales est, là comme ailleurs, l'indispensable préliminaire de l'étude de la législation; qu'elle éclaire d'une vive lumière les textes des lois positives et les obscurités des controverses, et enfin, que l'oubli ou le dédain de ces vérités et de ces principes laisse le jurisconsulte et la société elle-même désarmés contre les arguments des sophistes et les agressions des adversaires de l'ordre social.

Ces attaques sont anciennes. Notre siècle n'en a pas le monopole et n'en a pas eu la primeur. Lorsque Proudhon faisait éclater aux oreilles des conservateurs effrayés son fameux mot : *La propriété, c'est le vol*, il mettait le feu à une arme chargée depuis longtemps. Les idées sont des semences, et, comme les individus, les nations récoltent ce qu'elles ont semé. Lorsque la France entendit un jour le sectaire qui avait écrit : *Dieu, c'est le mal*, crier : *La propriété, c'est le vol*, elle put, en se disant que cet homme était d'une logique impitoyable, faire sur ses propres erreurs un douloureux retour.

En effet, si le droit est indépendant de Dieu, le droit n'est qu'un mot, et la conséquence de Proudhon est inévitable dans tout système qui met un contrat à l'origine de la société, qui borne au bien-être matériel le but des efforts de l'humanité, et donne au pouvoir social, à l'autorité, une origine humaine. Or, rendre le droit indépendant de Dieu, c'est le but poursuivi avec passion par des générations de lettrés, de philosophes et d'hommes d'État qui ont, parmi nos contemporains, des héritiers dont la passion n'est pas moins ardente.

Les adversaires du droit de propriété se divisent en deux grandes catégories : les communistes et les socialistes. Mais les communistes et les socialistes modernes ont eu des prédécesseurs dont il faut, avant tout, que nous étudiions l'erreur philosophique, mère de ces violences qui ont épouvanté la France en 1848, et qui la menacent encore, sous des formes moins brutales et plus dangereuses.

L'erreur philosophique s'est présentée sous deux formes, ou, pour parler plus exactement, s'est incarnée dans deux systèmes. L'un donne pour origine au droit de propriété le contrat social; l'autre, les lois civiles. Ce dernier domine dans l'enseignement moderne. Ils procèdent tous deux de la même erreur.

Rousseau a écrit, dans son discours sur l'*Origine de l'inégalité parmi les hommes*, cette phrase : « Le premier qui, ayant enclos un terrain, s'avisa de dire : *Ceci est à moi*, et trouva des gens assez simples pour le croire, fut le vrai fondateur de la société civile. » Ceci est la thèse communiste.

Quelques années après, en 1786, Brissot de Warville écrivait dans ses *Recherches philosophiques sur le droit de propriété* : « La mesure de nos besoins doit être celle de notre fortune; et si quarante écus sont suffisants pour conserver notre existence, posséder deux cent mille écus est un vol évident, une injustice. *La propriété exclusive est un véritable délit dans la nature.* (Vous voyez que Proudhon n'est qu'un copiste.) Le besoin est le seul titre de notre propriété. Il résulte de ces principes que, lorsqu'il est satisfait, l'homme n'est plus propriétaire. Nos institutions sociales punissent le vol, action vertueuse commandée par la nature même. Citoyens dépravés, vous avez acheté, payé, dites-vous, vos propriétés? Malheureux!... qui avait le droit de vous les vendre? Elles ne sont ni à vous ni à vos vendeurs. »

Brissot écrivait, après le passage que vous venez d'entendre, une déclaration de principes qu'il est bon de relire : « Si le mouton, dit-il, a le droit d'avaler des milliers d'insectes qui peuplent les herbes des prairies, si le loup peut dévorer le mouton, si l'homme a la faculté de se nourrir d'autres animaux, pourquoi le mouton, le loup et l'homme n'auraient-ils pas également le droit de faire servir leurs semblables à leur appétit? Les anthropophages, qui ne sont point guidés par les institutions sociales, ne font que suivre l'impulsion de la nature. »

Voilà, avouons-le, Messieurs, des réformateurs bien séduisants. Ce Brissot, qui se fit appeler démocratiquement de Warville, et qui devint l'un des chefs du parti de la Gironde, était fils d'un cuisinier de Chartres.

Brissot, après Rousseau, tirait les conséquences des principes de la philosophie irréligieuse du xviiie siècle. « La société est une œuvre humaine, et les bases sur lesquelles elle repose n'ont pas la sanction d'une autorité divine. Or, la société civile consacre des inégalités contraires à la nature. Donc, pour reconquérir l'égalité, la liberté, tous les biens perdus de l'état primitif, il faut rétablir le communisme. » C'est ainsi que parlent Mably, Helvétius, Condorcet; et Diderot avait dit, avant Brissot, que la propriété, le mariage, la famille et les notions de chasteté et de pudeur doivent disparaître des lois et de l'esprit d'un peuple qui veut retourner au bonheur que les institutions ont chassé de la terre!

Il faut avoir lu ces choses et réfléchi à la perversité et aux conséquences logiques de ces doctrines, pour comprendre la Révolution.

Tout cela a paru un peu brutal. D'autres sont venus qui croient plus sage de ne pas revendiquer, avant l'heure, de telles conséquences, et de marcher, par une autre voie, à un but qu'il serait imprudent d'offrir avec trop de franchise aux gouvernements et aux nations. Aussi nous n'en sommes plus à l'enclos de Rousseau et aux quarante écus de Brissot.

Avant Rousseau, Grotius, Puffendorf et quelques autres jurisconsultes protestants enseignaient que Dieu avait voulu que tout fût d'abord possédé en commun. Puis les inconvénients de l'indivision des biens étant devenus à la longue insupportables et nuisibles à la prospérité commune, une convention mit fin à la communauté primitive, et la propriété particulière naquit de la volonté des hommes, copartageants du domaine que Dieu leur avait attribué sur la terre créée pour eux. C'est encore, vous le voyez, la convention donnée pour origine du droit; seulement elle vient un peu plus tard que celle de Rousseau. Où et quand a été faite cette convention? comment n'en reste-t-il aucune trace dans les souvenirs de l'humanité? Comment se fait-il que nous rencontrions, aussi haut que l'histoire remonte, la propriété exclusive, permanente?

Vous voyez bien, n'est-ce pas? qu'il faut chercher ailleurs la source d'un droit sur lequel repose la société civile et domestique. Il le faut, car ce qu'une convention a fait, une autre convention pourrait le défaire; une loi peut abroger une loi antérieure, et vous voyez apparaître menaçante la toute-puissance de l'État, de la majorité communiste et de la *légalité* révolutionnaire. Or, la toute-puissance de l'État, c'est le mot du socialisme, et les juristes que je viens de nommer ne sont pas les seuls qui aient posé les prémisses de cette doctrine.

Montesquieu et son école n'avaient pas vu dans la propriété un droit naturel, mais un droit purement civil, qu'ils font dériver des lois humaines. Montesquieu dit que les hommes ayant renoncé à la communauté naturelle des biens, pour vivre sous l'autorité des lois civiles, c'est d'elle que les hommes reçoivent leur droit de propriété; c'est l'État qui peut, par des lois, diviser la propriété de la terre.

Mirabeau et Robespierre affirmèrent cette idée.

« Une propriété particulière, disait le premier, est un bien acquis en vertu des lois. La loi seule constitue la propriété, parce qu'il n'y a que la volonté politique qui puisse opérer la renonciation de tous et donner un titre commun en garant à la jouissance d'un seul. »

Robespierre, dans son projet de *Déclaration des*

droits de l'homme, avait écrit : « La propriété, c'est le droit qu'a chaque citoyen de jouir de la portion de bien qui lui est garantie par la loi. »

Longtemps avant eux, les légistes adorateurs de l'État, par haine de l'Église, avaient proclamé le domaine absolu du roi sur toutes les terres du royaume, et c'est à leur influence, plus fatale encore à l'autorité des rois qu'ils prétendaient servir qu'à celle de l'Église qu'ils ont combattue, que sont dues ces maximes contraires aux principes de la loi naturelle et au vieux droit français, ces maximes qu'on lit dans quelques auteurs, et dont la formule la plus expressive est ainsi donnée par Louis XIV, dans son *Instruction au Dauphin :* « Vous devez être bien persuadé que les rois sont seigneurs absolus et ont naturellement la disposition pleine et libre de tous les biens qui sont possédés, aussi bien par les gens d'Église que par les séculiers, pour en user tout comme de sages économes. »

Non, si on le prend dans le sens absolu, cela n'est pas vrai; non, ce ne sont pas là les maximes de la monarchie française, c'est-à-dire de la monarchie chrétienne.

Attendez cependant avant de juger, Messieurs, et ne croyez pas que ces paroles eussent, dans la pensée du grand roi, le sens absolu dont nos habitudes de langage actuel leur donnent l'apparence. Elles ne sont acceptables que dans le sens relatif à ce domaine éminent de l'État dont nous parlerons plus loin, qui est un droit de juridiction et d'administration dans l'intérêt public, et non un droit de propriété supérieur.

On ne saurait contester des abus passagers, des violences et des injustices accidentelles; mais jamais, sous Louis XIV non plus que sous ses prédécesseurs, le droit français n'a consacré le principe de l'*État propriétaire de toutes les terres*.

C'est en pleine féodalité que le chancelier Juvénal des Ursins avait dit avec autant de raison que de fierté à Charles VII : « Quelque chose qu'aucuns disent de votre puissance ordinaire, vous ne pouvez prétendre le mien; ce qui est mien n'est point vôtre. Peut bien être qu'en la justice vous êtes souverain, et va le ressort à vous. Vous avez votre domaine, et chaque particulier a le sien. » Et, comme lui, Loyseau, dans son *Traité des seigneuries*, avait dit avec la même sûreté de doctrine : « Les rois n'ont droit de prendre le bien d'autrui, parce que la puissance publique ne s'étend qu'au commandement et autorité, et non pas à entreprendre la seigneurie privée des biens des particuliers. »

Mais j'ai voulu vous citer les paroles de Louis XIV, parce qu'elles portent la vive empreinte de la tendance fatale d'une école de juristes que l'Église a toujours eus pour adversaires.

Je vous avais promis, Messieurs, de vous montrer les prémisses du socialisme; vous voyez qu'il faut les chercher loin, et je pourrais remonter beaucoup plus haut encore. J'affirme, sans craindre aucune contradiction sérieuse, j'affirme, l'histoire sous les yeux, que le respect du droit de propriété existe chez une nation en proportion directe de la conformité de ses lois aux principes de la loi chrétienne. N'avais-je pas raison de vous rappeler qu'il est nécessaire de connaître les principes? Qui de vous n'a déjà compris que la mesure des droits de l'État dépend de la solution donnée à la question qui nous occupe, et que, pour n'en citer qu'un exemple, les promoteurs de l'impôt progressif n'ont pas à redouter, au moins en théorie, les objections des partisans de l'origine civile, c'est-à-dire humaine, de la propriété et de l'omnipotence de l'État?

Vous avez entendu les brutales expressions des convoitises communistes, et vous savez maintenant que les formules bruyantes qui ont attiré l'attention sur quelques-uns des modernes ne sont que la réédition, à peine revue et augmentée, de celles des philosophes et des économistes du dernier siècle.

Une autre école est née chez nos voisins d'Allemagne. Procédant plus philosophiquement, ils ont enveloppé dans les nuages de leurs abstractions et de leurs rêveries un système que l'esprit français a dépouillé de ses inutilités dogmatiques et présenté sous des formes plus nettes, plus vives, plus immédiatement pratiques. Voici en quelques traits la doctrine de Kant. Ce que d'autres y ont ajouté ne modifie pas le fond, et quelques mots suffiront pour vous exposer dans sa simplicité le thème qui a été varié, avec plus ou moins d'art et d'originalité, par les sectaires de second ordre et les copistes.

Kant appelle *État naturel* la constitution actuelle des sociétés civiles et des nations policées. Ce n'est plus l'état sauvage de Rousseau, des encyclopédistes et des poètes du dernier siècle. C'est tout simplement l'état dans lequel nous vivons, et d'où le progrès nous fera sortir pour entrer dans l'*État civil* ou *juridique*. Celui-ci réalisera l'idéal de la justice, de la justice absolument absente de l'état naturel. La justice exige que tous les droits qui appartiennent aujourd'hui aux particuliers, et surtout la propriété, passent aux mains de l'État. Mais le doux·Allemand n'entend point procéder avec la furie française à cette heureuse évolution. Il ne s'agit pas d'une révolution; ce progrès se fera lentement et sûrement. Kant est un précurseur des opportunistes politiques. On ne supprimera rien; mais, peu à peu, les droits particuliers se concentreront entre les mains de l'État juridique, et cela se fera légitimement, car cela se fera en vertu de la volonté générale, qui doit être réputée infaillible. Cette infaillibilité de la volonté générale est la base juridique de la théorie. C'est d'elle que la loi procède, et c'est par elle que les nations marcheront vers cet idéal de l'État juridique, à qui tout appartiendra, choses et personnes; c'est l'idée mère du système. Puis, comme la vérité est une, ce type de perfection réalisé dans chacune des nations le sera enfin entre elles toutes par le droit cosmopolite, devant lequel les barrières tomberont et s'effaceront les frontières, et un seul État juridique, la République universelle, embrassera l'humanité, qui sortira libre et triomphante des langes déchirés de ses vieilles institutions.

Combien de fois n'avez-vous pas entendu la haine et l'ignorance gémir sur l'immobilité de la société catholique, enchaînée à l'inflexible immutabilité de ses dogmes? Eh bien, n'êtes-vous pas frappés de l'immobilité de l'erreur? Vous avez entendu Rousseau; vous connaissez maintenant les doctrines des économistes du dernier siècle; je viens de vous tracer le rapide et fidèle profil de celles de Kant et de son école. Vous êtes de votre temps, et vous n'ignorez pas ce que prêchent les nouveaux réformateurs. Concluons, Messieurs. L'erreur se répète, et les nouveaux venus n'ont rien inventé. Ces gens-là, rivés à la même chaîne, refont éternellement le même livre et répètent la même négation. C'est toujours la même horreur pour l'indépendance individuelle et surtout pour l'indépendance de la famille; c'est toujours l'égalité dans la servitude, décorée du beau nom de liberté. Tous sont de la race de ces fiers penseurs, de ces indépendants dont l'audace aboutit à adorer l'État et à courber, dans la poussière que foule le pied de César, un front que leur orgueil refuse d'incliner devant Dieu.

La raison seule est suffisamment armée pour réfuter ces sophismes. Écoutons-la; puis nous entendrons, pour clore cette discussion, une plus haute et plus décisive autorité.

Écoutons d'abord ce qu'a dit la raison aux philosophes qui ont su l'entendre :

Le mot *propriété* exprime la pleine puissance sur la chose, c'est-à-dire le droit de jouir de cette chose, le droit d'en exclure les autres et celui d'en disposer. *Jus utendi et abutendi*, disaient les Romains, c'est-à-dire d'user et même de détruire, pourvu qu'on use et qu'on détruise sans blesser les droits d'autrui.

Le droit de propriété, ainsi entendu comme droit d'appropriation privée et exclusive, est-il de droit naturel? Ici, Messieurs, je vais me borner à exposer la doctrine la plus sûre; les détails de l'argumentation et la discussion des objections sont du ressort du cours de droit naturel, et vous savez combien, à Lyon surtout où le P. Dumas professe, il serait téméraire d'empiéter sur son domaine, si savamment occupé.

L'homme, dit la raison, a, sans aucun doute, le droit de vivre et de pourvoir aux besoins de son existence. De là naît le droit d'occupation, c'est-à-dire le droit de mettre en sa puissance les choses nécessaires non seulement à la conservation, mais encore à l'amélioration, à l'agrément de sa vie. Il n'y a aucun doute possible en ce qui touche l'occupation provisoire du sol et la possession, jusqu'à la destruction inclusivement, c'est-à-dire la consommation des fruits de la terre, fruits spontanés ou produits du travail. Il n'y en a pas davantage quant à l'appropriation, quant à l'occupation prolongée des objets mobiliers dont l'homme s'est fait des instruments de conservation, de nourriture ou de défense. L'arc et la flèche, le filet du sauvage, sont à lui; ils sont l'œuvre de ses mains et, pour ainsi dire, la continuation, sur les choses, de ses membres mêmes et de sa propre personnalité, qui sont bien à lui sans conteste.

Mais il faut aller plus loin. L'homme apporte en naissant le droit et le devoir de conserver sa vie. Mais qui dit conservation dit durée, et il faut en conclure que l'homme a le droit d'assurer son avenir, c'est-à-dire d'occuper, avec la volonté d'en exclure les autres (c'est ce que l'on nomme l'*animus domini*), les choses dont la possession permanente lui assure l'existence du lendemain.

La terre n'a qu'une fécondité limitée, et quand le nombre des hommes s'accroissant a exigé l'accroissement proportionnel des produits, l'homme a, suivant une expression très énergique et très vraie, l'homme a *fait la terre*. Il l'a marquée de son empreinte, modifiée par son travail, et le premier qui, ayant enclos un terrain qu'il avait défriché, s'avisa de dire : « Ceci est à moi, » n'a pas, comme le prétend Rousseau, empiété sur le droit d'autrui, mais fait le légitime emploi des facultés de son être, en s'appropriant une partie du sol que le Créateur a livré à la libre activité de l'homme, maître de la nature inanimée, maître des êtres vivants inférieurs à lui, parce qu'ils ne sont pas doués de raison.

L'observation de la nature de l'homme explique et justifie ces conclusions. Le développement de ses facultés exige la sécurité que donne la possession assurée de la propriété même immobilière. Le droit de propriété est le plus grand stimulant du travail, et le travail est le moteur de la machine sociale. L'idée de famille est inséparable de l'idée de propriété, car une partie de la vie de l'homme se passe sans qu'il puisse, par son effort personnel, pourvoir à ses premiers besoins. Le père a l'incontestable devoir de pourvoir à la vie de l'enfant, et la prolongation de la propriété acquise est nécessaire à la famille humaine et à la conservation de l'espèce. L'appropriation des biens est donc pour les hommes une nécessité de nature sans laquelle ils ne pourraient subsister, et l'on peut dire que la nature humaine exige la propriété privée, que le travail et la liberté la fondent, et que les lois civiles lui donnent sa forme définitive, modifiée suivant les temps et l'état social, et y ajoutent les garanties sans lesquelles le droit n'aurait qu'une existence précaire, exposée aux violences des plus forts et des moins vertueux.

Ces idées sont celles qui ont dominé la rédaction du Code civil. Portalis, dans l'exposé des motifs de la loi relative à la propriété, le plus beau discours qu'il ait prononcé, les développe avec une grande autorité et une remarquable fermeté d'affirmation. Laissez-moi vous citer quelques passages de cette œuvre magistrale.

« L'homme, en naissant, disait-il, n'apporte que des besoins; il est chargé du soin de sa conservation; il ne saurait exister ni vivre sans consommer; il a donc un droit naturel aux choses nécessaires à sa subsistance et à son entretien. Il exerce ce droit par le travail, par l'occupation, par l'application raisonnable et juste de ses facultés et de ses forces. Ainsi le besoin et l'industrie sont les deux principes créateurs de la propriété...

« La nécessité constitue un véritable droit. Or, c'est la nécessité même, c'est-à-dire la plus impérieuse de toutes les lois, qui nous commande l'usage des choses sans lesquelles il nous serait impossible de subsister. Mais le droit d'acquérir ces choses et d'en user ne serait-il pas absolument nul sans *l'appropriation*, qui seule peut le rendre utile en le liant à la certitude de conserver ce qu'on acquiert? Méfions-nous des sys-tèmes dans lesquels on ne semble faire de la terre la propriété commune de tous que pour se ménager le prétexte de ne respecter les droits de personne. »

Ne semble-t-il pas, Messieurs, que cette idée si juste et si justement exprimée ait été dictée par le pressentiment de l'avenir, et qu'elle juge d'avance les aberrations dont nous avons été et sommes encore les témoins?

« Le principe du droit est en nous, dit-il plus loin; il n'est point le résultat d'une convention humaine ou d'une loi positive; il est dans la constitution même de notre être et dans nos différentes relations avec les choses qui nous environnent. »

Puis, ayant exposé comment l'augmentation de la population a nécessité l'augmentation des moyens de subsistance, il montre dans la culture et l'industrie l'origine de la propriété foncière; et si quelques philosophes s'étonnent que l'homme puisse devenir propriétaire d'une portion du sol qui n'est pas son ouvrage, qui doit durer plus que lui et qui n'est soumise

qu'à des lois que l'homme n'a point faites, il répond
par le spectacle des prodiges de la main-d'œuvre,
c'est-à-dire de tout ce que l'industrie de l'homme
peut ajouter à l'ouvrage de la nature. « La tâche de
l'homme, dit-il, était pour ainsi dire d'achever le grand
ouvrage de la création. »

Puis il montre la prospérité des nations d'autant
plus haute que les propriétés y sont plus assurées, et
ajoute : « En un mot, c'est la propriété qui a fondé
les sociétés humaines; c'est elle qui a vivifié, étendu,
agrandi notre propre existence. »

Nous voilà bien loin du contrat social de Rousseau
et de l'État juridique de Kant. Il y a quelque chose
à ajouter aux paroles de Portalis; mais rien n'est à
reprendre dans sa doctrine. Nous dirons donc avec
lui que la propriété n'est pas une création du législateur. Il la protège, il en règle les détails, il l'organise
suivant les besoins de la société sur laquelle il agit;
mais sa volonté ne saurait prévaloir contre le droit.

Tout ceci ne va pas sans objections, Messieurs.
Nous réserverons pour un autre entretien celles qui
portent sur la prolongation de l'occupation après la
mort de l'occupant, la transmission héréditaire et le
droit de tester.

Je sortirais du cadre dans lequel ces conférences
doivent se maintenir, si je poursuivais la recherche
de ces objections et les réponses qui peuvent y être
faites. Il vous sera facile, Messieurs, de suppléer à ce
que cette discussion a d'incomplet. On a beaucoup
parlé et beaucoup écrit sur la propriété depuis que

l'ancienne sécurité a fait place à la crainte du boule-
versement possible des bases de la société civilisée.

Au fond, vous ne trouverez, dans les écrits de la
plupart des défenseurs de la propriété, rien de plus
décisif que ce que nous a dit Portalis. J'ai lu dans un
ouvrage de M. Thiers, écrit avec cette fine bonhomie
et cette clarté familière et séduisante qui ont fait sa
popularité, une phrase qui me paraît être le résumé
le plus net de l'argumentation dans laquelle n'intervient pas explicitement ce que j'appellerai l'argument
catholique : « C'est, il me semble, dit-il, une bonne
raison, après tout, que la nécessité. Or, si la nécessité
veut que la surface de la terre soit abandonnée à ceux
qui la cultivent, pour qu'ils aient un motif suffisant
de la cultiver, ne faut-il pas céder à l'invincible nature
des choses ! »

Je ne puis vous dissimuler, Messieurs, que je n'ai
jamais entendu ces raisons tirées de la nécessité et
de la nature sans éprouver une vive et douloureuse
anxiété.

Voici un pauvre : il se plaint de l'inégalité des conditions; il demande un coin de terre à cultiver. Je
lui réponds : Tout est occupé, et cette occupation,
antérieure à votre naissance, est une nécessité sociale.

Voici une mère dont le froid glace les membres ;
elle me montre ses enfants, dont la faim torture les
entrailles : Souffrez, lui dis-je; la nature de l'homme,
philosophiquement examinée, démontre une nécessité
de la possession par quelques-uns de la richesse refusée au plus grand nombre. C'est une thèse indiscu-

table du droit naturel; si le monde était autrement organisé, vous ne souffririez pas moins, et des milliers d'êtres humains souffriraient plus que vous.

Tout cela est vrai, et néanmoins, Messieurs, je ne puis prendre mon parti de ne pas donner à mes frères souffrants une autre réponse, et je voudrais, contre les sophistes, un argument indiscutable, et, pour les déshérités, une consolation moins exclusivement philosophique.

Disons donc, Messieurs, le dernier mot, le mot décisif, et, au lieu de : droit naturel, disons : droit divin. Je lis dans la Genèse cette parole de Dieu aux premiers hommes : *Replete terram et subjicite eam*. Voilà le titre de propriété du genre humain. Dieu avait dit à la première famille : *Crescite et multiplicamini*. Les hommes ont rempli la terre, et bientôt l'instinct de la conservation, les besoins de la nature ont amené la fin de la communauté négative par l'appropriation en parties distinctes de ces biens que la donation primitive avait placés sous le domaine de la société humaine. Et, quand cela fut fait, Dieu parla de nouveau et confirma la possession exclusive, née du travail et de la volonté des hommes.

Il promulgua sa loi, la grande charte des devoirs de l'humanité, le Décalogue, et dit : *Tu ne déroberas point. Tu ne désireras point la femme de ton prochain, ni sa maison, ni son champ, ni son serviteur, ni son bœuf, ni son âne, ni rien qui soit à lui.*

Voilà le droit, Messieurs, le droit certain, immuable, hors de contestation. Les lois humaines peuvent en

régler l'exercice et l'application; il leur est interdit
de le nier. Les formes sont variables; le principe du
droit est à l'abri de toute entreprise, et, contre lui,
rien ne peut prévaloir.

J'entends, il est vrai, le cri de la souffrance, et surtout celui de l'impiété et de l'envie : Pourquoi votre
Dieu, qui a fait les hommes égaux, a-t-il permis que
de la propriété naquissent ces inégalités odieuses
contre lesquelles se révolte l'instinct de justice qu'il
a fait vivre dans la conscience humaine?

Portalis faisait à cette objection une réponse que
je veux vous lire : « Ce n'est pas non plus au droit
de propriété qu'il faut attribuer l'origine de l'inégalité des hommes. Les hommes ne naissent égaux ni
en taille, ni en force, ni en industrie, ni en talents.
Le hasard et les événements mettent encore entre
eux des différences. Ces inégalités premières, qui
sont l'ouvrage même de la nature, entraînent nécessairement celles que l'on rencontre dans la société. On
aurait tort de craindre les abus de la richesse et des
différences sociales qui peuvent exister entre les
hommes : l'humanité, la bienfaisance, la piété, toutes
les vertus dont la semence a été jetée dans le cœur
humain, supposent ces différences et ont pour objet
d'adoucir et de compenser les inégalités qui en naissent et qui forment le tableau de la vie. De plus, les
besoins réciproques et la force des choses établissent,
entre celui qui a peu et celui qui a beaucoup, entre
l'homme industrieux et celui qui l'est moins, entre le
magistrat et le simple particulier, plus de liens que

tous les faux systèmes ne pourraient en rompre. N'as-
pirons donc pas à être plus humains que la nature
ni plus sages que la nécessité. »

Oui, cela est vrai, les inégalités sociales sont la
suite nécessaire de ces inégalités qui sont l'ouvrage
même de la nature. Oui, les besoins réciproques et la
force des choses établissent entre les hommes des rapports et des liens qui adoucissent les rigueurs de ces
inégalités douloureuses. Oui, les vertus dont la semence a été jetée dans le cœur humain ont pour objet
de les rendre plus supportables. Mais n'y a-t-il pas
pour le pauvre une autre garantie, et pour le riche
une autre impulsion que l'émotion passagère d'un
cœur sensible à la vue de la souffrance?

Eh bien, oui, Messieurs, il y a pour le riche une
obligation dont Dieu s'est réservé la sanction : « Tu
aimeras ton prochain, *Diliges proximum tuum sicut te-
ipsum.* » La société chrétienne a pour base la charité,
la charité qui n'est pas un conseil, mais un devoir.
Ainsi, dans l'ordre social chrétien, tout se tient et
s'enchaîne avec une suite admirable : la propriété
respectée, parce qu'elle est nécessaire à l'expansion
de l'activité humaine et au légitime développement
des richesses et du bien-être; la charité commandée;
le superflu dû aux pauvres par le riche, dispensateur des dons du Créateur, et, pour les déshérités de
cette vie, les suprêmes compensations de la vie à
venir. Voilà l'ordre, voilà la loi, et l'histoire nous apprend que la prospérité des nations est en raison directe de leur fidélité à cette loi supérieure et maîtresse.

Il faut remonter jusque-là si l'on veut assurer au droit de solides assises. C'est qu'en effet le droit naturel ne donne qu'à l'esprit une satisfaction suffisante. La société trouve, il est vrai, dans ses déductions la justification de son pouvoir coercitif et de ses sévérités; mais ce qui satisfait la raison du philosophe n'est pas suffisant pour plier aux exigences sociales la conscience et le cœur de celui qui, venu pauvre et nu sur une terre occupée, demande sa part du capital accumulé et du sol envahi avant sa naissance. Contre ses aspirations et ses colères la raison seule est impuissante. Les révoltes du socialisme ne peuvent être vaincues que par la foi.

Tout se tient, nous l'avons dit, dans l'édifice social. Dieu en est la base et le couronnement. Ébranlez Dieu, la propriété croule.

C'est ce que des leçons de plus en plus cruelles apprendront aux nations qui rayent de leurs codes les droits de Dieu. Là est la première injustice, prélude et source de toutes les autres.

C'est vainement qu'ayant enseigné aux hommes que d'eux seuls naissent tous les droits, on compte faire accepter par des souverains affamés une autorité qui leur refuse leur part des biens dont quelques privilégiés regorgent. Les hommes n'ont point ce droit sur d'autres hommes.

Je ne résiste pas au désir d'appuyer ces vérités sur deux autorités dont l'accord sur ce point est bien fait pour donner à mes conclusions une confirmation convaincante. Pierre Leroux fait ainsi parler un ouvrier qui interpelle la société moderne : « Autrefois il y avait un Dieu dans le ciel, un paradis à gagner. J'avais ma part dans cette société; car, si j'étais sujet, j'avais du moins le droit du sujet, le droit d'obéir sans être avili. Mon maître ne me commandait pas sans droit, au nom de son égoïsme; son pouvoir remontait à Dieu, qui permettait l'inégalité sur la terre. Nous avions la même morale, la même religion... Je supportais pour mériter, je souffrais pour jouir de l'éternel bonheur... J'avais les prières, j'avais les sacrements, j'avais le saint sacrifice, j'avais le repentir et le pardon de Dieu... J'ai perdu tout cela. Je n'ai plus de paradis à espérer, il n'y a plus d'Église. Vous m'avez appris que le Christ était un imposteur. Je ne sais pas s'il existe un Dieu; mais je sais que ceux qui font la loi n'y croient guère, et font la loi comme s'ils n'y croyaient pas. Donc je veux ma part de la terre. Vous avez tout réduit à de l'or et à du fumier; je veux ma part de cet or et de ce fumier. »

Saint Augustin, dans sa *Cité de Dieu*, a écrit ces paroles, qui seront la conclusion de cette partie de notre étude : « Comment! on appelle injuste celui qui enlève un héritage ou une maison à son véritable maître, devenu tel à prix d'argent, pour la donner à celui qui n'a aucun droit, aucune action sur elle, et ce ne sera pas une injustice que d'ôter à Dieu créateur la souveraineté qu'il a sur nous, et de refuser à cette Majesté suprême le culte, la gloire et la révérence qui lui sont dus? »

Concluons, Messieurs, que seule la doctrine du Christ

donné la solution du problème, et que la formule de la paix sociale, c'est la charité imposée à la conscience des riches et la résignation à celle des pauvres.

Dans le discours dont je vous citais tout à l'heure des extrait, Portalis propose la définition donnée par le Code : « La propriété est le droit de jouir et de disposer des choses de la manière la plus absolue. » Puis il justifie sans peine cette restriction, qui complète la formule législative que vous connaissez : « Pourvu qu'il n'en fasse pas un usage prohibé par les lois et par les règlements. » (Art. 544 du Code civil.)

Il aborde ensuite la grave question des droits de l'État sur les biens des particuliers.

Ne vous étonnez pas, Messieurs, que j'insiste sur cette exposition autorisée et solennelle de principes qui a précédé la promulgation du Code civil qui nous régit. Ces principes ont été trop souvent méconnus dans certaines parties des Codes eux-mêmes et dans les lois postérieures.

« C'est ici, dit Portalis, le moment de traiter une grande question : Quel est le pouvoir de l'État sur les biens des particuliers?... Au citoyen appartient la propriété, et au souverain l'empire. »

Ceci rappelle la phrase de Sénèque : *Omnia rex imperio possidet, singuli dominio... Ad reges enim potestas omnium pertinet, ad singulos proprietas.*

« L'empire, dit plus loin Portalis, l'empire, qui est le partage du souverain, ne renferme aucune idée de domaine proprement dit. Il consiste uniquement dans la puissance de gouverner. Il n'est que le droit de prescrire et d'ordonner ce qu'il faut pour le bien général, et de diriger en conséquence les choses et les personnes... Il ne donne à l'État, sur les biens des citoyens, que le droit de régler l'usage de ces biens par les lois civiles, le pouvoir de disposer de ces biens pour des objets d'utilité publique, la faculté de lever des impôts sur ces mêmes biens. »

Le droit dont Portalis parle ainsi, c'est, vous le savez, Messieurs, ce que les auteurs nomment le *domaine éminent*, expression qui n'emporte, dans la pensée de la plupart au moins de ceux qui l'emploient, pas d'autre idée que celle d'empire ou de souveraineté. Aussi Portalis dit-il avec raison :

« Nous convenons que l'État ne pourrait subsister s'il n'avait les moyens de pourvoir aux frais de son gouvernement; mais, en se procurant ces moyens par la levée des subsides, le souverain n'exerce point un droit de propriété, il n'exerce qu'un simple pouvoir d'administration. C'est encore, non comme propriétaire supérieur et universel du territoire, mais comme administrateur suprême de l'intérêt public, que le souverain fait des lois civiles pour régler l'usage des propriétés privées. Ces propriétés ne sont la matière des lois que comme objet de protection et de garantie, et non comme objet de disposition arbitraire. »

Puis, en passant, et avant d'arriver à des conclusions que nous n'aurons qu'à approuver, Portalis parle de la propriété féodale, et dit « qu'au moment de ce qu'il nomme l'étrange révolution opérée par l'établissement du régime féodal », toutes les idées sur le droit de propriété furent dénaturées. Nous l'entendrons se rectifier lui-même; mais je ne puis laisser passer cette assertion sans un mot d'explication.

La propriété féodale est tombée à jamais dans le domaine du passé; mais la vérité est due aux morts et nul n'a le droit de se rendre, même par son silence, complice d'une erreur historique. Or, la vérité est que la propriété féodale n'emportait point une contradiction théorique aux principes de droit naturel sur la propriété.

Vous connaissez l'origine de la propriété féodale. Les Barbares, qui envahirent les provinces conquises par eux de l'Empire romain, laissèrent dans les mains des habitants une partie du sol à titre de concession fondée sur le droit que donne la victoire. Puis ils partagèrent une autre partie du sol, les terres du domaine impérial, entre les compagnons des chefs victorieux. Vous comprenez sans peine ce que devait être, dans de pareilles conditions, le domaine éminent du prince de qui chacun tenait le sol dont il était possesseur. Telle est l'origine du droit des fiefs, qui fut longtemps le seul lien de la société politique en Europe.

Aussi, pendant des siècles, les transmissions des terres ne se firent que sous la réserve de la propriété originaire, dans des limites de moins en moins étroites, mais qui la maintenaient sous une certaine dépendance du seigneur du fief. Alors on payait les droits de *lods* et *ventes* au seigneur du fief, dont l'intervention et le consentement étaient nécessaires; aujourd'hui nous payons les droits de mutation. Alors aussi, à la mort du vassal, le successeur payait une redevance qui s'appelle aujourd'hui droit de succession. Ces droits, vous le voyez, étaient fondés sur le titre originaire de la propriété, la concession conditionnelle, et il n'est pas exact de dire que toutes les idées sur le droit de propriété étaient dénaturées, et que tout l'édifice social du moyen âge a reposé sur une erreur fondamentale et absolue. On peut blâmer les abus et condamner un régime économique et un état politique dont personne ne rêve le retour, sans les accabler sous le poids de récriminations injustes et d'accusations auxquelles une étude sérieuse donne un formel démenti.

Portalis lui-même, après avoir cédé au courant de réaction passionnée contre lequel sa haute raison aurait dû affermir son impartialité, revient à la vérité historique et achève ainsi le chapitre relatif à la propriété féodale :

« Dans les contrées où les lois féodales dominent le plus, on a constamment reconnu des biens libres et allodiaux, ce qui prouve que l'on n'a jamais regardé la seigneurie féodale comme une suite nécessaire de la souveraineté. Dans ces contrées, on distingue dans le prince deux qualités : celle de supérieur dans l'ordre des fiefs, et celle de magistrat politique dans l'ordre commun... On reconnaît que la seigneurie féodale

ou la puissance des fiefs n'est qu'une chose acciden-
telle, qui ne saurait appartenir à un souverain comme
tel; on ne range dans la classe des prérogatives de la
puissance souveraine que celles qui appartiennent
essentiellement à tout souverain et sans lesquelles il
serait impossible de gouverner une société politique. »

N'avais-je pas raison d'affirmer que ce n'est pas
d'un État juridique ainsi constitué qu'il est juste de
prétendre que « toutes les idées sur le droit de propriété
étaient dénaturées et les véritables maximes obscur-
cies ».?

Enfin Portalis conclut sur cette question des droits
de l'État par ces paroles : « On a toujours tenu pour
maxime que les domaines des particuliers sont des
propriétés sacrées, qui doivent être respectées par le
souverain lui-même. D'après cette maxime, nous
avons établi, dans le projet de loi, que nul ne peut
être contraint de céder sa propriété, si ce n'est pour
cause d'utilité publique et moyennant une juste et
préalable indemnité. » (Art. 545 du Code civil.)

« Des motifs graves d'utilité publique suffisent,
ajoute-t-il, parce que, dans l'intention raisonnablement présumée de ceux qui vivent dans une société
civile, il est certain que chacun s'est engagé à rendre
possible, par quelque sacrifice personnel, ce qui est
utile à tous ; mais le principe de l'indemnité due au
citoyen dont on prend la propriété est vrai dans tous
les cas, sans exception. »

Tout ceci, Messieurs, est absolument conforme aux
principes les plus certains. L'État n'a sur les biens

des particuliers que le droit qui résulte de la puissance de gouverner, et non un droit de domaine proprement dit. Cujas l'avait affirmé avant Portalis : *Nec enim,* dit ce grand interprète du droit romain, *quæ tua sunt principis sunt aut certe sua non sunt, quoniam dominium solidum duorum esse non potest et communia quoque inter te et principem dixerit nemo* [1]. Il parle ainsi après saint Thomas : *Verum est quod omnia sunt principum ad gubernandum, non ad retinendum sibi nec ad dandum aliis.*

Nous voilà, je le répète, loin des théories du contrat social, de l'opinion de Mirabeau et de l'État juridique de Kant, bien loin, par conséquent, des idées socialistes, qui attribuent tout à l'État et lui permettent, soit d'abuser au delà de toute mesure de l'expropriation sous prétexte d'utilité publique, soit de pratiquer, sous forme d'impôts illimités, une espèce de confiscation, et de distribuer ensuite, au gré de son caprice, à des légions de fonctionnaires et d'employés le plus net des fortunes privées.

Vous lirez avec profit et intérêt, sur cette question, dans quelques pages de M. de Tocqueville, sur le prix élevé du gouvernement de la démocratie, une série d'observations qu'il termine par cette phrase, bien souvent citée : « De là vient que les charges publiques semblent s'accroître avec la *civilisation,* et qu'on voit les impôts s'élever à mesure que les lumières s'étendent. »

---

1. *Observ.,* lib. XXV, cap. xxx.

Non, Messieurs, ce n'est pas la civilisation; non, ce ne sont pas les lumières. Ce qui aggrave les charges, détruit toute sécurité, trouble l'ordre social et crée les périls, objets de la profonde et universelle angoisse de l'humanité, c'est l'image trompeuse d'une égalité chimérique, c'est l'oubli ou la méconnaissance des principes sociaux, c'est le dédain de la loi divine, c'est la punition infligée par la logique des idées et des faits à l'orgueil de l'homme, qui veut créer après Dieu et contre Dieu une autorité purement humaine et un ordre nouveau dont la seule raison soit l'origine, le moteur et la règle.

Je m'en tiendrai là, Messieurs, considérant que, sur ce point, j'en ai dit assez pour justifier la nécessité de l'étude des vrais principes du droit.

Ces principes nous guideront dans l'étude des différents modes d'acquisition et de transmission de la propriété.

SEPTIÈME CONFÉRENCE

DE LA PROPRIÉTÉ

(Suite)

Modes d'acquisition de la propriété. — Modes originaires. — Occupation. — Accession. — Modes dérivés. — Les contrats. — Translation de la propriété par le consentement. — Application au droit des gens. — L'échange. — La prescription. — L'hérédité. — Importance de la question. — Pays de coutume. — Pays de droit écrit. — L'égalité des partages. — La discussion en 1791. — Droit de tester. — Limitation possible.

Messieurs,

Nous avons cherché ensemble l'origine du droit de propriété. Nous ne l'avons trouvée ni dans un contrat primitif, ni dans le pouvoir de l'État, mais dans l'ordre divin, qui préside à la création; dans la volonté clairement exprimée du Maître souverain des hommes et des choses, Dieu créateur de l'homme et de la société humaine. Il a donné la terre à l'humanité, puis la propriété individuelle est née des entrailles mêmes de la nature humaine; car elle est le résultat

11

direct de ses besoins essentiels, de son développement par le travail et la liberté, et, depuis la promulgation du Décalogue, le respect de la propriété, que la loi naturelle impose à tous, est devenu un précepte formel de la loi divine.

J'essaierai aujourd'hui de vous donner une idée générale des différents modes d'acquisition et de transmission de la propriété.

Les modes d'acquérir la propriété se divisent en deux classes : les modes originaires et les modes dérivés. Par les premiers, on acquiert ce qui n'appartient à personne. Ces modes originaires sont l'occupation et l'accession. Par les modes dérivés, on acquiert le domaine transmis d'une personne à une autre. Ces derniers sont les pactes ou contrats, puis l'hérédité, les donations et les testaments, et la prescription.

Au moment où je vous parle de l'occupation, comme moyen d'acquérir la propriété, je n'oublie pas cette disposition de l'article 713 du Code civil : « Les biens qui n'ont pas de maître appartiennent à l'État. » Les conséquences de cette disposition législative vous seront exposées dans le cours du Code civil, et vous ne devez pas perdre de vue que ce que nous allons dire ne saurait avoir, pour les particuliers, aucune application pratique dans l'étendue du territoire français. Mais cette décision n'a rien de contraire aux principes qui vont être exposés. Elle déclare l'État occupant *ipso facto* des choses libres de toute autre occupation, sauf les exceptions qui vous seront signalées et qui sont réglées par des lois spéciales. Ces exceptions sont relatives à la chasse et à la pêche, aux trésors, aux choses perdues dont le maître ne se retrouve pas, aux objets rejetés par la mer, aux plantes et herbages qui croissent sur ses rives.

Cette loi est une de celles que nous avons appelées arbitraires. Chaque État règle, en vertu de son pouvoir d'administration, la forme et la transmission de la propriété, et la loi qui attribue à l'État les biens sans maître trouve, dans les nécessités de l'ordre général et l'utilité du domaine public, un justification suffisante. Mais cette étude serait incomplète si nous ne la faisions pas remonter jusqu'à l'occupation primitive. Ce que nous avons à dire n'est pas, du reste, sans utilité actuelle et pratique. Il reste en effet, on ne peut guère en douter, des terres dont la prise de possession n'a pas encore eu lieu. C'est à cette occupation des territoires situés en dehors des frontières de l'État qu'il faut appliquer ce que dit Pothier des navigateurs qui, dans un voyage de long cours, ont découvert une terre qui n'est habitée par personne. Ils peuvent, en s'y établissant, en acquérir le domaine *jure occupationis*. « Si, ajoute-t-il, c'était au nom de leur prince que ces navigateurs en prissent possession, ce serait à leur prince ou à l'État qu'ils acquerraient cette terre. Mais lorsqu'une terre est habitée, quelque sauvages que nous paraissent les hommes qui l'habitent, ces hommes étant les véritables propriétaires, nous ne pouvons, sans injustice, nous y établir malgré eux. »

Pour les nations comme pour les individus, il y a

des conditions essentielles à l'acquisition du domaine par l'occupation, et c'est de ces conditions que je veux vous donner en peu de mots une idée générale.

Le droit naturel donne au premier occupant ce qui n'est à personne : *Quod nullius est, id ratione naturali occupanti conceditur*, dit Gaïus. Cette règle est conforme aux idées et aux principes que notre précédente conférence a eu pour but de justifier.

L'occupation est définie : l'appréhension d'une chose avec l'intention de l'avoir comme sienne; ou, pour emprunter l'expression de Pothier : « l'occupation est le titre par lequel on acquiert le domaine de propriété d'une chose qui n'appartient à personne en s'en emparant dans le dessein de l'acquérir ».

Avant tout il faut bien entendre qu'il s'agit d'une chose qui n'appartient à personne. La prise de possession, avec l'intention de la conserver, d'une chose qui appartient à autrui, relève du droit pénal. Je ne parle pas en ce moment de l'occupation, en temps de guerre, du territoire ennemi. Puffendorf remarque qu'en ce cas tous les droits qui doivent être observés en temps de paix sont rompus entre les parties belligérantes. Cette affirmation ne saurait être acceptée sans réserve, et nous y viendrons tout à l'heure.

Une autre condition est nécessaire, c'est que la chose soit de nature à être saisie et retenue en quelque manière : si elle est mobilière, par une appréhension quelconque; s'il s'agit d'un immeuble, par la culture, la clôture ou le bornage.

Il faut enfin la volonté de s'approprier la chose, et

le droit positif peut établir certains signes arbitraires qui manifestent suffisamment la prise de possession.

Telles sont les conditions de l'occupation. Elles sont aujourd'hui ce qu'elles étaient au moment où les hommes se sont répandus sur la terre dont Dieu leur avait donné la propriété, et où, suivant le plan de sa providence, ils ont divisé entre eux le vaste domaine livré à leur activité et qu'ils doivent féconder à la sueur de leur front.

Portalis a dit, dans l'exposé des motifs du Code civil, que c'est un principe constant chez toutes les nations policées que la propriété d'une chose, soit mobilière soit immobilière, s'étend sur tout ce que cette chose produit. Il remarque que le droit de propriété s'étend non seulement sur ce qui est produit par la chose dont on est propriétaire, mais encore sur tout ce qui s'y unit et s'y incorpore, soit naturellement soit artificiellement. Et c'est, ajoute-t-il, ce qu'on appelle droit d'accession.

Ce droit est incontestable, Messieurs, il est dans la nature même des choses, et vous étudierez, dans les articles 544 et suivants du Code civil, les dispositions qui ne sont que la formule législative des principes rappelés dans l'exposé des motifs par l'illustre conseiller d'État.

Les auteurs distinguent l'accession naturelle, comme l'alluvion ou la fructification, l'accession industrielle, comme la construction, et l'accession mixte, comme la plantation, l'ensemencement. La légitimité de ces moyens d'acquérir le domaine n'est discutée en principe par aucun de ceux qui admettent la légitimité de la propriété personnelle et exclusive. Les difficultés nombreuses auxquelles donne lieu, dans la pratique, l'application de ces principes feront l'objet intéressant de quelques-unes des leçons de vos professeurs de droit civil.

En énumérant les manières secondaires d'acquérir la propriété, j'ai nommé en premier lieu les contrats.

Le droit de contracter est une conséquence naturelle de la liberté humaine et de la sociabilité. La transmission de la propriété par contrat, l'échange d'un immeuble contre un autre, par exemple, ou la vente qui n'est qu'une façon d'échange et une manière de jouir de la chose que l'on possède, n'a pas rencontré les mêmes contradictions que la transmission héréditaire. Le droit de transmission entre-vifs est une conséquence si directe du droit même de propriété que la démonstration de sa légitimité est inutile. Il en est autrement en ce qui concerne la transmission héréditaire; mais je me livrerais à des recherches fastidieuses autant qu'inutiles, si je me donnais le facile plaisir de combattre les subtilités de quelques sectaires qui nient au propriétaire le droit de disposer, de son vivant, de la propriété conquise par ses efforts. Le contrat, le consentement, *duorum in idem placitum consensus*, est donc un mode de transmission de la propriété.

Je dis le consentement, et à ce propos je dois rendre ici hommage aux rédacteurs du Code civil. En effet, Messieurs, il n'a pas toujours été admis que le consentement seul transférât la propriété. *Traditio-nibus non nudis pactis dominia rerum transferuntur*, disait le droit romain. « C'est la tradition, ce n'est pas le contrat qui transfère la propriété. » A Rome, le vendeur n'était pas obligé par le contrat à rendre l'acheteur propriétaire. Il n'était tenu qu'à livrer la chose vendue, à défendre l'acquéreur contre les agressions par lesquelles il pourrait être troublé dans sa possession et à le garantir en cas d'éviction. Il en résultait, par exemple, que si un acheteur apprenait qu'on lui avait vendu la chose d'autrui, il n'en était pas moins tenu de payer le prix, et il n'avait pas le droit de se plaindre tant que le véritable propriétaire n'avait pas revendiqué son bien. Ce que vous savez déjà et ce que vous apprendrez du formalisme subtil et jaloux du vieux droit civil romain vous fera comprendre comment il y avait entre la vente et l'échange cette différence, logiquement inexplicable, que l'échange obligeait chacun des contractants à rendre son coéchangiste propriétaire de ce qu'il lui donnait, et que le vendeur n'était point tenu de la même obligation. On vous dira que la vente, contrat nommé (*contractus nominatus*), était régie par les règles inflexibles du droit strict et que, la formule primitive de la vente n'obligeant qu'à la tradition de la chose et ne comprenant pas formellement la translation de la propriété, elle ne donnait à l'acheteur qu'une action exclusivement personnelle contre son vendeur, l'action *ex empto*.

Le contrat d'échange, au contraire, était comme les contrats *innommés* régi par les principes de la raison et de ce droit naturel dont les efforts des préteurs étendirent de plus en plus l'application à la pratique quotidienne de la jurisprudence et des affaires.

La doctrine romaine avait passé dans notre ancien droit français. Dumoulin la confirme et, pour que vous n'en doutiez pas, voici comment parle Pothier [1] :

« Le vendeur ne s'oblige pas par le contrat précisément à transférer la propriété de la chose qu'il vend ; s'il n'en est pas le propriétaire, il s'oblige seulement à mettre l'acheteur en possession de la chose et à le défendre contre tous ceux qui, par la suite, voudraient la lui faire délaisser ou y prétendre quelques droits. *Hactenus tenetur ut rem emptori habere liceat, non etiam ut ejus faciat.* (L. 305, § 1, ff., De act. emp.) C'est pourquoi, si quelqu'un m'a vendu de bonne foi un héritage qui ne lui appartenait pas, dont il m'a mis en possession, néanmoins je n'ai aucune action contre lui tant que je ne suis troublé par personne. » Et il ajoute que l'obligation de transférer la propriété de la chose n'est point exprimée par le mot vendre, qui est ainsi expliqué : le vendeur cède, délaisse et promet de garantir et défendre de tous troubles.

Il semblerait, si l'on ne consulte que la définition donnée par l'article 1582, que le Code civil n'a pas innové. La vente, dit cet article, est une convention par laquelle l'un s'oblige à livrer une chose et l'autre à la payer.

1. *Vente*, nos 1 et 48.

Mais si l'on examine les autres dispositions du titre
de la vente, le doute n'est pas possible. Ainsi l'article
1583 dispose : que la vente est parfaite et la propriété
acquise de droit à l'acheteur dès qu'on est convenu de
la chose et du prix. On lit dans l'article 1604 que « la
délivrance est le transport de la chose vendue en la
puissance et possession de l'acheteur ». M. Troplong
remarque judicieusement que ce mot : la puissance,
n'a d'équivalent dans aucun texte romain et ne se
rencontre pas dans les définitions de Pothier. Enfin,
à la différence des lois romaines, le Code civil dans
son article 1599 déclare nulle la vente de la chose
d'autrui, et l'article 1653 autorise l'acquéreur à refuser le prix lorsqu'il a juste sujet de craindre une action en revendication. J'ai pensé que cette nouveauté
méritait que j'appelasse sur elle votre attention, et je
finirai ce que je veux vous dire sur ce point par les
paroles de Portalis, qui, après avoir cité le texte romain que je vous rappelais tout à l'heure, s'exprime
ainsi : « Dans les principes de notre droit français, le
contrat suffit et ces principes sont à la fois plus conformes à la raison et plus favorables à la société.
Distinguons le contrat en lui-même d'avec son exécution. Le contrat en lui-même est formé par la volonté
des contractants. L'exécution suppose le contrat,
mais elle n'est pas le contrat même. On est libre de
prendre un engagement ou de ne pas le prendre ;
mais on n'est pas libre de l'exécuter ou de ne pas
l'exécuter quand on l'a pris. Le premier devoir de
toute personne qui s'engage est d'observer les pactes

qu'elle a consentis et d'être fidèle à la foi promise. Dans la vente, la délivrance de la chose vendue et le payement du prix sont des actes qui viennent en exécution du contrat, qui en sont une conséquence nécessaire, qui en dérivent comme l'effet dérive de la cause, et qui ne doivent pas être confondus avec le contrat. L'engagement est consommé dès que la foi est donnée; il serait absurde que l'on fût autorisé à éluder des obligations en ne les exécutant pas. Le système du droit français est donc plus raisonnable que celui du droit romain; il a sa base dans les rapports de moralité qui doivent exister entre les hommes. »

C'est bien le langage d'un philosophe et d'un jurisconsulte. Les rédacteurs du Code civil ont accepté ces principes du droit naturel, dont l'application par la législation civile marque un véritable progrès, puisque, mettant la loi civile en concordance plus parfaite avec la loi morale, elle la débarrasse des entraves et des subtilités d'un formalisme puéril et dangereux.

Tout ce que nous venons de dire s'applique au contrat d'échange.

Concluons donc, Messieurs, que le consentement du propriétaire est nécessaire et suffisant pour la translation de la propriété, et ajoutons que ce qui est vrai pour les individus est vrai pour les nations.

L'occupation, la conquête d'une portion de territoire, ne constituent pas, à elles seules, un titre de propriété. La possession du conquérant ne peut être légitimée que par un traité.

Mais est-elle toujours légitimée, Messieurs, et ne

faut-il pas tenir compte, dans ces aliénations de territoires peuplés d'êtres humains, de certaines causes de
nullité? Ne peut-il pas y avoir, entre vainqueurs et
vaincus, tel traité que rend nul un vice de consentement, un excès injuste d'exigence, un inexcusable
abus de la force? Est-il des cas où la rescision soit de
droit et la revendication légitime?

Aucun de vous, Messieurs, ne sera surpris que je
réserve pour d'autres temps, dont mon patriotisme
demande à Dieu de hâter la venue, l'examen de ces
questions dans l'étude desquelles je sens que j'apporterais encore moins d'impartialité que de compétence.

Une association d'idées, que vous apercevrez sans
que je l'indique autrement, m'amène à vous parler de
la prescription, et cependant, pour des motifs que
vous comprenez d'autant mieux que je les tais plus
complètement, je ne veux pas me demander aujour-
d'hui si la prescription fait partie du droit des gens
international.

Mais toutes les nations ont admis la prescription
comme moyen d'acquérir la propriété entre particuliers. Je ne veux vous parler que de la prescription
afin d'acquérir le domaine. La prescription, afin de
se libérer d'une obligation, est du reste fondée sur
des principes analogues à ceux dont je vais vous
donner le rapide exposé.

La prescription acquisitive est définie par Pothier :
« l'acquisition de la propriété par la possession paisible et non interrompue qu'on a eue pendant le
temps réglé par la loi ».

Cette définition est irréprochable.

Toutes les nations, vous disais-je, ont admis la prescription comme moyen d'acquérir la propriété. Et cependant la première impression qu'éprouve une intelligence éprise de la philosophie du droit, lorsqu'elle s'applique à ce sujet si intéressant et si difficile de la prescription, c'est une espèce d'inquiétude, d'anxiété. N'est-ce pas une idée faite pour alarmer la conscience que celle de la dépossession définitive de l'un par le seul fait de la possession plus ou moins prolongée d'un autre, idée si contradictoire, au moins en apparence, à celle de la perpétuité et de l'inamissibilité du droit? Comment concilier ce mode d'acquisition de la propriété avec les principes du droit naturel et les commandements de la loi divine? Vous trouverez l'expression de cette préoccupation dans les premières paroles de tous les jurisconsultes qui, traitant ce sujet, ne se sont pas bornés au rôle humilié d'éplucheurs de textes et de collecteurs d'arrêts. Voici comment M. Troplong y répond dans son commentaire du titre de la *Prescription*, le plus remarquable, à mon gré, de ses ouvrages, et je puis ajouter, puisque celui que je loue est mort, l'un des meilleurs traités que je connaisse. Il dit excellemment que les droits considérés dans leur idéal sont impérissables et éternels. Le temps, qui n'a de prise que sur ce qui est contingent, ne peut pas plus les ébranler qu'il ne lui est donné de porter atteinte à Dieu même, à ce type universel et pur dont ils sont le reflet et la manifestation. Il cite cette haute et noble affirmation de jurisprudence transcendante, rappelée par Vico dans sa *Science nouvelle: Tempus non est modus constituendi vel dissolvendi juris.* Le temps est impuissant à créer ou à détruire le droit. Mais, dit-il, « l'établissement de la prescription n'est pas une objection contre cette vérité consolante, qui, jusque dans l'étude aride de la jurisprudence, nous montre le fil qui unit la créature à la Divinité. La prescription, en effet, n'est pas l'ouvrage de la seule puissance du temps; elle prend sa base dans le fait de l'homme, dans la possession de celui qui acquiert, et dans une présomption de renonciation chez celui qui néglige sa propriété. Le temps n'y intervient que comme mesure des éléments sur lesquels repose ce mode d'acquisition. »

Ainsi, possession de l'un et présomption d'abandon par l'autre. Vous avez là tous les éléments sur lesquels la légitimité de la prescription se fonde si vous y ajoutez l'utilité publique, les exigences de la paix et de la sécurité sociale.

Il importe, en effet, à la paix et à la prospérité de l'État que les possesseurs de la propriété n'aient pas l'éternel souci de revendications imprévues. « Figurez-vous, dit spirituellement M. Thiers, quel serait l'état de la société, quelle acquisition serait sûre, dès lors faisable, si on pouvait remonter au xiie et au xiiie siècle et vous disputer une terre, en prouvant qu'un seigneur l'enleva à son vassal, la donna à un favori ou à l'un de ses hommes d'armes, lequel la vendit à un membre de la confrérie des marchands, qui la transmit lui-même, de mains en mains, à je ne sais

quelle lignée de possesseurs plus ou moins respecta-
bles. Il faut bien qu'il y ait un terme fixe où ce qui
est, par cela seul qu'il est, soit déclaré légitime et tenu
pour bon; sans quoi, voyez quel procès s'élèverait sur
toute la surface du globe! »

Les jurisconsultes romains l'avaient proclamé avant
lui : « *Usucapio rerum constituta est ut aliquis litium
finis esset...* Il faut bien que les procès finissent! » *Bono
enim publico*, disent-ils encore, *usucapio introducta
est ne scilicet quarumdam rerum diu et fere semper
incerta dominia essent... et ne possessores prope immor-
tali timore teneantur...* C'est la raison même qui
parle ainsi.

Il me paraît maintenant facile de répondre à la question sur laquelle tant de dissertations ont été écrites
et tant d'écoles divisées : quelle est la nature du droit
auquel il faut attribuer l'origine de la prescription?

On peut affirmer, je crois, sans crainte d'erreur,
que l'acquisition, par le fait de l'occupation d'un domaine délaissé par le précédent propriétaire, pendant
un temps assez long pour faire présumer un abandon
définitif, repose sur les principes du droit naturel.
Mais c'est le droit civil seul qui détermine les conditions de la prescription et lui donne son efficacité pratique. Enfin, c'est de Dieu même, vous ne l'avez pas
oublié, que l'autorité sociale tient le pouvoir de transférer le domaine après un temps dont elle mesure la
durée suivant les circonstances, selon l'état et les besoins de la communauté, si cette attribution est nécessaire dans l'intérêt général. Or, l'unanime assentiment

des peuples démontre que les lois civiles n'ont point, en établissant la prescription, dépassé la mesure raisonnable dans laquelle l'intérêt des particuliers, et surtout des particuliers négligents, doit être sacrifié à l'intérêt de tous, au bien public.

Pardonnez-moi, maintenant, un retour sur le passé. Il est nécessaire pour justifier la suite de cette exposition.

La société humaine dont Dieu est l'auteur repose sur ces deux bases : la famille et la propriété, qui sont, comme la société elle-même, d'institution divine.

La véritable unité sociale, c'est la famille, issue du mariage, qui a pour but la continuation de l'œuvre créatrice, la génération humaine. La famille est donc une société particulière, qui est essentiellement et par sa nature même une société durable, permanente, un être ayant une existence et des droits distincts parce qu'il est d'ordre providentiel. La famille se continue dans la personne des enfants, qui sont membres de droit de cette société puisque la naissance des enfants est le but principal du mariage. Il est donc vrai que, lorsque le chef de famille disparaît, les biens ne sont pas sans maître et qu'ils passent à l'héritier comme au continuateur du chef disparu de la société : *Hœres*, disait le droit romain, *sustinet personam defuncti...* Et ailleurs, parlant des membres de la famille appelés à succéder : *Vivo quoque patre quodammodo domini existimantur... et ipso decedente dicuntur hæredes non fieri sed apparere.*

C'est dans cette idée de la famille, considérée

comme unité sociale ayant une existence et des droits propres, que se trouve la solution la plus satisfaisante pour l'esprit de la question si discutée de savoir quel est le principe générateur de la transmission héréditaire de la propriété. J'aperçois là, en effet, cette conformité au plan divin qui est, je vous l'ai fait voir, la raison d'être et le *criterium* du droit.

Et ne craignez pas que cette considération conduise une logique trop rigoureuse à opposer un prétendu droit positif des enfants à la liberté du père en matière de dispositions entre vifs ou testamentaires. En effet, si l'unité de la société de famille, son instinct et son droit de perpétuité, si la communauté de possession des biens pendant la vie du père, donnent aux enfants un droit de préférence indiscutable contre les étrangers et contre l'État, il en est autrement dans les rapports du chef avec les membres de la famille, le droit dont je viens de parler ne naissant pour ceux-ci qu'au moment où périt le domaine personnel du père propriétaire, c'est-à-dire à l'heure de sa mort. Il peut, pendant sa vie, disposer par vente ou par libéralités acceptées, c'est-à-dire par contrats, et lorsque la loi civile garantit l'exécution de ses dernières volontés, elle ne fait que lui accorder la protection sociale que l'autorité doit aux membres de la communauté.

Nous viendrons dans un instant à la transmission de la propriété par donations entre vifs ou testamentaires; achevons auparavant ce qui a trait à la transmission héréditaire, aux successions *ab intestat*.

L'influence sur l'état des nations des lois qui règlent

la dévolution des biens par droit d'hérédité frappe
les esprits les moins attentifs. Aucune loi n'exerce sur
l'état matériel et moral d'une société une influence
plus décisive, plus directe, plus rapide que la loi des
successions. « Ces lois, dit Tocqueville, appartiennent,
il est vrai, à l'ordre civil; mais elles devraient être pla-
cées en tête de toutes les institutions politiques, car
elles influent incroyablement sur l'état social des
peuples dont les lois politiques ne sont que l'expression. Elles ont de plus une manière sûre et uniforme
d'opérer sur la société; elles saisissent en quelque
sorte les générations avant leur naissance. Par elles
l'homme est armé d'un pouvoir presque divin sur
l'avenir de ses semblables. Le législateur règle une
fois la succession des citoyens et il se repose pendant
des siècles; le mouvement donné à son œuvre, il peut
retirer la main, la machine agit par ses propres
forces et se dirige comme d'elle-même vers un but
indiqué d'avance. »

Rien n'est plus vrai, Messieurs. Faites un moment
l'hypothèse de l'impossible rétablissement des droits
d'aînesse et de masculinité, imaginez les successions
fondées, comme dans notre droit coutumier, sur les
qualités des terres et des personnes; et, malgré l'immense développement de la fortune mobilière, vous
verrez, après quelques générations, la constitution
sociale et politique profondément modifiée par la
reconstitution d'une aristocratie territoriale. Suppo-
sez au contraire, avec la négation de la liberté testamentaire, un régime qui comporte non seulement

l'égalité mais la nécessité du partage, et bientôt le sol soumis à ce régime ne présentera plus, pour me servir des expressions de l'écrivain que j'ai cité tout à l'heure, « qu'une poussière mouvante et impalpable ».

J'ai parlé de l'égalité des partages et du régime du partage forcé; ceci m'amène à vous exposer les principes sur lesquels repose la loi des successions qui forme le titre premier du troisième livre du Code civil français.

La Révolution de 1789 avait trouvé la France partagée en pays de droit écrit et pays de coutume. Dans les premiers, les successions étaient généralement réglées par la *novelle* CXVIII de Justinien qui, effaçant toutes les traces du droit romain primitif et de ce que j'appellerai la parenté civile ou politique (l'*agnation* romaine n'était pas autre chose), ne tenait plus compte que des liens du sang et de la proximité du degré, établissait trois ordres de succession : les descendants, les ascendants et les collatéraux, et n'avait aucun égard ni à la différence d'âge ou de sexe entre les héritiers, ni à l'origine des biens.

Dans les pays de coutume au contraire, au milieu d'une variété presque infinie de détails, on peut dire que l'inégalité était la règle générale et le principe des successions. Inégalité des personnes par le droit de primogéniture et la préférence accordée aux mâles, inégalité des biens nobles ou roturiers, propres ou acquêts, sans compter d'autres divisions ou différences dans le détail desquelles il ne serait possible d'entrer qu'en consacrant à cet exposé un temps que je ne puis y donner, et après des études qui vous paraîtraient sinon inutiles au moins inopportunes. Ajoutons seulement que les coutumes, préoccupées de la conservation des biens dans les familles, considéraient surtout l'origine des biens pour en régler la dévolution et que la célèbre maxime : *Paterna paternis*, régnait sur tous les pays coutumiers.

Ne soyez pas surpris que ces deux systèmes, si différents, de lois de succession, n'aient pas produit, dans la constitution des familles et dans l'état social, une différence absolue entre les provinces du nord et du midi de la France. Le testament faisait librement dans le Midi ce que la législation coutumière imposait dans le Nord. Il faut vous souvenir, en effet, que si, dans le Nord, la liberté testamentaire était très restreinte, la dévolution des biens patrimoniaux étant faite par la loi, elle était, au contraire, fort large dans les pays de droit écrit. Nous reviendrons dans un instant sur cette idée.

La loi du 15 mars 1790 supprima, en même temps que les droits féodaux, les droits d'aînesse et de masculinité. La loi du 15 avril 1791 abolit toute inégalité résultant des qualités d'aîné ou de puîné et toutes inégalités résultant des sexes et de toutes exclusions coutumières.

« Tous héritiers en égal degré, dit-elle, succéderont par portion égale dans chaque souche, dans le cas où la représentation est admise. »

L'égalité des partages était dès ce jour la loi de la

France. Le Code civil ne l'a pas faite, il l'a confirmée. La conformité au droit naturel du principe du partage égal entre les enfants dans le cas où le père meurt sans avoir fait aucune disposition testamentaire, n'a pas besoin d'être justifiée. Cela ne veut pas dire que tout système autre que celui de l'égalité absolue soit injuste. Il faudrait, pour qu'il en fût ainsi, reconnaître aux enfants un droit formel sur les biens paternels, proclamer en principe l'indisponibilité absolue et proscrire le droit de tester. Aucun légiste, aucun philosophe, dont l'autorité mérite quelque respect, n'est allé jusqu'à cette extrémité. Il y a eu, il existe encore des nations puissantes, prospères, et dont les lois ont assuré, par l'inégalité des partages, la perpétuité des familles et le maintien des aristocraties fondées sur la possession des grandes fortunes territoriales. On ne peut contester au pouvoir politique le droit d'introduire, dans la législation des successions, une inégalité que rendraient nécessaire l'état social et le maintien des institutions politiques qui font depuis longtemps la force et la grandeur d'une nation.

Je veux dire seulement que l'égalité des partages dans les successions *ab intestat* va de soi, si je puis m'exprimer ainsi, qu'elle s'accorde avec un sentiment naturel et que, sans attacher à l'idée qui domine les travaux préparatoires du Code civil l'importance exclusive que les rédacteurs lui ont donnée, la présomption tirée de l'égalité d'affection du père pour décréter l'égalité du partage entre les enfants est un motif qui donne à la loi une base satisfaisante.

Mais il y a bien des façons d'entendre l'égalité. C'est pourquoi je faisais tout à l'heure la distinction entre le partage égal et le partage forcé...

Pour juger, en effet, de la législation d'un peuple sur la transmission des biens après décès, il est impossible de séparer l'hérédité *ab intestat* de l'hérédité testamentaire.

On l'a bien vu, en 1791, lorsqu'une proposition de Cazalès amena dans l'Assemblée constituante une discussion sur le droit de tester. Cazalès proposait d'étendre à toute la France les principes de la loi romaine, qui régissaient les provinces de droit écrit.

La loi venait de consacrer le principe romain de l'égalité dans les successions légitimes. Cazalès demandait qu'elle montrât, en empruntant à la même législation la liberté testamentaire, le même respect pour l'autorité paternelle. Le droit de tester fut combattu par Robespierre et Pétion. Mais c'est Mirabeau qu'il faut entendre pour saisir le sens profondément révolutionnaire de la négation du droit de tester.

« Il n'y a plus d'aînés, disait-il, plus de privilégiés dans la grande famille nationale; il n'en faut plus dans les petites familles qui la composent... Moins les lois accorderont au *despotisme paternel*, plus il restera de force au sentiment et à la raison. »

Quand on entend Mirabeau parler du despotisme paternel et apporter, dans la discussion de lois touchant aux plus graves intérêts de son pays, le souvenir de ses ressentiments personnels et la violence de ses passions, on voit bien que, de tout temps, l'oubli du devoir a produit la haine de la loi qui l'impose et que c'est dans le vice du cœur qu'il a toujours fallu chercher la cause des erreurs de l'intelligence, et des révoltes de l'esprit contre les autorités sociales.

Cette idée de l'égalité nécessaire, obligatoire entre enfants du même père, est celle peut-être à laquelle Mirabeau s'attacha avec le plus d'ardeur et de passion. Vous savez que, quelques heures après sa mort, dans la séance du 2 avril 1791, l'Assemblée nationale entendit la lecture du discours qu'il avait écrit sur *l'égalité des partages dans les familles*. Ce fut pour ainsi dire le testament politique de ce puissant orateur, de ce génie violent, tumultueux, fatal, qui contribua pour une si large part à jeter dans les abîmes sanglants de la révolution une nation qui n'aspirait qu'à des réformes pacifiques. Qui sait, Messieurs, ce qui fût arrivé si Mirabeau eût été d'accord avec Cazalès au lieu de l'être avec Robespierre et Pétion? Quelle direction aurait suivie le mouvement des réformes en 89, si Mirabeau n'eût pas été le libertin cynique, l'époux infidèle, le fils révolté que vous savez? On ne se pose point de telles questions sans être effrayé de la responsabilité qu'impose aux hommes supérieurs l'usage qu'ils font de leurs talents et de leur liberté.

Mirabeau veut bien cependant accorder au testateur la libre disposition d'un dixième de sa fortune; mais, conséquent avec son principe de l'égalité dans les familles, il refuse au père le droit d'en faire profiter aucun descendant en ligne directe. Robespierre

n'accordait même pas la disponibilité de ce dixième,
« L'homme, disait-il, peut-il disposer de cette terre
qu'il a cultivée lorsqu'il est lui-même réduit en poussière? »

Voilà la négation théorique du droit de tester; voici
en quels termes le décret du 7 mars 1793 fit passer
dans la pratique la pensée de Mirabeau :

« La faculté de disposer de ses biens soit à cause de
mort, soit entre vifs, soit par donation contractuelle
en ligne directe, est abolie. »

L'esprit de renversement et de nivellement, la haine
de la famille ne se sont jamais plus clairement affir-
més.

Je ne m'arrêterai pas longtemps à justifier l'affirmation contraire; ce que nous avons dit précédemment du droit de propriété et de la libre disposition,
qui en est pour ainsi dire le couronnement, simplifie
sur ce point ma démonstration.

La propriété entraîne le droit de disposer de la
chose. J'en conclus que la disposition par les libéralités, par le don, est la conséquence logique du droit
lui-même. Pourquoi celui qui peut vendre ne pourrait-
il pas donner? Je donne à celui qui souffre, je donne à
celui que j'aime, je donne à celui qui n'a pour me
payer que sa reconnaissance, je donne pour me procurer la jouissance morale que cause le sentiment du
bienfait accordé. Dites-moi en quoi l'intérêt social
peut être ainsi compromis? N'est-il pas utile à l'humanité que les sentiments élevés, qui trouvent dans la
générosité pratiquée par l'homme envers son sem-

blable une satisfaction légitime, puissent se manifester librement et resserrer les liens qui unissent entre eux les membres de la communauté?

Pour nous, Messieurs, le précepte de la charité ôte à cette controverse toute importance pratique, et donne une souveraine raison de décider; mais vous remarquez que je me tiens ici dans les limites du raisonnement philosophique. Cela dit, comment nier que ce que je puis donner aux étrangers, je puisse le donner à mes enfants? Et si je puis donner à mes enfants pendant ma vie, pourquoi ne pourrais-je pas leur donner à l'heure de ma mort? Quel intérêt peut avoir la société civile à obliger le père à se dessaisir de son vivant? Pourquoi ne pourrait-il pas transmettre les immeubles aussi bien que les valeurs mobilières, et que gagnerait l'État à pousser les chefs de famille à dénaturer leur fortune et à convertir les valeurs mobilières en valeurs transmissibles à volonté?

Que, pour la validité du testament, l'intervention du droit civil soit nécessaire, cela est évident. La translation de la propriété exige, en effet, le concours de deux volontés coexistantes simultanées. Or, le testament ne vaut qu'après le décès, puisqu'il est de sa nature de pouvoir être, jusqu'à cette heure suprême, modifié par celui qui l'a fait. C'est donc la loi qui donne l'efficacité civile à l'expression de la dernière volonté; mais c'est dans le droit naturel, c'est dans l'instinct même de l'humanité, c'est dans les convenances sociales les plus évidentes que la faculté de disposer pour le temps où l'on ne sera plus puise son origine et trouve sa justification. On ne saurait donc contester le droit de tester, et si le droit de tester existe en principe, on ne saurait refuser au père le droit de tester en faveur de l'un ou de plusieurs de ses enfants, comme il pourrait le faire en faveur d'un étranger. L'opinion de Mirabeau n'est pas celle d'un jurisconsulte, c'est celle de la vengeance irritée et de la passion du sectaire.

Mais l'État n'a-t-il pas le droit de poser à la liberté testamentaire certaines limites? Je n'en doute pas, Messieurs, et si vous entendez de ma bouche des critiques contre notre système actuel de transmission et de partage des biens par succession ou testament, vous ne m'entendrez pas nier le droit qu'a le législateur de limiter le pouvoir de disposer, comme il a le droit de régler lui-même l'ordre de succession quand le propriétaire ne le fait pas. Toute la question est une question de mesure et d'opportunité. De mesure, car il n'est pas permis au législateur de restreindre le droit jusqu'au point où il approche de la négation et compromet l'existence même de la famille en rendant difficile la transmission du foyer; d'opportunité, puisqu'il doit tenir compte de l'état social et des mœurs de la nation dont les destinées dépendent de la sagesse de ses édits et de leur conformité aux grandes vérités du droit immuable.

L'étude de notre législation actuelle sera l'objet de ma prochaine leçon. Après l'exposé du système des successions *ab intestat*, je vous parlerai de la liberté testamentaire. Il n'est pas de question plus actuelle

et plus vivante. Elle a été ouverte par les réclamations de l'agriculture et de l'industrie, et popularisée
par les travaux d'un grand nombre de publicistes.
Elle touche aux intérêts moraux et matériels les plus
graves. Je veux étudier cette question et les principes
qui la dominent. Cette étude ne sera, je l'espère, ni
sans intérêt ni sans utilité pour tous.

HUITIÈME CONFÉRENCE

SUCCESSIONS ET TESTAMENT

Le testament. — Le Code civil. — Les plaintes de l'agriculture et de l'industrie. — Ces plaintes sont-elles fondées ? —
L'Angleterre et les États-Unis. — Les principes. — Les conséquences. — Conclusions.

MESSIEURS,

Dans deux de mes précédentes conférences, j'ai
étudié la nature et l'origine du droit de propriété et
commencé l'examen de ses différents modes de transmission. Nous en étions arrivés à la transmission testamentaire. Après l'étude des précédents historiques
et spécialement des lois révolutionnaires antérieures
au Code civil, je vous avais annoncé que nous abor-
derions l'examen de notre législation actuelle. Je tiendrai aujourd'hui ma promesse.

En 1815, un des plénipotentiaires au Congrès de
Vienne, lord Castlereagh, se consolait de l'intervention
de l'empereur Alexandre, qui avait fait maintenir

à la France ses frontières du xviiie siècle, en disant :

« Après tout, les Français sont assez affaiblis par leur régime de succession. »

Écoutez un autre langage. Celui-ci est de l'homme dont le Code civil a porté le nom, et la clairvoyance ne manquait certes pas à l'esprit de celui qui a écrit ce que je vais vous lire, ni l'autorité à sa parole.

Napoléon Ier écrivait, le 5 mars 1806, à son frère Joseph, roi de Naples :

« Mon frère, je veux avoir à Paris cent fortunes, toutes s'étant élevées avec le trône et restant seules considérables, puisque ce ne sont que des fidéicommis, et que ce qui ne sera pas elles, par l'effet du Code civil, va se disséminer. Établissez le Code civil à Naples, tout ce qui ne vous est pas attaché va se détruire en peu d'années, et ce que vous voulez conserver se consolidera. Voilà le grand avantage du Code civil. Il faut établir le Code civil chez vous: il consolidera votre puissance, puisque par lui tout ce qui n'est pas fidéicommis tombe, et qu'il ne reste plus de grandes maisons que celles que vous érigez en fiefs. C'est ce qui m'a fait prêcher un Code civil et m'a porté à l'établir. »

Il est impossible de parler avec plus de sincérité.

Détruire ce qui est et faire seul à son profit ce qui demeurera, tel est le projet, et voilà ce qui a porté Napoléon — c'est lui qui nous en instruit — à établir un Code civil.

Comment le Code civil devait-il réaliser le plan de ce puissant génie?

La conception est à la fois simple et forte; le procédé d'une efficacité irrésistible.

Égalité absolue dans les partages des successions; égalité non seulement de valeur, mais de nature des biens dans la composition des lots; liberté testamentaire étroitement restreinte et interdiction au père de composer les lots de ses enfants de biens d'inégale nature. Voilà tout le système, Messieurs, et l'événement a prouvé que Napoléon ne se trompait pas sur les résultats qu'il pouvait en espérer, et que nos ennemis d'alors en espéraient comme lui, pour la destruction de tout ce qui n'était pas l'œuvre nouvelle et égoïste du réformateur impérial.

La seconde partie de son plan devait être réalisée par l'institution des majorats.

« Les biens libres, dit le second paragraphe de l'article 896 du Code civil, formant la dotation d'un titre héréditaire que l'empereur aurait érigé en faveur d'un prince ou d'un chef de famille, pourront être transmis héréditairement ainsi qu'il est réglé par l'acte impérial du 30 mars 1806, et par le sénatus-consulte du 14 août suivant. »

Ce dernier paragraphe de l'article 896 se trouve aujourd'hui abrogé par les lois du 12 mai 1835 et du 7 mai 1849.

Il n'y a plus de majorats, plus de transmission héréditaire de biens formant la dotation d'un titre, et, sur ces fortunes qui devaient décorer de leur splendeur le trône impérial, comme sur le modeste patrimoine du paysan que les frais de justice dévorent, sur tout enfin et sur tous, le partage forcé étend son niveau jaloux et sa destructive influence.

Considérez, en effet, avec quel soin minutieux l'instrument de démolition a été préparé.

L'article 826 du Code civil donne à chaque cohéritier le droit de demander sa part *en nature* des meubles et immeubles de la succession. C'est l'idée maîtresse et qui, nous allons le voir, a dominé la jurisprudence.

L'article 827 dispose que, si les immeubles ne peuvent être commodément partagés, il doit être procédé à la vente par licitation, et enfin l'article 832, après avoir dit « qu'on doit autant que possible éviter de morceler les héritages et de diviser les exploitations »; ajoute : « Il convient de faire entrer dans chaque lot, s'il se peut, la même quantité de meubles, d'immeubles, de droits ou de créances de même nature et valeur ».

La jurisprudence semble n'avoir voulu lire dans l'article 832 que ce second paragraphe. Les tribunaux se considèrent comme strictement tenus à composer les lots de valeurs de même nature, comme le veut l'article 826. Ils ne peuvent, lors même que l'intérêt évident des copartageants le demanderait, maintenir l'intégrité d'une exploitation immobilière, d'un domaine patrimonial, d'une industrie ou d'une clientèle commerciale. Le vœu de la loi est que nulle compensation ne soit cherchée en dehors des biens composant la succession, et l'opposition d'un seul des héritiers suffit pour que la composition des lots, équitable, conservatrice, si je puis me permettre le mot, soit écartée pour faire place à la composition légale et brutalement égalitaire, et si l'immeuble est impartageable, eh bien! que la maison où le père vient de mourir, que le toit qui abritait les ancêtres, que le foyer autour duquel la famille a pendant de longues années partagé les joies et les deuils de la vie, que tout cela soit licité. Un étranger viendra balayer ces souvenirs. Ainsi le veut cette déesse farouche qui se nomme l'égalité, ainsi l'ordonnent ses adorateurs.

Mais si, au moins, le père de famille avait plus de liberté que les juges! Quelle magistrature peut inspirer au législateur une confiance plus grande que la magistrature paternelle? Qui connaîtra mieux que le chef de famille les goûts, les aptitudes de ses héritiers, de ses fils? Quel intérêt a-t-il, excepté le leur? Par quelle passion serait-il aveuglé? Et comment ne pas se fier à un juge qui aime d'un amour égal et désintéressé ceux entre lesquels il va régler le partage de sa fortune, qu'il n'a conquise ou conservé que pour eux?

Eh bien, non; la loi s'est défiée du père lui-même. Elle a d'abord restreint la quotité de biens dont il peut disposer; nous le dirons tout à l'heure. Puis la jurisprudence, se conformant sinon à un texte formel, au moins à la volonté incontestable du législateur, applique sévèrement aux partages faits par les ascendants les règles relatives au lotissement en biens de même nature. Vainement une affection éclairée aura dicté au père les dispositions les plus sages. Un de ses

fils sera, depuis de longues années, devenu son collaborateur ; seul il pourrait continuer avec fruit l'exploitation d'un domaine lentement formé, de terres défrichées par ses efforts, d'une industrie développée,
fécondée par son intelligence. Le père ne pourra pas
donner à celui-ci les immeubles ; à cet autre, l'atelier
dans lequel s'est faite sa fortune. Qu'un des enfants
ne respecte pas les derniers vœux de celui à qui il
doit tout, et, fût-il plus richement pourvu que ses
frères de capitaux et de valeurs, il aura le droit de
dire : Je veux ma part du domaine, je veux ma part
du commerce, de l'atelier, de l'industrie ; sa réclamation sera entendue, et le domaine ou l'industrie seront
partagés, quelque dommage qu'il en résulte, et licités
s'ils sont impartageables.

Ajoutez, pour compléter le tableau de notre législation, que le père, à qui la loi donne la libre disposition de la moitié de ses biens quand il ne laisse qu'un
enfant, du tiers quand il en laisse deux, ne peut disposer que du quart quand il a trois enfants ou un
plus grand nombre.

L'ensemble de cette législation a soulevé des réclamations venues de points très divers, car, depuis
quelques années, l'agriculture et l'industrie ont uni
leurs plaintes à celles des défenseurs de l'ordre social
chrétien, et il arrive une fois de plus que la philosophie catholique, en plaidant la cause de l'autorité
paternelle et de la famille, aura posé les principes les
plus sûrs de l'économie sociale, et qu'ici encore ce
qui est moralement vrai est aussi ce qu'il y a de maté-

riellement utile. Ce sera l'œuvre des législateurs de l'avenir de rendre au père de famille la possibilité de concilier, en disposant de ses biens, son affection pour ses enfants avec le soin de conserver le foyer autour duquel se perpétuera cette vie collective de la famille, qui tient une place si importante dans le plan divin.

Ils y seront encouragés, vous disais-je, par la voix des intérêts menacés. Cette voix, je veux vous la faire entendre tout à l'heure.

Messieurs, que faut-il penser de nos lois en matière de successions? Quelles conséquences le régime du Code civil est-il appelé à produire? Faut-il en désirer la réforme, et dans quelle mesure? Peu de questions sont plus intéressantes pour le citoyen ami de son pays et pour le jurisconsulte ami de la justice. Il n'en est pas de plus actuelle. Les plaintes excitées par l'application du partage forcé sont devenues, depuis quelques années, nombreuses, retentissantes, éloquentes quelquefois. Une école de publicistes, dont M. Le Play est le chef éminent, signale notre régime successoral comme un péril mortel pour la grandeur du pays et pour la paix sociale. D'autres croient tout l'édifice de notre état politique et social moderne compromis, si l'on touche à un seul article du Code. De ces menaces contradictoires, lesquelles sont vaines? lesquelles redoutables? Où est la vérité? Dans une matière aussi délicate et qui touche de si près aux intérêts les plus sacrés de la puissance paternelle, de la famille, de la société chrétiennne, n'y a-t-il pas quelques principes qui nous éclaireront et nous permettront de circonscrire dans des limites nettement définies le terrain de la controverse, la mesure de la divergence des opinions et de la légitimité des dispositions législatives?

C'est ce que je me propose de rechercher.

Écoutons d'abord les plaintes des avocats autorisés du commerce et de l'agriculture.

En 1865, pour ne pas remonter plus haut, cent trente-deux commerçants et chefs d'industrie adressaient au Sénat une pétition pour obtenir du gouvernement *que la liberté testamentaire fût substituée au régime actuel de succession.* Ils espéraient que le Sénat jugerait comme eux le moment venu de modifier, en ce qui touche le droit de tester, un ordre d'idées si opposé aux besoins de notre époque et à la liberté individuelle. Autant le droit d'aînesse leur semblerait, disaient-ils, contraire à l'équité et au sentiment de la nation, autant la loi actuelle leur semblait un excès opposé qui avait pu avoir sa raison d'être, mais qui devenait de jour en jour une cause plus marquée de préjudice et de dissolution. Ils affirmaient que cette loi, agissant en sens inverse de l'amélioration de nos mœurs sociales et politiques, deviendrait fatale au développement industriel et commercial de la France. Ils comparaient ensuite la France, où rarement l'œuvre commerciale et industrielle du père est continuée par ses fils, à l'Angleterre, où sous l'empire de la liberté testamentaire, les fils continuent l'œuvre de leurs ancêtres, à l'Angleterre, où se perpétuent des établissements qui accumulent les capi-

taux, la clientèle, les leçons de la pratique et les
meilleurs instruments de travail. A l'exemple de l'aristocratique Angleterre ils joignaient celui de la
démocratie américaine. Dans ces pays, comme dans
tous ceux où la liberté testamentaire laisse au père
de famille l'autorité que Dieu lui a donnée, les enfants, disaient-ils, contractent dès le berceau des habitudes de respect et d'obéissance. Le père de famillle,
appuyé sur la loi et guidé par son affection paternelle, peut combiner l'avenir de l'établissement qu'il
gouverne, associer ses fils à ses travaux et préparer
la continuation de l'œuvre commune. En France, au
contraire, les édifices commerciaux et industriels
s'écroulent habituellement avec la génération qui les
a fondés. Les enfants savent d'avance ce qu'ils auront
le droit d'exiger dans telle ou telle éventualité, la
mort de la mère, par exemple, et ils peuvent dans
ce cas arrêter la marche d'un établissement en récla-
mant leur part des capitaux dépendant de la commu
nauté. Le père se sent désarmé devant l'indolence, les
passions ou les écarts de ses fils. Nul ne peut songer
à des entreprises de longue haleine, et la France,
dont les forces productives sont paralysées sous l'action dissolvante de notre loi de succession, laisse des
rivales plus heureuses accaparer les débouchés loin-
tains et les grands marchés étrangers. Je vous indique
rapidement les idées principales longuement déve-
loppées par les pétitionnaires qui, disent-ils, et ici je
cite textuellement, « comme pères de famille, comme
observateurs de la société actuelle, se croient fondés

à considérer la loi actuelle comme une cause permanente de démoralisation sociale et politique ».

Ces idées se retrouvent dans un grand nombre d'écrits, qu'il est inutile et qu'il serait impossible de citer tous. Mais je ne puis négliger de vous faire connaître deux documents auxquels leur origine donne une valeur et un caractère particuliers. Je veux parler des délibérations prises en 1874 et 1875 par les Chambres de commerce de Paris et de Bordeaux, répondant à l'interrogation d'une commission spéciale chargée de rechercher les moyens propres à developper notre commerce extérieur. L'une des questions posées était celle ci : *En quoi l'éducation et les lois anglaises ou allemandes contribuent-elles à pousser la jeunesse vers le commerce d'exportation?*

La Chambre de commerce de Bordeaux fait de la question une étude complète. Elle constate notre infériorité commerciale et colonisatrice. Cette infériorité ne tient point, suivant elle, à nos habitudes séculaires, mais à nos institutions. La répulsion de nos législateurs contre le régime ancien les a poussés à dépasser le but quand, ne tenant plus pour suffisante l'égalité civile, ils ont décrété le partage forcé des successions. On ne peut nier, dit-elle, que le peuple des États-Unis d'Amérique ne soit régi par des institutions très démocratiques, et pourtant ses lois civiles ne prescrivent le partage des successions par portions égales entre tous les enfants qu'en l'absence de tout testament. Aussi les enfants, ne pouvant pas compter d'une manière certaine sur les biens du père, songent de bonne heure à se créer par le travail une position indépendante. Le contraire arrive en France où, trop souvent, le jeune homme qui a entendu répéter autour de lui qu'il n'avait pas besoin de travailler préfère le plaisir au travail, quand vient le moment d'embrasser une carrière. Puis le procès-verbal de la délibération ajoute ces paroles que je cite textuellement : « Il résulte du partage obligatoire et de ce droit de réserve une autre conséquence non moins désastreuse au point de vue économique et social : d'une part, l'avoir d'un certain nombre de familles va décroissant parce que les enfants sont détournés par cette disposition de la loi de la voie féconde de l'épargne, et, d'autre part, ces familles cèdent trop souvent à la répugnance naturelle de descendre du rang qu'elles occupent et au désir de laisser à chacun de leurs enfants une part plus forte. Ne peut-on trouver dans ces faits patents l'une des causes principales de la lenteur relative du développement de la population française? Il ne nous appartient pas d'indiquer par quels moyens transitoires on peut modifier nos lois successorales sans retomber dans les abus anciens; ce qui nous paraît toutefois certain, c'est que la simple augmentation de la quotité disponible ne remédierait pas au mal dont il nous semble difficile de nier l'existence; aussi verrions-nous plutôt la solution de cette question complexe dans l'application graduelle de la loi américaine; car le côté pratique de cette loi réside surtout dans la

faculté laissée au père, après qu'il a rempli en conscience ses obligations naturelles envers ses enfants,
de donner ou de retenir. Cette incertitude intention-
nelle met les enfants dans l'obligation morale de se
créer une situation pour assurer leur indépendance. »

Ces critiques de notre législation révolutionnaire,
ces inquiétudes exprimées par des hommes qui ont
reçu mandat de représenter les intérêts de l'industrie
et du commerce, ont une importance qu'on ne saurait
nier.

D'autre part, j'ai lu les procès-verbaux de la Commission supérieure chargée de résumer les résultats
de l'enquête agricole ouverte de 1866 à 1869 dans
tous les départements de la France. J'ai été frappé
de l'unanimité des déposants sur la nécessité de deux
réformes. Tous demandent que l'on efface du Code
l'obligation du partage en nature et que les délais de
dix et de trente ans accordés pour l'exercice de
l'action en rescision des partages d'ascendants soient
considérablement réduits. La commission s'était arrê-
tée à un délai de deux ans dans les cas de partage
entre-vifs, et de cinq ans pour les partages testamentaires. Le rapporteur et tous les orateurs après lui,
se plaçant au point de vue exclusif de l'enquête
agricole, insistent sur les inconvénients du morcellement des terres, résultat de la loi et de son interprétation souvent excessive par la jurisprudence.
« Le morcellement de la propriété, dit M. Josseau, rapporteur, a été considéré dans l'enquête et ensuite par
vous comme essentiellement contraire à la prospé-

rité de l'agriculture... Les plaintes sont générales...
Le principe du partage en nature appliqué à toutes
les successions, à toutes les familles, est un diviseur
continu agissant sans cesse, et agissant, comme tout
fait absolu, sans discernement. C'est en vain que le
père de famille aura laborieusement rassemblé, cul-
tivé et constitué un domaine d'une certaine étendue.
S'il laisse plusieurs enfants, la loi du partage condamne ce domaine à la division. Le système de culture
finit avec la propriété à laquelle il s'applique, et le
propriétaire nouveau recommence une seconde œuvre
de centralisation et d'économie agricole; qui doit
aussi finir avec lui. A cette loi de division rien ne
peut être soustrait. Le père de famille, même en se
dépouillant de son vivant, même en amassant, pour
maintenir l'égalité, des valeurs mobilières équiva-
lentes, ne peut prévenir la destruction de son œuvre.
Il convient d'ajouter que, si le domaine est de peu
d'étendue, s'il s'agit de la petite propriété, l'immeuble sera dans bien des cas vendu et son prix absorbé
dans les frais de vente. »

En effet, Messieurs, c'est la petite propriété, c'est
le pauvre qui souffre le plus cruellement de la nécessité du partage et des coûteuses licitations.

Dans l'année 1850, mille neuf cent quatre-vingt
ventes d'un résultat inférieur à 500 fr. chacune, ayant
produit une somme totale de 558,093 fr., ont occa-
sionné 648,906 fr. de frais. Les frais ont donc dépassé
de près d'un sixième le produit des ventes.

Aussi ne faut-il pas s'étonner de lire, dans une

pétition adressée, en 1866, au Sénat par des paysans de la Creuse, qui sollicitaient la modification des lois relatives aux successions et l'établissement de la liberté de tester, « dernière sauvegarde de la petite propriété, » ce passage qu'il est bon de méditer :

« Nos lois successorales ont anéanti la sécurité des traditions ; et, limitant à la vie les espérances du travailleur, elles lui ont inspiré le dégoût de tout ce qui n'est pas jouissance immédiate.

« Rendre la sécurité au cultivateur, en lui laissant la liberté de transmettre ses biens, c'est l'encourager à perfectionner son œuvre, à se créer des successeurs ; c'est faire cesser cette décroissance de la population française chez laquelle le partage forcé a amené la diminution systématique des naissances... C'est, enfin, maintenir au père l'autorité que Dieu lui a donnée, en le laissant juge souverain de la dignité de ses enfants... Vous provoquerez, disaient-ils, la suppression d'une loi destinée à d'autres temps, et dont le singulier résultat a été de disloquer la petite et la moyenne propriété qu'elle voulait rendre universelle ou dominante... »

En effet, Messieurs, l'instrument s'est retourné contre le but en vue duquel il avait été créé. Napoléon, qui voyait de haut et qui voyait loin, aurait voulu échapper à quelques-unes des conséquences économiques du système politique que son ambition lui imposait. Il disait au Conseil d'État : « Le législateur, en disposant sur cette matière, doit avoir essentiellement en vue les fortunes modiques. La

trop grande subdivision de celles-ci met nécessairement un terme à leur existence, surtout quand elle
entraîne l'aliénation de la maison paternelle, qui est,
pour ainsi dire, le point central... » Aussi il eut un
moment la pensée de distinguer entre les grandes et
les petites fortunes, et de laisser la disposition de la
moitié des biens au père, quel que fût le nombre des
enfants, lorsque la valeur de la succession ne dépassait pas 100,000 fr., « afin, disait-il, de conserver
les petites fortunes, tout en empêchant qu'il s'en forme
de trop considérables ». Vous voyez reparaître dans
ces derniers mots l'idée qui a dicté la lettre au roi de
Naples.

Les protestations contre notre régime actuel de
successions s'étaient produites avec une telle unanimité et une si grande énergie dans l'enquête dont je
vous ai parlé, que le gouvernement s'en émut. En
1869, il présenta au Corps législatif un projet de loi
qui, modifiant les articles 826, 832 et 1079 du Code
civil, reconnaissait au père de famille le droit d'attribuer à l'un de ses enfants la totalité de ses immeubles, à la condition de payer à ses cohéritiers une
soulte en argent. Le projet accordait aux tribunaux
le droit de faire des attributions semblables dans les
partages judiciaires. Déjà, en 1865, une proposition
signée de quarante-cinq membres du Corps législatif
avait essayé d'appeler l'attention du gouvernement
sur la question de savoir « si, par suite de la transformation de la richesse et des changements dans les
mœurs qui en ont été la conséquence, nos lois de

succession n'appellent pas des modifications favorables à l'extension des droits des pères de famille ».

Cette proposition avait été rejetée, la question n'était pas mûre.

La loi fut retirée [1] ; mais la proposition, le projet de loi, aussi bien que les pétitions et les enquêtes, restent comme des manifestations de souffrances réelles, de besoins plus vivement sentis à mesure que se développent les conséquences d'une législation que tout citoyen, soucieux de la prospérité de son pays, a le devoir d'examiner sans prévention, mais avec une courageuse liberté.

Je vous le disais : une école de publicistes, dont M. Le Play est le chef illustre, a fait de *la liberté testamentaire comme en Amérique et en Angleterre* l'objet de ses plus constantes et de ses plus pressantes revendications. Les travaux de M. Le Play sur ce sujet doivent être l'objet de l'étude attentive des économistes et des législateurs. Personne n'a, si j'ose parler ainsi, tâté le pouls du corps social avec plus de sûreté de tact, ni sondé d'un regard plus pénétrant des plaies déjà profondes et jusqu'alors inaperçues. Il n'a rien laissé d'inexploré dans le vaste

---

1. M. le comte de Butenval a publié, dans *l'Annuaire de l'Union de la paix sociale* pour 1875, un travail très remarquable, intitulé : *le Testament et le Commerce*. Il donne *in extenso* le texte de quelques-uns des documents dont je viens de citer des extraits. Je lis dans une de ces notes : « On assure que ce projet de loi fut retiré en raison des réclamations des officiers ministériels, qui représentèrent que l'application de cette loi les frapperait d'une sorte d'expropriation sans indemnité... » Si le fait est vrai, il serait très significatif.

champ des ruines morales et matérielles, amoncelées par le principe fatal du partage forcé, et il n'est pas possible de démontrer avec plus de vigueur et de clarté le péril social dont son application menace notre patrie.

Oui, Messieurs, ce principe révolutionnaire nous menace d'un péril mortel. Un historien, dont les opinions bien connues donnent à son avis sur ce point une importance particulière, M. Lanfrey, après avoir affirmé qu'une forte constitution de la famille est nécessaire à une société démocratique qui veut rester libre, ajoute ces paroles : « Que sont, en effet, les abus possibles du droit de tester, abus inséparables de toute liberté... auprès des inconvénients qui résultent de sa limitation excessive : destruction de l'esprit de famille, anéantissement de l'autorité paternelle, ruine périodique des industries tombant sous la loi du partage, pulvérisation indéfinie des fortunes comme des individus? » Cela est vrai, Messieurs. Comment nier, en effet, que l'esprit de famille et l'autorité paternelle ne soient détruits par un régime qui ne laisse au père de famille à peu près aucun moyen de récompense et de châtiment, et qui, faisant à chaque enfant sa part, le porte à se cantonner dans l'égoïsme de son droit et à se désintéresser du sort de ses frères en qui la loi ne lui montre que des copartageants, souvent, hélas! des adversaires?

En Angleterre, vous le savez, depuis le règne des premiers Tudors, la coutume anglo-saxonne de la liberté testamentaire s'est substituée au régime du droit d'aînesse importé par les Normands et qui ne subsiste plus que pour les titres de noblesse. Le père et la mère choisissent donc librement l'héritier (habituellement, mais non nécessairement l'aîné) qui leur semble le plus digne de recevoir d'eux la transmission du foyer domestique et de l'atelier de travail. Ils lui imposent l'obligation de conserver l'honneur et le rang de la famille, de continuer à l'égard des autres enfants le rôle du chef, en fournissant à chacun les ressources nécessaires à son établissement et l'appui d'une situation sociale maintenue au profit de tous par la transmission à un seul de l'héritage des aïeux. Aussi l'opinion publique veille-t-elle avec un soin jaloux à l'exécution de ces devoirs de l'héritier envers ceux que les liens du sang unissent à lui et dont la confiance paternelle a remis l'avenir entre ses mains. Qui ne voit ce que les mœurs publiques gagnent à ces contraintes morales, à cette pratique des devoirs qui naissent des rapports de parenté? Aussi, quel respect pour la magistrature paternelle, pour cette autorité que Dieu a lui-même instituée par l'un de ses commandements! La jeunesse est laborieuse, car l'enfant sait qu'il ne peut compter que sur ses efforts personnels dans une société où le rang est donné à la vertu et la fortune au travail. Les familles sont unies, car chacun sait qu'il peut avoir besoin de la tendresse de tous. Le père s'intéresse jusqu'au dernier jour à l'amélioration de ce domaine qui ne sera point partagé, à cette industrie dont un fils continuera l'exploitation. Ces colons et ces commerçants ne reculent pas devant les entreprises à long terme. Ils savent qu'elles seront achevées par un associé qui leur doit la vie et qui leur devra sa fortune, qui gardera l'honneur de leur nom et les traditions des ancêtres. Il n'y a point de place dans leurs préoccupations pour l'abominable calcul qui limite la fécondité des mariages, afin de diminuer le nombre des copartageants à la succession. Ces peuples, qui ne se payent pas de mots et de phrases sonores, n'admettent pas que le droit de propriété cesse avec la vie, ni que le citoyen soit libre si le législateur intervient en maître sous le toit domestique. L'Anglais tiendrait pour insensé l'homme qui oserait dire, avec Tronchet, « que le loi doit servir d'arbitre entre le père et les enfants ».

Ne croyez pas que j'admire tout en Angleterre, ni surtout en Amérique, Dieu me garde d'un pareil aveuglement ! Mais nul ne peut nier que l'autorité paternelle soit moins ébranlée, la constitution de la famille plus forte chez les peuples de race anglo-saxonne que chez les peuples latins, et il faudrait fermer les yeux pour ne pas voir que la liberté testamentaire contribue à leur maintenir cette supériorité.

Qui de nous n'a entendu les adversaires de notre foi faire valoir contre le catholicisme cet argument de la supériorité des nations hérétiques ou schismatiques sur les nations catholiques ? Voyez, disent-ils, les peuples restés fidèles à l'Église ! Le désordre politique et le péril social ont atteint chez eux des proportions effrayantes et que ne connaissent pas les nations hétérodoxes. N'en faut-il pas conclure que la doctrine catholique est incompatible avec la prospérité et le développement matériels des nations? Je trouve dans le sujet même de cette conférence une occasion de répondre à ce sophisme. Oui, je le reconnais, la coutume anglaise de la liberté testamentaire fortifie l'autorité paternelle et maintient dans les familles fécondes l'esprit de solidarité et d'union, le respect des traditions. Oui, ajouterai-je, en Angleterre la loi impose le repos dominical; les lois et, plus efficacement que les lois, la coutume protège la femme contre la séduction; la hiérarchie sociale est acceptée, le pouvoir indiscuté et universellement respecté. Mais dites-moi si c'est la doctrine catholique qui relâche les liens des familles, diminue le respect et ébranle les pouvoirs? Qui oserait affirmer une contre-vérité pareille? Ce qui est vrai, Messieurs, c'est que les nations, dont l'exemple est invoqué comme argument contre les résultats sociaux de la discipline de l'Église, ont gardé dans leurs législations et leurs coutumes plus de catholicisme que nous. Elles font profession de reconnaître l'autorité de Dieu sur l'humanité et sur les gouvernements particuliers. Elles n'ont point ébranlé les bases sur lesquelles le Créateur a fondé la société des hommes. La sécurité relative, la paix sociale dont elles jouissent, elles les doivent à cette portion plus ou moins grande qu'en se séparant de l'Église elles ont retenue de sa tradition et de sa doctrine. Elles ont pour un temps échappé à l'action destructive de la négation révolutionnaire. Elles n'ont point, comme les gouvernements de sectaires, chassé Dieu des institutions et des lois. La vérité est là pour quiconque la cherche d'un regard sincère, et il ne faut pas laisser imputer aux nations catholiques ce qui est le fait de gouvernements révolutionnaires, ni à la religion des catastrophes et des périls dont la responsabilité pèse tout entière sur ses plus implacables ennemis.

« Ce n'est jamais impunément, a dit un écrivain, qui ne saurait être suspect en pareille matière, ce n'est jamais impunément qu'on manque de philosophie, de science et de religion. » Le même écrivain a appelé la Révolution une expérience manquée; il parle avec un amer dédain « de ce code de lois qui semble avoir été fait pour un citoyen idéal naissant enfant trouvé et mourant célibataire »... C'est lui qui a écrit ces mots si tristement vrais, et que l'on ne saurait trop redire : « Avec leur mesquine acception de la famille et de la propriété, ceux qui liquidèrent si tristement la banqueroute de la Révolution dans les dernières années du xviiie siècle préparèrent un monde de pygmées et de révoltés. »

Cet écrivain n'est autre que M. Renan. Grande leçon, Messieurs, que l'évidence du vrai oblige un révolté à donner à d'autres révoltés plus logiques et plus audacieux que lui.

Ce long exposé des plaintes motivées par notre législation successorale m'a rappelé les paroles de notre vieux Coquille, parlant de quelques-unes des anciennes coutumes de France. « C'est, disait-il, une grande servitude et misère aux pères et mères de n'avoir pas la liberté de leurs biens et de n'avoir moyen de récompenser les services et officiosités de leurs enfants et tenir en subjection et crainte ceux qui ne leur sont pas obséquieux. Avoir la liberté de disposer de ses biens envers un étranger et ne l'avoir pas envers ses enfants, qui doivent toute subjection et obéissance; se reconnaître être subject à l'endroit où l'on doit commander, et tout bons et obéissants que soient les enfants, c'est un grand ennui à un bon et honnête cœur de sentir sa servitude et privation de liberté. »

Si j'essaie de résumer les griefs dont l'énumération, recherchée à dessein dans des documents très divers, ne représente sans doute, en ce moment, à vos esprits qu'une accumulation un peu confuse, voici, je crois, comment on peut formuler le douloureux sommaire des démonstrations que je vous ai exposées :

Le régime du partage forcé, la négation de la liberté testamentaire, a sapé en France l'autorité du père de famille; il a favorisé le penchant de la jeunesse à l'indépendance et à l'oisiveté. Il décourage les efforts des propriétaires et des grands industriels; multiplie les procès et sème la discorde entre les frères; divise, au grand détriment de l'agriculture, le sol en parcelles de plus en plus étroites; interdit au commerce les entreprises à longue échéance, et fait de la stérilité des mariages le menaçant et honteux correctif d'une loi dont l'application amène à bref délai la déchéance nécessaire des familles périodiquement ruinées, car le partage forcé n'a établi, surtout entre les petits, que l'égalité de la misère.

Ces maux, ces périls, nul ne peut les nier. Faut-il en conclure, comme la logique semblerait l'exiger, que notre loi de succession est la seule cause du mal, et que la modification radicale de la loi est le seul et suffisant remède ?

Dans des questions aussi graves, rien n'est plus dangereux que les illusions, et je ne veux pas vous laisser croire que la réforme du Code civil et la proclamation de la liberté absolue des testaments suffiraient à restaurer promptement le respect, l'autorité, la moralité dans la famille, la prospérité dans le commerce et l'agriculture, l'amour du travail dans la jeunesse et la paix dans l'État.

Je ne crois pas à l'efficacité des coups d'État législatifs et je douterais fort, je vous l'avoue, de l'utilité d'une loi qui, du jour au lendemain, nous ferait passer du régime actuel à celui de la liberté absolue. Un ancien magistrat[1] l'affirmait avec beaucoup de raison : « Tout ne serait pas dit alors même qu'on aurait décrété la liberté testamentaire dans toute son étendue ; il faudrait encore amener les pères à en user et à en user avec justice et discernement, les enfants à en reconnaître la convenance et l'utilité et à la subir sans murmure, deux choses intimement liées et de nature à réagir l'une sur l'autre ; car l'abus que le chef de famille ferait de son pouvoir rendrait odieux

1. M. de Fontette.

ce pouvoir lui-même, déjà suspect par sa nouveauté, et les récriminations que soulèverait son exercice en paralyseraient moralement l'emploi. Il faudrait, en un mot, restaurer l'esprit de famille, œuvre à laquelle les institutions civiles peuvent concourir, mais qui est surtout celle de l'éducation et des influences religieuses, instruments nécessaires de toute réforme sociale digne de ce nom. »

Il faut conclure, Messieurs, et mes conclusions, les voici :

Il est nécessaire de préparer les esprits à cette grande réforme que tant d'intérêts divers sollicitent, et il faut espérer que les mœurs en rendront un jour l'exécution possible. Les hommes, appelés à agir sur l'opinion publique et par elle sur les institutions de leur pays, doivent, à l'heure où nous sommes, indiquer franchement le but de leurs efforts, mais restreindre leurs revendications actuelles dans des limites que je vais essayer d'indiquer.

Vous n'avez pas oublié les principes dont la lumière nous a guidés dans la route que nous avons ensemble parcourue. La famille et l'autorité paternelle sont d'ordre divin. La famille n'est pas une association d'un jour, que le hasard improvise et que la mort du chef dissout; c'est une unité sociale qui se perpétue dans une vie personnelle, indépendante, et dont la permanence et la stabilité sont des éléments essentiels de la vie de cette association de familles qui s'appelle une nation. La loi civile doit à la famille et à l'autorité qui la gouverne une protection efficace dans tout ce qui est indispensable à la permanence des institutions domestiques. Il faut donc que la transmission du foyer et de l'atelier soit assurée par les institutions politiques ou bien par la liberté donnée au père d'opérer lui-même cette transmission. Voilà la règle ; le reste, je vous le disais, est une question de mesure et d'opportunité.

Nous déclarerons donc sans hésiter conforme à l'ordre divin, et dès lors excellente, toute loi qui assure la transmission du foyer et la continuation de la vie de famille. Nous considérerons non seulement comme acceptable, mais comme préférable, la loi qui rend cette transmission facultative à la volonté paternelle. Mais si une législation disperse systématiquement les éléments de la société domestique et brise à chaque décès les liens par lesquels une génération tient à celles qui l'ont précédée, nous proclamerons hautement que cette législation est antisociale et contraire au droit naturel.

Là où la stabilité, la perpétuité nécessaires à la famille pour remplir sa fonction sociale sont assurées par les lois de transmission héréditaire, la question de la liberté testamentaire perd de son importance. En France, il n'en est plus ainsi. Toute constitution aristocratique de la propriété répugne profondément à nos mœurs actuelles. Aveugle qui ne le voit pas et bien imprudent qui le nie. Il est donc nécessaire que la liberté assure aux familles ce que la constitution politique ne peut plus aujourd'hui leur donner. La liberté absolue [1] atteindrait-elle ce but? On ne peut en douter. Est-il cependant indispensable que la liberté soit absolue? Je ne le crois pas ; mais il est impossible de nier que la mesure de la liberté laissée au père de famille par notre législation actuelle soit beaucoup trop restreinte. Ce que je vous ai dit dans une précédente conférence et au début de celle-ci m'autorise à ne pas recommencer une démonstration que je crois concluante.

Le domaine de cette liberté doit donc être élargi. Il faudrait prendre le contre-pied de l'idée de Mirabeau et étendre en faveur du père la quotité disponible dans les partages entre-vifs ou testamentaires, mais seulement entre ses descendants en ligne directe. La famille trouverait, à des dispositions conçues dans cet esprit, un double avantage. La conservation du patrimoine serait assurée ; l'autorité paternelle serait fortifiée. Pour moi, je n'hésiterais pas dès aujourd'hui à fixer à la moitié la part dont le père peut disposer, quel que soit le nombre de ses enfants, pourvu qu'il en dispose au profit de l'un ou de plusieurs d'entre eux.

Il serait conforme aux idées de justice de rétablir dans des cas législativement déterminés le droit d'exhérédation.

1. Nous ne pensons pas qu'aucun des partisans de la liberté testamentaire entende le mot « absolue » dans ce sens que le père puisse se dispenser, à l'égard d'un enfant, de ses obligations *naturelles* : éducation, moyens de travail, aliments, etc. Liberté *absolue* ne peut s'entendre que dans le sens de *large* liberté.

Il faudrait, avant tout et sans retard, effacer de nos lois l'obligation pour le père de composer chaque lot de biens de même nature en quantités égales. Il faut qu'il puisse partager ses biens entre ses enfants suivant leurs aptitudes et leurs goûts; qu'il puisse laisser à un seul, sauf le payement de soultes en argent, le domaine ou l'industrie qu'anéantirait la division; qu'il puisse, enfin, dit un des auteurs que j'ai cités, posséder et transmettre ses biens, son toit, son atelier, ses outils et ses meubles, sans être dispendieusement contraint par l'intervention d'un tribunal, d'un avoué, d'un notaire et d'un commissaire-priseur.

Permettez-moi de me souvenir que j'avais avec deux de mes collègues, MM. Baragnon et Mortimer-Ternaux, formulé ce dernier vœu dans une proposition déposée en 1871 sur le bureau de l'Assemblée nationale et renvoyée aux bureaux, qui nommèrent une commission favorable à son adoption. D'autres soins occupèrent ensuite l'Assemblée, et notre proposition fut avec beaucoup d'autres *enterrée*, c'est l'expression parlementaire. Mais elle est de ces morts qui ressuscitent, parce que la vie est en eux, et je ne désespère pas d'une résurrection prochaine.

Après ces réformes accomplies, si l'on simplifiait les formes des partages judiciaires; si l'on donnait aux tribunaux, éclairés par l'avis des conseils de famille, une latitude plus grande pour la composition des lots; si l'on diminuait les frais de partage par la substitution aux officiers ministériels d'arbitres gratuits et par quelques autres mesures analogues, peut-être aurait-on fait tout ce que l'opinion publique égarée, les vivaces préjugés et le tempérament d'une nation accoutumée à la servitude, entêtée et attardée dans l'ornière révolutionnaire, peuvent permettre d'essayer en ce moment.

La discussion, le temps, l'effort des hommes éclairés feront le reste.

Dans l'étude des modes de transmission de la propriété, j'ai donné une place relativement considérable au testament; n'en soyez pas étonnés, cette question touche, vous l'avez certainement compris, aux intimités les plus profondes du droit social.

Ici encore vous aurez vu que l'étude des principes éclaire les difficultés et simplifie les solutions. Vous pourrez, en réfléchissant à ce que vous venez d'entendre, vous convaincre de la nécessité de l'étude des vérités supérieures dont les universités catholiques ont la noble mission de propager l'enseignement. Et vous pouvez voir une fois de plus par quelle solidarité merveilleuse sont unis les principes dont l'enchaînement constitue la philosophie chrétienne du droit. En effet, Messieurs, si vous voulez rappeler vos souvenirs, vous répéterez avec moi cette affirmation qui sera la conclusion de cette conférence et de celles qui l'ont précédée : ce n'est pas la seule liberté testamentaire qui inspirera le respect aux fils et aux pères la justice. Non, elle ne suffirait pas, et cette forte constitution de la famille, qui est la sauvegarde de la liberté des peuples, il faut la demander au mariage chrétien.

NEUVIÈME CONFÉRENCE

LE DROIT DE PUNIR

Le droit de punir. — Ne se confond pas avec le droit de légitime défense. — L'utile et le juste. — Deux écoles. — La loi supérieure. — Responsabilité et justice. — Limitation du droit de punir. — La peine de mort.

MONSEIGNEUR [1],

MESSIEURS,

Lorsque nous avons parlé du droit de la guerre, la question de savoir si le souverain peut légitimement demander dans l'intérêt général le sacrifice de la vie des individus s'était présentée à nos consciences inquiètes comme l'un de ces redoutables problèmes dont la solution exige la reconnaissance de l'origine divine de la société.

Voici, Messieurs, un autre problème. C'est encore

1. Son Éminence Monseigneur le cardinal Caverot, archevêque de Lyon.

la vie d'un homme qui en fait le palpitant et douloureux intérêt. Mais quelle différence dans les circonstances qui motivent, précèdent et entourent le sanglant sacrifice! Dans la mêlée des armées ennemies, les plus nobles, les plus fiers sentiments de l'âme humaine excités jusqu'à l'enthousiasme poussent au sacrifice volontaire de la vie l'élite des nations armées pour l'indépendance et l'honneur de la patrie; une ardeur généreuse enflamme les combattants; le sentiment d'un devoir sacré excuse les meurtriers; la gloire ensevelira les vaincus eux-mêmes dans un linceul radieux; la reconnaissance des générations accompagne la mémoire des héros qui ont offert leur poitrine aux coups de l'agresseur, et l'histoire garde pour eux ses admirations les plus incontestées.

Contemplez maintenant un spectacle dont aucune nation civilisée n'a ignoré l'horreur.

Les ombres de la nuit en ont couvert les sinistres apprêts. Un échafaud a été dressé, autour duquel le peuple se presse. Voici un homme jeune, plein de vie, désarmé et incapable de résister à la violence qu'il subit. Il ne veut pas mourir... on le mène à la mort. La conscience humaine condamne le meurtre; la loi divine a dit : « Tu ne tueras pas. » Que font donc en face de l'homicide qui se prépare, que font, au milieu de ce solennel et lugubre appareil, ces soldats, ce magistrat, ce prêtre? Ces soldats, gardiens de la vie des citoyens, ce n'est pas la victime qu'ils protègent, c'est le bourreau! Ce magistrat, il n'est là que pour ordonner et constater l'exécution; et ce prêtre, ce ministre de miséricorde, ne peut qu'exhorter à la résignation celui qui va mourir, en lui montrant le ciel où règne le Dieu qui seul a droit sur la vie de ses créatures! Une foule haletante, oppressée sous le poids d'une terreur sacrée, est là, spectatrice muette et consentante; elle attend le coup qui va trancher une vie, et pas une voix ne crie, pas un bras ne se lève pour arracher à la mort le malheureux dont le sang va couler.

Quel phénomène étrange! Cet homme est coupable, on le tue; et ni l'horreur du sang, ni la pitié n'inspirent aux spectateurs de cette sanction terrible de la justice humaine un sentiment de révolte!

Cet assentiment universel, perpétuel, donné à l'expiation des crimes atroces par la mort du coupable, est une des manifestations les plus frappantes de la conscience humaine.

La nécessité d'une justice sociale est tellement évidente, que l'immense généralité des hommes ne songe pas à lui demander ses titres de légitimité. Mais il en est autrement pour des esprits habitués à la recherche des principes et des causes. Il serait indigne de vous, élèves d'une université catholique, d'aborder l'étude de notre législation pénale sans vous être enquis de l'existence et de la mesure du droit de punir; et, déjà, vous sentez que la peine de mort n'est pas justifiable si l'on donne au droit de punir un fait humain pour origine.

Je reste, Messieurs, dans les limites que j'avais, dès le début, tracées à la partie philosophique de

cette introduction à l'étude du droit, en essayant
d'exposer les principes qui dominent le droit pénal,
en recherchant la source et la fin du droit de punir.
C'est en étudiant son origine que nous en découvri-
rons l'étendue, et acquerrons la connaissance de ses
limites, connaissance indispensable au législateur et
à l'interprète des législations positives. Si j'ai éveillé
votre attention sur la question de la peine de mort,
c'est que, résolu à ne pas fuir la difficulté, je veux
pousser cette étude, quoique sommaire, jusqu'à ce
point extrême où l'esprit est contraint de choisir entre
les doctrines et d'accepter les solutions définitives.

Qu'est-ce que le droit de punir? Sachons bien d'a-
bord de quoi nous allons parler et ne nous laissons
point égarer par les mots.

Je suis attaqué; ma vie est menacée, je me défends
et je tue l'agresseur. On dira que celui-ci a reçu la
juste punition de son méfait. Ai-je, cependant, en
tuant pour me défendre, exercé le droit de punir?
Non, Messieurs, une seconde hypothèse va vous démontrer la négative. Au lieu de tuer l'agresseur qui
en voulait à ma vie, je lui ai fait une blessure qui l'a
mis dans l'impossibilité de me nuire; la force publique est intervenue, il est emporté loin du combat. Je
le retrouve quelques heures après, enchaîné, impuissant, et je le tue. Que dira la conscience publique?
Elle m'approuvait dans le premier cas, dans le second
elle me condamne. Pourquoi? C'est que dans la première hypothèse j'ai exercé le droit de légitime défense; dans la seconde je me suis fait justice à moi-

même, j'ai usurpé le droit de punir. Ainsi, se faire justice à soi-même, usurper le droit de punir, sont des actes réprouvés par la conscience publique. Qu'est-ce que cela signifie? C'est que se défendre et punir sont deux actes différents, deux droits distincts. Qu'est-ce en effet que punir? C'est faire subir à un être intelligent, libre, responsable, un mal correspondant au mal qu'il a injustement causé, lors même que le mal causé par l'auteur du délit est irréparable, lors même que l'auteur du délit est hors d'état de causer un mal nouveau. Or ce droit n'appartient qu'à *une autorité*, à un être moralement supérieur, car la punition suppose l'appréciation, le jugement. Ce droit de faire réparation à la justice par la peine infligée appartient donc à Dieu d'abord. Il appartient au père; le père punit son enfant; mais qui pourrait entendre, sans être révolté, dire qu'un fils a puni son père? Enfin, ce droit appartient à la société, au souverain. Pourquoi et dans quelle mesure? C'est ce que nous avons à rechercher.

Des réponses très diverses ont été faites à ces questions. Des systèmes presque innombrables dans leur variété ont été plus ou moins éloquemment défendus. Je n'essayerai pas de les analyser tous. Il me suffira de vous exposer en peu de mots les idées essentielles sur lesquelles ils reposent. Nous allons retrouver, vous deviez vous y attendre, l'hypothèse de Rousseau qui a exercé sur toute la philosophie du dernier siècle une influence qui dure encore; je veux dire l'hypo= thèse du contrat social. On rencontre, en étudiant

ces questions, les noms des philosophes, des publicistes, des jurisconsultes les plus éminents; je ne parle
pas des romanciers et des poètes. Comment s'étonner
de l'ardeur passionnée avec laquelle ces questions
ont été maintes fois débattues? C'est en effet par le
jugement des délits et l'application des peines que
l'autorité sociale exerce le plus efficacement son action sur la moralité publique, et affirme clairement
son opinion sur le bien et le mal, en tant, du moins,
que les actes humains intéressent l'ordre public.

En étudiant les controverses et les systèmes, une
attention un peu réfléchie a bientôt démontré que
toutes les théories peuvent être rangées dans deux
catégories principales, que deux idées dominent. Ces
deux idées essentielles, caractéristiques, sont l'idée de
l'utile et celle du juste. Elles ne sont pas contradictoires, puisque le juste est toujours utile et que l'utile
est souvent juste; mais c'est, soit par le rang qui leur
est assigné, soit par l'élimination de la seconde, que
les écoles se divisent et se distinguent. Il y a sans
contredit dans les diverses écoles, procédant de l'un
ou de l'autre principe, des différences saisissantes,
nombreuses; mais aucune théorie sur le droit de punir
n'échappe à la nécessité d'accepter pour point de
départ, soit l'idée matérialiste de l'intérêt, soit l'idée
spiritualiste d'un principe moral, d'un *criterium* de
justice absolue. Il y a donc deux groupes de criminalistes.

Écoutez les premiers. Dans son *Traité de droit pénal*,
M. Rossi, un de leurs contradicteurs, fait un court et

vif résumé de la doctrine de l'intérêt considéré comme source du droit, et en particulier du droit de punir. Je veux lui emprunter quelques passages qui suffiront à vous donner une idée nette de ce système.

Constatons d'abord, avec l'auteur du *Traité de droit pénal*, que l'idée de l'utile est un des éléments de l'esprit humain. L'homme connaît l'utile et le désire. Il faut ajouter, Messieurs, qu'en le désirant et en le recherchant dans les limites de la loi morale et de la loi extérieure, l'homme accomplit une loi de sa nature. L'utile a aussi sa légitimité. Mais ce n'est point ainsi que l'entend l'école de l'intérêt.

« Dans son système, dit M. Rossi, l'utile se suffit à lui-même. Il est sa propre justification. Il est le principe primitif, unique, exclusif. Son synonyme, il ne faut pas s'y tromper, c'est jouissance, plaisir. Entendre la doctrine de l'intérêt dans un sens, je dirai presque plus modeste, c'est tomber dans une question de terminologie, c'est accuser les défenseurs de cette doctrine d'une obscurité de langage qu'on n'a nul droit de leur reprocher.

« Ils ne nous disent pas que le juste est toujours utile, ce qui est vrai dans ce sens que le lien moral ne saurait être un mal, que l'ordre n'est pas le désordre. Ils soutiennent, au contraire, que l'utile est toujours juste, c'est-à-dire qu'on n'a aucun reproche à faire à l'homme qui n'apprécie le mérite de ses actions que d'après l'influence qu'elles peuvent exercer sur son bien-être.

« En un mot, ils nient la distinction de l'intérêt et

du devoir, en effaçant le second terme, en repoussant l'idée du juste et son autorité, indépendamment de toute considération d'utilité.

« Leur doctrine est aussi claire et aussi positive qu'elle est générale. Elle embrasse tout, la vie privée et la vie publique, les rapports individuels comme les rapports sociaux, la justice civile en même temps que la justice pénale.

« Aussi, en voyant un de ses semblables marcher à l'échafaud, l'idée principale d'un partisan du principe de l'intérêt est la nécessité du supplice de ce malheureux, pour que ceux qui le lui font subir puissent travailler, dormir, aller, venir, en un mot jouir tranquillement et sans crainte.

« Dans son esprit, ce but matériel de la peine est l'idée dominante, le principe créateur du droit... »

Et, plus loin, il ajoute :

« Si la majorité parvient à se convaincre que, pour son bonheur, pour sa tranquillité, il convient de sacrifier chaque année un certain nombre d'individus, le sacrifice est rationnel; car de quel droit la condamnerait-on à vivre dans l'inquiétude, et à ne point se donner toute garantie de sécurité? Qui me reprochera d'avoir fait tuer un de mes chiens sans m'être assuré auparavant de son hydrophobie, si sa mort seule a pu calmer les terreurs de ma famille? Dans le système de l'intérêt, l'homme est-il autre chose pour l'homme qu'un moyen ou un obstacle? »

Je ne veux rien ajouter aux traits de ce profil magistralement tracé d'une doctrine qu'il suffit, pour la combattre victorieusement, de présenter ainsi dans sa brutale nudité. Le droit de punir ainsi expliqué serait fort mal nommé; c'est le droit de frapper, c'est le droit du plus fort qu'il faudrait dire, car l'idée de punition ne va pas sans celle de justice. La doctrine de l'intérêt individuel, tenant lieu pour l'espèce humaine de tout principe moral, est en contradiction flagrante avec la conscience et tous les faits humains. On peut écrire dans un livre que l'utile est la source et la mesure du droit, mais nul n'oserait avouer qu'il fait de ce paradoxe la règle de sa conduite. Aussi n'est-ce pas sur l'intérêt individuel que la plupart des défenseurs du principe de l'utilité osent faire reposer leur argumentation, mais sur l'intérêt du plus grand nombre.

Le pouvoir social, disent-ils, a pour mission de protéger la société et les associés. Il peut et doit punir les membres de la communauté qui portent atteinte à l'ordre sans lequel la société ne subsisterait pas. C'est donc l'utilité générale qui est la cause et la mesure du droit de punir les coupables. Les hommes, en se réunissant, ont aliéné au profit de la société, et en compensation des avantages que la vie en commun leur offrait, le droit de défense personnelle, qui appartient incontestablement à chacun d'eux; ils ont même, en vue des avantages du contrat social pour tous et pour chacun, consenti à se soumettre aux peines édictées par la loi dans le cas où ils enfreindraient les clauses du pacte qui les lie à leurs semblables. Le droit de la société est plus large que cha-

que droit individuel, parce qu'il représente l'intérêt
du plus grand nombre et que, formée par le consentement au moins tacite de l'universalité des hommes,
la société est elle-même un corps moral qui a le droit
de vivre, puisqu'il existe, et, par conséquent, de se
défendre. Le droit de punir a donc pour origine et
pour limite l'intérêt social. Le pouvoir sauvegarde
l'intérêt général en mettant les coupables dans l'impossibilité de nuire et en intimidant, par la menace et
l'exemple de la peine, ceux qui seraient tentés de com-
mettre les mêmes attentats contre l'ordre public, ou
contre la fortune, l'honneur ou la vie des citoyens.
Ne parlez pas d'expiation aux docteurs dont j'analyse
en ce moment la théorie. L'expiation, disent-ils, est
d'ordre différent et supérieur, si cet ordre existe. Les
hommes n'ont pas mission de venger la justice offensée et l'ordre moral violé. C'est de l'intérêt menacé
que naît le droit; qui oserait soutenir qu'un acte indifférent à la paix, à la sécurité publique, un acte
qui ne blesse personne d'une façon appréciable, un
acte, pour tout dire, n'offensant que la loi morale et
ne nuisant qu'à son auteur, puisse être puni par la
loi civile? Puisque vous êtes obligés, nous disent-ils
encore, de reconnaître que le droit de punir commence
et finit là où naît et cesse la nécessité de la défense
sociale, pourquoi chercher ailleurs un autre principe
qui justifie et limite ce droit? Le droit de défense est
un droit naturel; la société, quelque origine qu'on
lui suppose, est tenue de l'exercer à son profit et au
profit de ses membres; cela suffit à la raison et à la

logique. Le reste est l'œuvre du législateur et n'est plus qu'une question d'application. L'exercice du droit sera réglé suivant le temps, les lieux et les circonstances, par la nécessité de la défense et de l'intérêt général dont le législateur est juge.

Telle est la doctrine de la *défense directe*. On peut la résumer en disant : Le mal, c'est tout et seulement ce qui nuit ou peut nuire à l'intérêt public; ce qui, logiquement, justifie l'arbitraire, non-seulement dans le choix et la mesure des peines, mais aussi dans la qualification du délit qui existe, abstraction faite de toute considération purement morale, puisque c'est l'utilité qui fait la justice !

Tout n'est pas erroné dans ce que vous venez d'entendre. Ainsi, que la société ait non-seulement le devoir de défendre les individus, mais qu'elle ait un droit distinct et personnel de défense, un droit propre au corps politique, personne ne le nie; personne ne conteste que la loi pénale puisse prévoir et réprimer les attentats contre la sûreté de l'État. C'est un devoir strict et moralement obligatoire pour l'homme, de respecter l'ordre social et la loi civile qui le protège.

Il n'est pas moins vrai que le maintien de l'ordre social, je dirai, si l'on veut, l'intérêt de la société, est la limite au delà de laquelle la justice pénale n'exerce plus d'action légitime. Nous l'acceptons, pourvu toutefois que l'on s'entende sur ce que sont l'ordre social et l'intérêt de la société. Nous acceptons et professons que la sphère de l'autorité civile ne s'étend

14.

pas au delà des actes extérieurs ; elle ne peut connaître des actes intérieurs, elle n'a pas le droit de les
imposer. Nous ne prétendons pas non plus que le
pouvoir politique ait mission de procurer dans le
monde la pratique de toutes les vertus, ni de réprimer, même quand elles se manifestent par des actes
extérieurs, toutes les violations de la loi morale. Mais
allons au fond des idées, sans nous laisser duper par
les mots, les conséquences de l'erreur, en ces matières, pouvant mener loin, comme vous le verrez.

Sans aucun doute, on peut dire que la loi pénale
par la terreur qu'elle inspire, et la punition des coupables par l'exemple qu'elle donne, protègent et dé-
fendent la société et ses membres. Mais déjà nous avons
remarqué une différence essentielle entre la défense
qui repousse une agression subite et la punition qui
intervient après le fait accompli, quand le péril a disparu. Maintenant, allons plus loin et voyons à quelles
conséquences conduit ce principe, que la légitimité de
la justice pénale n'a pas d'autre origine ni d'autre
limite que celle du droit de défense. Si pour défendre
la société contre le danger de crimes futurs il est
nécessaire de faire un prompt exemple, on pourra
immoler l'homme dont la culpabilité n'est pas absolument démontrée. Il y a telle circonstance qui exige
qu'on se hâte de faire un exemple, et puis, n'y a-t-il
pas intérêt à enlever aux malfaiteurs l'espoir de bé-
néficier des défaillances, des incertitudes de l'instruction et du doute des juges ?

Ce n'est pas tout : si la société n'a le droit de punir

que parce qu'elle a le droit de se défendre, son droit cesse avec le péril immédiat. Quand l'assassin est enchaîné, le droit de punir est épuisé, puisque le droit de défense n'a plus d'application. Et ne me dites pas que le coupable peut s'échapper. Eh! gardez-le mieux! Ne faites pas payer de la vie d'un homme la négligence possible de vos geôliers ou l'insuffisance de vos clôtures. Voici un faussaire qui après le crime commis a le bras cassé, coupé. Pourquoi le punissez-vous? Il ne peut plus nuire. Voici un voleur, un meurtrier qu'une paralysie met dans l'impuissance de se mouvoir. Ne le condamnez pas; la prison ne vous donnera aucune garantie de plus contre lui; laissez-le donc libre, il n'y a plus prétexte à punir puisqu'il n'y a plus nécessité de défense. L'utilité du plus grand nombre, dites-vous, est le *criterium* du juste. Eh bien, si l'esclavage est utile, répondrai-je avec l'écrivain que j'ai déjà cité, de quel droit punissez-vous la traite? Et après la traite des noirs pourquoi pas celle des blancs? Le travail serait moins coûteux et le prix du pain baisserait, ce qui est utile au plus grand nombre... Une révolte est à craindre... Vous avez emprisonné quelques meneurs, exécutez-en une demi-douzaine, la terreur que vous inspirerez sera très-utile!

Je ne prétends pas que ces conséquences soient acceptées par les disciples de la doctrine de l'intérêt et de la défense directe. Je ne doute pas que ses plus chauds partisans ne reculent indignés devant elles. Que vaut donc un système qui conduit à des conclusions odieuses? On aura beau se défendre, dire qu'il s'agit de l'intérêt bien et honnêtement entendu, parler du progrès des lumières, de l'adoucissement des mœurs, de la convenance évidente aux yeux de tout pouvoir régulier à ne punir que les actes immoraux, il restera vrai que si c'est l'intérêt seul qui fait la légitimité de la loi pénale, il n'y a plus à se préoccuper d'établir une proportion entre la peine et le délit. Si la *nature de l'action* n'entre pas comme élément essentiel dans le droit que la société exerce en infligeant la peine, on justifie d'avance l'arbitraire, la violence, tous les abus de pouvoir. A quoi bon les formes protectrices de la procédure criminelle? pourquoi pas la torture? S'il ne faut qu'intimider, ne vous embarrassez pas de ces scrupules; la terreur n'en sera que plus profonde et plus utile!

La conscience de l'humanité se révolte contre la doctrine de l'intérêt. Elle affirme sa foi dans la justice. Elle crie que le bien existe de soi, abstraction faite du profit, et que la vertu n'est pas un simple calcul. Par ses admirations comme par ses mépris, l'humanité tout entière proclame sa croyance à une loi supérieure de justice. C'est en vain que des pouvoirs absolus et impies ont invoqué la raison d'État pour justifier des proscriptions, des exécutions sans jugement. L'histoire proteste et les condamne. C'est en vain que d'audacieux apologistes d'une époque maudite affirment la nécessité des exécutions qui ont ensanglanté la France et épouvanté le monde; les tribunaux révolutionnaires resteront l'éternel objet de l'exécration publique, et l'histoire les a flétris de ce

nom : la Terreur ! Quelle que soit l'autorité qui
ordonne de massacrer des otages, seuls des monstres
ou des insensés essaieront d'excuser, par la nécessité
de la défense, ce crime abominable. Écoutez quelques
paroles de M. Guizot, qui seront le résumé et la confirmation éloquente de cette première partie de notre étude : « Les hommes n'ont jamais pu supporter de voir le châtiment tomber d'une main humaine
sur une action qu'ils jugeaient innocente. La Providence seule a le droit de traiter sévèrement l'innocence sans rendre compte de ses motifs. L'esprit
humain s'en étonne, s'en inquiète même; mais il peut
se dire qu'il y a là un mystère dont il ne sait pas le
secret et il s'élance hors de ce monde pour en trouver
l'explication. Sur la terre et de la part des hommes,
le châtiment n'a droit que sur le crime. »

Touchés de cette considération si profonde et si
juste, des criminalistes ont fait un pas de plus vers la
vérité, en reconnaissant que la peine ne peut légitimement atteindre que l'auteur d'un délit moral. Le
délit, disent-ils, est pour le pouvoir social une occasion de punir, et en punissant le délit accompli quoique l'auteur ne puisse plus nuire, la société se défend
indirectement contre les crimes futurs. Prévenir les
délits futurs, ce n'est pas seulement l'effet de la loi
pénale, c'est son but final, exclusif. L'idée de la réparation due à la justice, de l'expiation, est étrangère à
la justice humaine. Dès lors, vous le comprenez,
Messieurs, chez les théoriciens de la *défense indirecte*,
la proportion à garder entre le mal commis et la

peine n'est plus, pour le législateur et pour le juge, qu'une question d'utilité et de résultat. La société se défend par la loi pénale; elle frappe le coupable pour démontrer à ceux qui seraient tentés de l'imiter que la menace est sérieuse; mais, quoiqu'elle ne puisse punir qu'un acte contraire à la loi morale, elle frappe uniquement en vue de l'avenir.

Ici, Messieurs, le défaut de logique est évident. Si c'est la *défense indirecte* par l'intimidation qui légitime la pénalité, pourquoi vous préoccuper de la loi morale? Tout ce qui nuit ou menace de nuire mérite châtiment, et le châtiment n'a pour mesure que la nécessité de la terreur qu'il s'agit d'inspirer aux délinquants possibles. Si vous reconnaissez que la peine ne peut atteindre que l'auteur d'un fait contraire à la loi morale, vous reconnaissez en même temps que le coupable n'est pas entre les mains de la justice humaine un moyen, une matière à exemple et à intimidation, mais un être que votre loi ne punit que parce qu'il viole une loi supérieure, dont la sanction, par une peine proportionnelle au délit, appartient au pouvoir social dans la sphère de son action.

Eh bien! oui, Messieurs, *une loi supérieure appliquée par le pouvoir social dans une sphère déterminée*, c'est le mot de la question qui nous occupe. Là est la justification de la légitimité du droit de punir. Nous n'aurons, pour nous en convaincre, qu'à rappeler des principes qui vous sont déjà familiers et que, dans l'une de nos conférences, je résumais par cette définition : *Le droit, c'est la conformité à l'ordre divin.*

Il y a, en effet, un ordre divin; non pas seulement un ordre matériel des créatures insensibles qui obéissent fatalement aux lois de la nature, mais aussi un ordre moral des êtres intelligents et libres, soumis à des lois éternelles, immuables, qu'ils ne peuvent enfreindre sans encourir une responsabilité et mériter une peine. Ces lois morales, cet ordre, ont pour but d'assurer à chaque homme le plein exercice *du droit qu'il a d'accomplir son devoir, c'est-à-dire de tendre à sa fin.* Vous avez entendu Domat affirmer que, « pour connaître les premiers fondements des lois de l'homme, il faut connaître quelle est sa fin; » et il écrit ces belles paroles qu'on ne saurait trop admirer : « Il faut apprendre de Celui qui a formé l'homme que c'est lui seul qui, étant son principe, est aussi sa fin, et qu'il n'y a que Dieu qui puisse remplir le vide infini de cet esprit et de ce cœur qu'il a faits pour lui. » — « Dieu, dit le grand jurisconsulte, a rendu la *société essentielle à la nature de l'homme.* » — « Et, ajoute-t-il, comme on voit dans la nature de l'homme sa destination au souverain bien, on y verra aussi sa destination à la société et les divers liens qui l'y engagent de toutes parts, et que ces liens sont en même temps les fondements du détail des règles de tous ses devoirs et les sources de toutes les lois. »

Oui, Messieurs, la destination de l'homme au souverain bien, et les liens qui le rattachent à la société que Dieu a faite essentielle à sa nature, voilà les fondements des règles de tous les devoirs et les sources de toutes les lois, et, en particulier, des lois pénales. La sociabilité est un des attributs de la nature humaine, comme la sensibilité, comme la liberté. La société, nous l'avons pleinement démontré, est d'ordre divin, et toute atteinte portée à l'ordre social est une violation de la loi divine, car Dieu a voulu que, dans la société et par elle, l'homme accomplît ici-bas sa destinée. L'autorité, élément indispensable de l'ordre social, est donc d'ordre divin. C'est le Verbe de Dieu qui a dit : « Rendez à César ce qui est à César. » Vous comprenez maintenant le sens de cette parole de l'Apôtre : *Non est potestas nisi a Deo.* — Il n'est pas de pouvoir s'il ne vient de Dieu ; le pouvoir est de droit divin. Écoutez encore l'écrivain inspiré nous apprendre ce qu'est le dépositaire du pouvoir souverain. « Il est, dit-il, ministre de Dieu pour le bien. » Parole admirable, qu'on ne saurait trop méditer, et qui contient tout le programme du gouvernement humain, toute la théorie du pouvoir. Puis saint Paul continue : « Si vous faites mal, vous avez raison de craindre, parce que ce n'est pas en vain que le souverain porte le glaive ; car il est le ministre de Dieu pour exécuter sa vengeance, en punissant celui qui fait le mal. » Ne cherchons plus : l'origine et la légitimité du droit de punir, les voilà. C'est *la délégation divine du droit de punir le mal, dans la mesure de la nécessité de la défense sociale.*

Ainsi, Messieurs, la conscience du genre humain proclame l'existence d'un ordre moral, règle des êtres intelligents et libres, et, par conséquent, responsables. L'idée de justice est inséparable de celle de responsabilité. Il y a donc une justice qui exige la réparation de toute violation de la loi morale. Cette loi oblige des êtres unis dans une société sans le secours de laquelle leur nature leur refuse la possibilité de tendre à leur fin. La vie en société est obligatoire pour l'homme. De là naît l'ordre social, c'est-à-dire l'ensemble des lois qui régissent la famille, société primitive, et ces réunions de familles, sociétés plus vastes, qui prennent le nom de nations. L'État, le pouvoir, quelle que soit sa forme, a pour mission de garder l'ordre social et de garantir, par la force s'il le faut, aux membres de la société l'exercice du droit de tendre librement à leur fin. L'État a donc le devoir de réprimer les violations du droit. Mais peut-il et doit-il les réprimer, les punir toutes?

Non, Messieurs, ce droit de l'autorité sociale a la même limite que sa mission. Or, la mission du pouvoir social, c'est, nous le savons, la conservation de l'ordre, le maintien de l'existence régulière et paisible de la société. Ainsi, punir le mal, mais ne punir que les infractions à la loi morale, et punir seulement lorsque la peine est nécessaire pour le maintien de l'ordre social, tels sont le droit et le devoir de l'autorité. Ce droit, c'est du Créateur même de l'homme que le pouvoir social le tient; et j'avais, vous le voyez, raison de vous promettre qu'en en cherchant l'origine nous en trouverions la mesure. « Les gouvernants, a dit Donoso Cortès, n'ont de compétence pour imposer une peine à l'homme qu'en leur qualité de délégués de Dieu, et la loi humaine n'a de force que lorsqu'elle est l'application de la loi divine. Les gouvernements qui nient Dieu et sa loi se nient eux-mêmes. Nier la loi divine et affirmer la loi humaine, affirmer le crime et nier le péché, nier Dieu et affirmer un gouvernement quelconque, c'est nier ce qu'on affirme, affirmer ce qu'on nie, tomber dans une contradiction palpable. Quand les sociétés humaines en sont là, le vent des révolutions se lève, et rendant bientôt sa puissance à cette logique latente qui préside à l'évolution des événements, il supprime par une affirmation absolue et inexorable ou par une négation absolue et péremptoire les contradictions humaines... On dirait qu'un instinct infaillible fait comprendre aux gouvernements qu'ils ne peuvent avoir ni justice ni force que par le nom de Dieu. Dès qu'ils commencent à se séculariser, c'est-à-dire à se séparer de Dieu, ils laissent la pénalité s'affaiblir, comme s'ils avaient le sentiment que leur droit diminue. »

Messieurs, c'est à propos de la peine de mort surtout que la nécessité s'impose plus manifestement à l'esprit de prendre parti et d'accepter la vérité de la délégation divine, ou de nier l'existence du droit de punir.

Je vous disais que la peine de mort est injustifiable pour toute doctrine qui fait reposer l'ordre social sur un contrat et donne pour origine à l'autorité un fait humain. Il est inutile, sans doute, de démontrer cette assertion. Il serait difficile de supposer que dans ce pacte primitif, rêvé par des utopistes, les hommes eussent consenti à risquer leur liberté dans l'intérêt du plus grand nombre ; mais il est impossible de croire que, lors même qu'ils en auraient eu le droit, ils eussent éventuellement aliéné leur vie. Voici ce qu'un criminaliste [1] a imaginé pour concilier avec la théorie de l'origine conventionnelle de la société la légitimité de la peine de mort : « De même que dans le cas d'incendie j'ai le droit de me précipiter d'une fenêtre pour éviter une mort certaine, tout en courant le risque d'une mort douteuse ; de même aussi, en vertu du contrat social, j'ai le droit de me donner conditionnellement la mort pour échapper à la mort certaine qui m'eût attendu dans l'état de nature. » Ce droit, résultant d'un contrat qui n'a jamais été consenti, cet état de nature qui est si bien un état contre nature que l'auteur le compare au péril de l'incendie, ces extravagances feraient sourire si la question n'était de celles qui veulent être traitées avec un religieux respect.

Nous savons que l'usage de la peine de mort est universel, et que cette sanglante expiation a reçu l'assentiment unanime des nations de tous les temps. Nous savons aussi que le législateur inspiré du peuple hébreu a inscrit la mort au nombre des pénalités. Il y a là deux raisons de décider, qui nous autoriseraient à ne pas pousser plus loin l'étude de la question de légitimité absolue, sauf à réserver celle de la légitimité relative, si je puis ainsi parler, c'est-à-dire celle de la nécessité. Constatons cependant la solidité de

1. Spedalieri.

nos principes en montrant que par eux, et par eux seuls, les objections sont efficacement écartées.

L'existence de l'homme, dit-on, ne lui appartient pas. Il la reçoit et ne peut en disposer. La vie est un temps d'épreuve dont les jours sont comptés; nul n'a le droit de les abréger et d'enlever à l'homme une partie du temps pendant lequel il peut acquérir des mérites. On ajoute qu'il n'est pas licite à un juge faillible de prononcer une peine irrémissible et irréparable, et qu'enfin cette peine est immorale, car elle manque le but essentiel de la peine, qui est l'amendement du coupable.

Je ne crois avoir, dans ce résumé très sommaire, négligé aucune des idées essentielles à l'argumentation des divers adversaires, *en droit*, de la peine de mort. Je dis : des adversaires en droit, afin de réserver la seconde et subsidiaire partie de la discussion que j'indiquais tout à l'heure.

On a certes grandement raison d'affirmer que l'existence de l'homme n'appartient pas à l'homme, et, si l'on conclut de là que le suicide et le meurtre sont des crimes, on aura très logiquement raisonné. Mais ceux qui se font, contre la légitimité de la peine de mort, un argument de l'inviolabilité de la vie humaine, nient-ils qu'un fils puisse tuer un homme pour sauver la vie de son père? un mari pour sauver l'honneur de sa femme? Ce sont là, dira-t-on, des cas de légitime défense. Je pourrais répondre que, si la peine de mort est indispensable pour arrêter le bras des assassins, le coupable a, par son crime, rendu son existence incompatible avec le droit de la société, qui est aussi sacré que le droit de l'époux ou du fils. Mais je fais une autre question : du principe de l'inviolabilité de la vie humaine oseraient-ils conclure que toute guerre est un crime? que l'homme n'a pas le droit de risquer sa vie pour sauver celle de son semblable? qu'un soldat ne peut se sacrifier pour le salut de sa patrie et se rendre au poste où l'attend une mort certaine? Vous voyez, Messieurs, comment on doit entendre l'inviolabilité de la personne humaine. Il ne faut pas oublier que l'homme est, de fait et obligatoirement, associé; que de ce fait naît le droit prééminent de la société, qui peut aller jusqu'à exiger justement le sacrifice de la vie d'un individu pour le salut des autres. Or je vois bien la nécessité de rechercher, même quand il s'agit d'un coupable, si sa mort est nécessaire à la défense sociale, mais je ne comprendrais pas que la nécessité qui justifie la mort d'une multitude d'êtres innocents fût insuffisante à justifier celle d'un criminel. Ah! si Dieu n'est pour rien dans l'existence de la société et la constitution du pouvoir, je n'ai rien à répondre; nul, en effet, n'a le droit d'abréger les jours d'épreuve accordés à l'homme pour acquérir des mérites par le bon usage de sa liberté. Oui, nul, excepté Dieu cependant, et sans doute aussi ceux à qui il lui plaît de déléguer ce pouvoir souverain.

Cette considération de l'origine divine de l'ordre social et du droit n'est ni moins nécessaire, ni moins suffisante, pour répondre à l'objection tirée de la faillibilité du juge et de l'irrémissibilité de la peine. Il serait facile d'abuser de la possibilité des erreurs judiciaires pour nier le droit de punir, même de peines temporaires. Dans la plupart des cas, en effet, aucune réhabilitation ne peut réparer absolument le mal causé par la condamnation et la peine subie. De là résulterait, si l'on pressait un peu les conséquences, l'incompétence absolue de l'État à qualifier de délit et à punir aucune action humaine. On serait d'autant plus vite amené à prêter l'oreille à ce sophisme que si la peine de mort est supprimée pour les crimes capitaux, sous prétexte de la possibilité d'une erreur judiciaire, la disproportion entre les attentats atroces, le meurtre, le parricide, la trahison de la patrie, et les délits contre la fortune, est telle, que toute pénalité contre ces derniers paraîtrait excessive. J'aime mieux tirer de ces considérations une conséquence qui peut être acceptée par tous, c'est que la peine de mort ne doit être édictée que contre les crimes les plus monstrueux; que l'abus de la peine de mort n'est pas seulement une injustice, mais une dangereuse erreur législative, et qu'enfin la société ne doit recourir à ce dernier effort de la pénalité qu'après les constatations les plus évidentes et lorsqu'elle est rassurée par des preuves qui, même en l'absence de l'aveu du coupable, donnent à la conscience publique, comme à celle du juge, la plus entière sécurité. Mais la fonction de la justice sociale est dévolue à des hommes, et si l'infirmité du juge peut inspirer des appréhensions et motiver la recher-

che des garanties les plus sévères, elle ne suffit pas à
infirmer le droit que le juge mortel tient du Juge infaillible. Si épouvantable que soit la possibilité de la
mort d'un innocent, elle l'est moins que celle du désordre et de la ruine sociale, qui seraient la conséquence de l'abolition d'une peine nécessaire.

Vous avez pressenti, je n'en doute pas, la réponse à
faire à cette dernière objection : » La peine de mort
n'est pas réformatrice. » Un auteur que je vous ai
déjà cité s'est contenté de répondre : « Celui qui tue
ne réforme pas sa victime ! » Je trouve une réponse
moins dure et plus satisfaisante, formulée en termes
d'une précision remarquable par un philosophe chrétien [1] dont j'emprunte ici les paroles auxquelles je ne
saurais rien ajouter :

« L'amendement du coupable est assurément
une des fins du législateur, mais principale ou secondaire, subordonnée à une fin supérieure, ou tenant
toutes les autres sous sa dépendance : c'est la question.
Je répondrai donc que l'amendement du coupable est
une fin légitime que la loi doit s'efforcer d'atteindre,
mais fin secondaire qui demeure toujours dépendante
de la fin principale. Il y a un sophisme très commun
aujourd'hui, qu'il faut démêler pour trancher cette
difficulté dans sa racine. Ce sophisme consiste à
mesurer l'autorité publique sur l'autorité privée,
c'est-à-dire à les confondre ; de là ce raisonnement :
l'autorité paternelle inflige des peines dont la fin

____

1. M. l'abbé Chesnel, *les Droits de Dieu et les Idées modernes.*

principale est l'amendement du coupable; donc telle est aussi la fin du droit de punir que possède l'État. Non, cela n'est pas vrai. L'autorité paternelle, qui est privée, dont la fin est l'éducation des enfants, se trouve naturellement limité dans son droit de punir pour le bien de chacun d'eux pris individuellement, et subordonnée à l'amendement du coupable. Mais bien différente est l'autorité publique, qui s'applique directement au bien commun de la société entière. L'amendement individuel ne peut donc plus être sa fin principale. Dans les peines qu'elle inflige, ce qu'elle doit surtout avoir en vue, c'est le maintien de l'ordre, la proportion de la peine au crime et la défense de l'État. Donc, toutes les fois que le bien d'un *coupable* (ceci est essentiel, car il n'est jamais permis pour le bien commun de tuer un innocent), toutes les fois, dis-je, que le bien privé d'un coupable est inconciliable avec le bien public, il y aura lieu d'appliquer justement la peine de mort. »

Il faut conclure, Messieurs : la peine de mort est légitime si elle est nécessaire. Ici naît une question d'un autre ordre et sur laquelle je n'ai plus à raisonner avec des principes absolus et inflexibles. Un temps viendra-t-il où, sans péril pour l'ordre social, le législateur pourra rayer de nos codes ce moyen de justice extrême et dangereux? Il est permis de l'espérer, permis de le désirer surtout. Il n'est pas un philosophe, pas un chrétien, qui n'admette comme légitime et désirable une mitigation progressive des peines, proportionnée au progrès social dans l'amour et la pratique de la justice. A mesure que la civilisation se développe, l'homme devient accessible à des sentiments, sensible à la privation de certains biens que ne connaissent pas les peuples barbares. C'est ce que fait remarquer très judicieusement un homme de grande autorité dans la science du droit naturel, le Père Taparelli d'Azeglio : à mesure que la religion, la civilisation, les sentiments nobles et délicats ont plus d'empire sur un peuple, celui-ci devient sensible à des mesures moins violentes et, par conséquent, l'adoucissement des peines devient juste et nécessaire. Voilà pourquoi, aujourd'hui, au sein de l'Europe civilisée, les peines ont naturellement perdu de leur sévérité, avant même que la philanthrophie fît entendre ses plaintes et que les codes fussent corrigés. La religion et la nature accomplissaient dans le cœur de l'homme un travail secret et conduisaient doucement les fruits à leur maturité. Les novateurs, ajoute-t-il, ont cueilli ces fruits déjà mûrs et s'en sont rassasiés comme d'un bien qu'ils avaient eux-mêmes produit. Souvent, en cueillant ces fruits, ils essaient comme des sauvages d'arracher eux-mêmes la plante. La même chose a lieu, comme le remarque Balmès, au sujet de l'abolition de l'esclavage : l'Église y travaille depuis dix-huit cents ans, et aujourd'hui la philanthropie s'en glorifie comme d'un bien à elle appartenant.

Je ne sais si le monde verra un jour une nation chez laquelle le progrès moral sera assez universel et assez avancé pour que la mort des assassins ne soit

plus nécessaire à la sécurité publique. Ce que je sais,
Messieurs, c'est que ce progrès ne peut être attendu
que de la connaissance plus répandue et de la pratique plus constante des devoirs que la loi religieuse
impose aux hommes. Ce que je sais, c'est que la contrainte extérieure ne pourra se détendre qu'autant
que la contrainte morale, le sentiment du devoir,
exerceront sur les consciences une action plus efficace.
C'est à quoi doivent tendre les efforts de tous ceux
qui croient que la vertu des citoyens fait seule la sécurité et la grandeur des nations. Au moins est-il
permis d'espérer qu'un jour viendra où la société,
favorisant le règne de la justice de Dieu dans les
âmes, pourra, sans manquer au devoir de protéger
les bons et de maintenir l'ordre extérieur, n'user que
dans des cas de plus en plus rares de ce droit de glaive
qu'elle tient du Créateur.

Il en serait ainsi, Messieurs, si l'ordre chrétien régnait dans le monde.

Dans une prochaine conférence, j'essaierai de vous
dire ce qu'il faut entendre par l'ordre social chrétien.
Ce sera le résumé et le complément des idées que
nous aurons exposées jusqu'alors.

DIXIÈME CONFÉRENCE

L'ORDRE SOCIAL

De l'autorité et des conditions de l'ordre social chrétien. — Ce qu'est l'ordre. — Origine de l'autorité. — L'Église et la Révolution. — Les libertés nécessaires. — La Famille. — L'État. — L'Église. — L'idéal et le possible. — La hiérarchie sociale. — L'esclavage antique et les questions modernes. — La charité. — Le devoir des catholiques [1].

Messieurs,

Qu'est-ce que l'ordre? Il est peu de mots qui reviennent plus souvent dans les conversations et les polémiques quotidiennes; il n'est pas de désir plus souvent exprimé que celui dont ce mot est l'expression. Et cependant, de ceux qui l'attendent ou le promettent,

[1]. Les matières qui font l'objet de cette conférence ont été traitées avec une grande autorité par le R. P. Marquigny, de la Compagnie de Jésus, dans ses belles conférences de Troyes (1877), dont la *Revue catholique* a donné une substantielle analyse.

Je ne saurais trop recommander aussi la lecture des *Lois de la société chrétienne*, de M. Charles Périn, et du livre de M. l'abbé Chesnel, intitulé : *les Droits de Dieu et les Idées modernes*.

combien se sont demandé ce que c'est que l'ordre?

S'il s'agit de choses matérielles, on a bientôt répondu que mettre les choses en ordre, c'est les mettre à la place qui leur est marquée dans un plan conçu par une intelligence. Mises à leur place, les choses y restent jusqu'à ce qu'une volonté agissante les en éloigne. Mais si des choses nous passons aux personnes, puis des personnes aux familles et des familles aux nations, la question s'élève et se complique. Nous n'avons plus affaire à des êtres inconscients et inertes, mais à des êtres vivants et à des forces libres. Pour ces êtres, il est vrai de dire qu'ils seront, eux aussi, mis en ordre, quand ils seront à la place qui leur est destinée dans un plan conçu par une volonté supérieure. Mais ces êtres sont libres, et c'est leur déplacement volontaire qui produit le désordre, l'anarchie; d'où il faut conclure que l'ordre existe quand les forces libres agissent conformément à leur destination. Si donc nous cherchons une définition de l'ordre, nous pourrions dire, je crois, d'une façon générale : que l'ordre est la disposition des êtres et la direction des forces conformes à leur fin, c'est-à-dire conformes au droit. Nous sommes, vous le voyez, dans notre domaine, et nous ne nous écartons point de l'objet de nos études.

Si nous appliquons à l'ordre social cette définition, nous dirons que l'ordre social est la disposition des éléments sociaux et la direction des forces sociales conformes au droit, c'est-à-dire à la fin de la société. Il faut donc, pour avoir une idée juste et complète de ce qu'est l'ordre social, savoir de quels éléments essentiels la société se compose, et quelles sont les forces à l'impulsion desquelles ces éléments sont soumis. Déjà, dans nos précédents entretiens, lorsque nous avons parlé, par exemple, de la famille, du mariage, de la propriété, nous avons reconnu quelques-uns de ces éléments, signalé quelques-unes de ces forces. Je voudrais aujourd'hui, en vous parlant de l'autorité, achever cette étude.

Mais que dis-je : achever? Cette étude achevée, ce serait l'encyclopédie des sciences morales. Le droit naturel et la théologie ont, dans les problèmes que les questions de droit social soulèvent, une large et nécessaire part. Je n'ai pas la prétention de faire entrer, même dans la partie philosophique d'un cours d'introduction à l'étude du droit, les questions de théologie. Je ne le puis, ni ne le veux. Mais il reste une partie de notre programme encore inexplorée. Je l'aborde aujourd'hui et j'espère pouvoir, dans la sommaire indication des points essentiels de la question de l'autorité, donner à vos études une direction utile et la base assurée des vrais principes. Nous restons, vous le voyez, dans les limites de notre programme d'introduction à l'étude du droit. Comment un jurisconsulte consentirait-il à se désintéresser de la connaissance de l'origine du pouvoir, à ne savoir rien de l'autorité qui fait les lois?

Nous avons, jusqu'à ce moment, supposé l'existence d'une autorité sociale. La nécessité de l'autorité est un de ces axiomes qui ne se discutent pas; c'est une conception impossible que celle d'une société sans autorité, sans chef, sans pouvoir. Ce n'est pas sur la nécessité de l'autorité, c'est sur son origine, sur l'étendue de son domaine, que les philosophes et les jurisconsultes se divisent et se querellent.

Il n'y a pas de société sans un certain ordre. Il ne peut y avoir d'ordre sans autorité. L'autorité est donc un des éléments nécessaires de l'ordre social. Nous demeurons d'accord que la société, essentielle à la nature de l'homme, est d'origine divine, comme l'homme lui-même, qui ne peut, en dehors d'elle, pourvoir aux exigences de sa nature et tendre à sa fin. Pour vivre en dehors de toute société, a dit Aristote, il faudrait être plus ou moins qu'un homme. La société, nécessaire à la nature de l'homme, n'a pas une origine autre que celle de l'homme, et l'autorité nécessaire à la société n'a pas une origine autre que celle de la société, qui ne peut exister sans elle. Il faut conclure que l'autorité est d'origine divine. Je vous ai fait entendre la voix de Cicéron, affirmant que ce n'est pas l'opinion qui fait le droit, mais que le droit est constitué par la nature : *Non opinione sed natura jus constitutum;* que le pouvoir a pour mission d'ordonner ce qui est juste et d'en procurer l'exécution. Platon demande à Clinias : Quel est celui qui passe chez vous pour le premier auteur de vos lois? est-ce un dieu? est-ce un homme? Et il met dans la bouche du Crétois cette réponse : Étranger, c'est un dieu; nous ne pouvons avec justice accorder ce titre à d'autres que Dieu.

Les plus beaux génies de l'antiquité païenne ont proclamé cette vérité et démenti d'avance la théorie révolutionnaire, dont les conséquences menacent d'ébranler jusque dans ses assises l'édifice social; cette théorie, que je vous ai signalée comme le dernier mot des erreurs de Rousseau, comme la formule de l'orgueil révolté, je veux dire la théorie de l'origine humaine du pouvoir, l'hypothèse de l'homme créant lui-même l'autorité.

Ce que la lumière de la raison avait révélé aux païens, Dieu l'a dit à son peuple : « C'est par moi que règnent les rois... C'est par moi que les princes commandent et que les puissants rendent la justice... O rois, c'est par le Seigneur que la puissance vous a été donnée, et votre pouvoir vient du Très-Haut. » Je pourrais multiplier les citations puisées dans les Livres saints; celles-ci suffisent. Il n'y a pas longtemps qu'en cherchant l'origine du droit de punir je vous rappelais ce texte si formel de saint Paul : *Non est potestas nisi a Deo*, il n'y a pas d'autorité à moins qu'elle ne vienne de Dieu; et cette parole, dont la concision renferme de si hautes conséquences : Le prince est le ministre de Dieu pour le bien.

J'ai dit : l'autorité, le pouvoir est d'origine divine; je n'ai pas dit : la forme du pouvoir [1]. Qu'il nous suffise

1. Les lois particulières des nations, et, si l'on veut, la forme dont l'autorité s'y administre peut venir des hommes, mais la source de toute autorité est essentiellement en Dieu; et la raison seule nous dit que ce n'est point leur propre autorité qu'exercent les rois, mais l'autorité de Dieu. Si ce n'était qu'en leur nom que régnassent les rois, je ne vois pas quel pourrait

sur ce point de proclamer que tout pouvoir légitime vient de Dieu, et que la révolte contre le pouvoir légitime, sous quelque forme que ce pouvoir soit constitué, est une révolte contre le droit divin. Je laisse à des paroles autorisées le soin de vous éclairer sur les graves et difficiles questions que fait naître ce mot de légitimité. Je ne suivrai pas les théologiens dans la recherche des signes par lesquels se manifeste la légitimité du pouvoir, bien moins encore dans leurs discussions sur la redoutable question de la tyrannie, de la résistance légitime et de l'amissibilité du pouvoir. Ce qu'il faut avant tout et absolument savoir, le voici : Le pouvoir social est voulu de Dieu, établi par lui et par conséquent dépendant de lui et limité par lui. Cela suffit pour connaître l'origine du droit et éclairer la recherche des conditions de l'ordre social. La perfection ou l'imperfection de la forme politique est une autre question. Ce qui est vrai, c'est que toute société vivante veut une autorité; que cette autorité, si elle est légitime, vient de Dieu, et que toute autorité illégitime n'est qu'un accident de violence et d'usurpation. Je m'en tiens à ce principe fondamental, reconnu

être le fondement du respect qui leur serait dû par les peuples. Et si l'on disait qu'ils ne règnent que par les peuples, où serait le domaine de Dieu sur la terre ? Car, dans les États mêmes où la couronne est élective, on ne peut pas dire que les princes exercent l'autorité des peuples, puisque les peuples ne sauraient donner une autorité qu'ils n'ont pas eux-mêmes sur eux-mêmes. Ces peuples, dans l'élection d'un roi, ne font donc que désigner le ministre visible, non point de leur autorité, mais de l'autorité de Dieu sur eux.

(*Extrait des écrits du Dauphin*, père de Louis XV.)

par la pure raison et confirmé par la parole de Dieu lui-même. Je ne veux pas examiner aujourd'hui la question du mode de communication du pouvoir; question sur laquelle les opinions restent libres et qui partage les philosophes et les théologiens. Elle ne rentre pas dans le cadre de cette étude.

J'ai dit que le pouvoir légitime voulu de Dieu, établi par lui, est dépendant de lui; et j'ai indiqué déjà que c'est dans la notion de l'origine du pouvoir et de la fin pour laquelle il est créé qu'il faut chercher celle de sa mesure et de sa limitation. J'ajoute que c'est dans la doctrine de l'origine et de la fin divine du pouvoir social, dans cette doctrine seule, que la raison peut découvrir, et par elle la politique réaliser, des garanties pour toutes les libertés contre tous les despotismes.

Suivons un peu plus loin cette idée et vous verrez que nous entrons ainsi dans le cœur même de l'étude de l'ordre social chrétien, c'est-à-dire de l'ordre conforme à la justice.

Quel est donc le domaine propre du pouvoir politique? Cela revient à se demander quelle est sa fonction, dans quel but, pour quelle fin il existe. La réponse, vous l'avez déjà faite. Il me suffira, pour en trouver la formule, de reprendre quelques-unes des idées avec lesquelles vous êtes déjà familiarisés.

L'homme, créature de Dieu, n'a pas d'autre fin que Dieu. La société est le moyen par lequel l'homme est mis à même de parvenir à sa destinée immortelle. Eh bien, la souveraineté politique a pour fonction d'assurer l'ordre nécessaire à l'humanité pour atteindre la fin sociale; rien de moins, rien au delà. C'est dans ce sens qu'il faut entendre une parole de Bossuet : « La vraie fin de la politique est de rendre la vie commode et les peuples heureux. » Le pouvoir a donc charge du bien public, c'est-à-dire de ce bien temporel, de cette sécurité dont la possession est nécessaire à chaque homme pour la conservation de sa vie, pour le libre développement de ses facultés, pour l'exercice de ses droits et pour l'usage de la liberté essentielle d'accomplir son devoir.

Cette conception chrétienne de la souveraineté, de la limitation par l'autorité divine du pouvoir humain, de la préexistence du Droit aux formules législatives et de l'inviolabilité de la conscience, rencontre la contradiction de l'affirmation rationaliste et de la théorie révolutionnaire. Proudhon a peint, avec une effrayante sincérité, la profondeur de l'abîme qui nous sépare de ces doctrines : « Une critique supérieure nous conduit à reconnaître, d'un côté, que hors de l'Église chrétienne et catholique il n'y a ni Dieu, ni théologie, ni religion, ni foi; d'autre part, que la société doit être fondée sur la justice pure, raison pratique du genre humain, dont l'analyse et l'expérience s'accordent à démontrer l'incompatibilité, dans l'ordre social, avec la conception d'un monde surnaturel, avec la religion. L'Église croit en Dieu; elle y croit mieux qu'aucune autre secte; elle est la plus pure, la plus complète, la plus éclatante manifestation de l'essence divine, et il n'y a qu'elle qui sache l'adorer. Au point de vue religieux, le catholicisme latin est resté, et de beaucoup, ce qu'il y a de plus rationnel et de plus complet; l'Église de Rome, malgré tant et de si formidables défections, est la seule légitime. D'où vient alors qu'elle souffre de toutes parts contradiction? Ah! c'est que l'âme humaine, bien qu'elle se dise religieuse, ne croit en réalité qu'à son propre arbitre; c'est qu'au fond elle estime sa justice plus exacte et plus sûre que la justice de Dieu; c'est qu'elle aspire à se gouverner elle-même par sa propre vertu; c'est qu'elle répugne à toute constitution d'Église, et que sa dévorante ambition est de marcher dans son autonomie. La Révolution affirme la justice; elle croit à l'humanité; c'est pour cela qu'elle est invincible et qu'elle avance toujours [1]. »

Vous entendez, Messieurs, la justice pure, raison pratique du genre humain, incompatible dans l'ordre social avec la religion... la justice de l'âme humaine plus exacte et plus sûre que la justice de Dieu!... Ce blasphème est le mot de l'hérésie moderne, de la grande et dernière erreur.

La Révolution, écrit le terrible logicien, croit à l'humanité. Cela veut dire qu'elle croit à l'homme et nie Dieu. C'est pourquoi la Révolution, qui est le rationalisme politique, fonde l'État public sur la volonté de l'homme et sur l'ordre humain, affirme que l'autorité émane du peuple et que la société a pour but,

1. *La Justice dans la Révolution et dans l'Église*, t. I, p. 26.

non pas d'accomplir la loi divine, mais d'exécuter la volonté de l'homme.

De là naît la conception, renouvelée du paganisme, de l'État-Dieu. En dehors de toute tradition, la volonté générale, autrement dit la volonté arbitraire et mobile de la majorité, crée chaque jour le pouvoir. Le principe de toute souveraineté, d'après la *Déclaration des droits de l'homme*, réside essentiellement dans la nation. Une génération ne peut assujettir à ses lois la génération suivante, et par conséquent un peuple a toujours et à toute heure le droit de revoir, réformer et changer sa constitution. Il résulte de là que la justice, la morale, le droit ne sont que l'expression actuelle de l'opinion du plus grand nombre, de la raison générale, seule souveraine. L'État ainsi constitué, étant indépendant de toute loi supérieure, ne doit rien aux générations à venir de ce que le passé lui a légué, et il absorbe dans son indiscutable omnipotence toutes les puissances individuelles ou associées et toutes les libertés. D'où lui viendrait l'obstacle, puisqu'il est le droit et qu'il a la force? Voilà le suprême désordre; car le principe fondamental de l'ordre social, c'est la reconnaissance du droit absolu du Créateur sur l'homme et sur la société humaine. La Révolution, Proudhon ne l'a pas dissimulé, est essentiellement la négation radicale de ce principe.

N'étais-je pas autorisé à vous dire que c'est dans la notion de l'origine de l'autorité sociale, et de la fin pour laquelle elle est créée, que la raison peut trouver des garanties pour la liberté? Nous sommes, en effet, autorisés à tirer de ce qui vient d'être dit cette conclusion : que l'autorité légitime, nécessaire à la société, ne peut rien entreprendre contre les lois supérieures, immuables, éternelles, c'est-à-dire contre l'ordre divin, et qu'elle doit assurer à chaque individu la liberté d'être fidèle à cet ordre et d'obéir à ces lois.

C'est ce que nous avons appelé la liberté de faire son devoir, liberté de droit naturel, mère et maîtresse de toutes les libertés nécessaires, de ces libertés sociales dont les libertés d'ordre secondaire, qu'on appelle politiques, ne doivent être et ne sont que les instruments et les garanties plus ou moins efficaces, selon l'état des institutions et des mœurs.

C'est une liberté nécessaire que la liberté personnelle, c'est-à-dire la possibilité laissée à l'homme d'employer ses facultés à l'accomplissement de la fin à laquelle la Providence l'a destinée. Elle comprend la liberté de fonder une famille. Elle comprend la liberté d'association; je dis d'association pour le bien, et je n'entends pas parler seulement du bien spirituel et moral, ou, en d'autres termes, de la liberté religieuse, mais aussi du bien matériel, de la richesse, toutes les fois que l'association formée dans ce but ne viole pas les lois naturelles de la société et ne menace pas l'ordre public. Dans les mêmes limites et sous les mêmes réserves, l'homme a le droit de communiquer sa pensée, de donner et de recevoir la vérité, c'est-à-dire d'enseigner et d'être enseigné. La liberté de conscience repose dans un sanctuaire impénétrable à la violence, et Dieu seul peut atteindre dans l'âme de l'homme la pensée qui ne se livre par aucune manifestation extérieure. Mais l'homme doit à Dieu autre chose qu'un culte intérieur et muet, et la liberté du culte extérieur est le corollaire nécessaire de la liberté de faire son devoir, le premier, je devrais dire le seul droit de l'homme, car il renferme tous les autres. Nous avons déjà démontré que la liberté de posséder avec sécurité les biens matériels, la liberté de la propriété individuelle, est une liberté sociale. Nous aurons à parler tout à l'heure d'une liberté qu'il faut sans hésiter mettre au premier rang, car elle donne à tout le corps social le mouvement, l'impulsion et la vie, c'est la liberté de la charité, force motrice de l'ordre social chrétien.

C'est la proclamation de ces principes, c'est la prédication de ces libertés nécessaires, qui a ouvert l'ère de la civilisation chrétienne et détruit l'esclavage, base de l'organisation sociale avant Jésus-Christ. L'incompatibilité est absolue entre le pouvoir souverain de l'homme sur l'homme et le Décalogue, dont chaque commandement renferme une négation de l'esclavage et une garantie de liberté pour l'âme et pour le corps. Il y a là un sujet de méditation et d'étude que je vous signale. Il vous formera pour la controverse; vous comprendrez que seules l'ignorance ou la haine peuvent refuser à la religion chrétienne l'honneur de l'abolition de l'esclavage. Vos réflexions confirmeront cette vérité faite pour surprendre les esprits inattentifs, à savoir : que la liberté, si l'on en cherche une définition générale, n'est rien autre chose que la faculté garantie à l'homme d'obéir à la loi divine.

Vous n'avez pas oublié, Messieurs, les conséquences que nous avons tirées, dans les leçons précédentes, des principes que je viens de rappeler et l'application que nous en avons faite en traitant du mariage et de la propriété. Il faut aujourd'hui pousser cette étude plus loin, et considérer les rapports entre le pouvoir politique ou la société civile, et les deux autres sociétés auxquelles l'homme appartient : la société domestique et la société religieuse. Nous disions tout à l'heure que l'ordre est la disposition des êtres et la direction des forces conformes à leur fin ! sachons donc quelle place doivent occuper, dans l'ordre général des sociétés humaines, ces trois pouvoirs coexistants : le pouvoir paternel, le pouvoir civil et le pouvoir religieux, en d'autres termes : la Famille, l'État, l'Église.

La Révolution, pour parler comme Proudhon, hait la famille dont l'institution chrétienne oppose à l'œuvre de désorganisation et de nivellement absolu un insurmontable obstacle. Dans la famille, en effet, tout est contradictoire à l'idée révolutionnaire : l'autorité qui vient de Dieu, l'obéissance inspirée par l'amour et le sentiment du devoir, le respect de la tradition, le sentiment de l'unité et de l'indépendance. Aussi l'État-Dieu attaque la famille par tous les côtés à la fois. Par le divorce, il relâche et avilit le lien conjugal; par les lois de succession et la négation

de la liberté testamentaire, il empêche la perpétuité
de la propriété et la transmission du foyer domestique; par l'enseignement obligatoire de l'État, il
enlève l'enfant aux parents, et, par la suppression
du caractère religieux du mariage, il vicie dans sa
source, en lui enlevant sa dignité, l'autorité paternelle.
Vous vous souvenez du désaccord absolu qui existe
entre l'affirmation chrétienne et l'affirmation révolutionnaire, sur cette question capitale. Le mariage,
d'après les partisans de l'État sans Dieu, est un acte
civil, un contrat dont l'État règle seul, comme de
tous les autres contrats, les conditions, la légitimité
et les effets. Le mariage, suivant la loi naturelle, est
l'union indissoluble de l'homme et de la femme, instituée par Dieu en vue de la procréation et de l'éducation des enfants. Le mariage est un droit naturel
inhérent à la personne humaine, droit auquel l'individu peut renoncer, mais dont nul pouvoir humain
ne peut le priver. Le mariage est le fondement de la
famille, qui, en fait et en droit, préexistant à l'État,
est indépendante de lui, dans tout ce qui est essentiel
à sa constitution et à sa vie. Tous les peuples, l'histoire nous l'apprend, ont cru que le mariage est d'institution divine, parce qu'il répond à l'un des instincts
les plus vifs et les plus essentiels de la nature humaine.
L'État n'a donc aucune autorité sur ce qui est la substance du mariage; il a seulement, mais il a seul,
mission de régler les effets civils du mariage contracté, et dont il lui a été régulièrement donné connaissance. Ainsi, sous l'empire de la loi naturelle, le

mariage est en dehors et au-dessus de la sphère d'action de l'État. Il y échappe par un motif plus décisif encore, sous l'empire de la loi chrétienne, puisqu'il a été élevé à la dignité de sacrement. L'incompétence du pouvoir civil apparaît ici avec une complète évidence.

La famille antérieure à l'État jouit, vous disais-je, de droits propres et inaliénables, indépendants de l'État quant à leur existence ; mais elle est obligée de demander la sanction de ces droits à la loi civile. C'est pourquoi, dans la hiérarchie sociale, l'État est supérieur à la famille. Cependant il n'a qu'un pouvoir de protection et il ne peut, sans franchir la limite que lui imposent sa nature et sa destination, empiéter sur les droits des époux ni sur l'autorité des parents ; ces droits et cette autorité ne sauraient être limités dans leur exercice que par les nécessités de l'ordre public, de l'intérêt général et de la paix sociale. Nous conclurons de ces prémisses que l'État ne doit porter atteinte ni à la liberté, ni au caractère religieux, ni à l'indissolubilité du mariage Il ne peut pas mettre obstacle à l'accomplissement, par le père, du devoir essentiel de donner à ses enfants une éducation chrétienne. Je n'insiste pas sur ces idées qui ont reçu dans les leçons précédentes un développement suffisant. Nous achèverons, en parlant de la société religieuse, ce qui reste à dire de l'enseignement, obligation formelle et droit imprescriptible de l'Église.

Sur la propriété, sur son origine, sa nature, sa légitimité et la protection qui lui est due par le pouvoir civil, je n'ajouterai rien. J'ai donné à l'examen de ces questions toute l'étendue que comporte un cours d'introduction.

Il nous reste à traiter de la société religieuse et de l'autorité qui la gouverne. C'est, vous le comprenez sans peine, une partie essentielle de l'étude des conditions de l'ordre social chrétien.

Je ne dis pas : l'ordre social; je dis, l'ordre social chrétien. Pourquoi? Je vais l'expliquer.

C'est sans doute une étude intéressante que celle des conditions de l'ordre social en dehors du christianisme. L'homme, en l'absence de toute révélation, éclairé de la seule lumière naturelle de la raison, peut, avec certitude, connaître Dieu et les lois de l'ordre naturel. Aussi l'état social des nations païennes n'était pas l'anarchie. Ces peuples ont connu la nécessité et les conditions premières de l'autorité et de la hiérarchie. Ils n'ont point méconnu le caractère religieux du mariage; ils ont puni les attentats contre les personnes et contre la propriété. Le Créateur n'a refusé à aucun homme, à aucun peuple, avant le temps marqué pour la manifestation du Verbe, les lumières nécessaires à la direction de leur vie vers leur fin providentielle. Il existait donc avant le christianisme, et il peut exister encore chez les peuples non baptisés ou infidèles à la loi chrétienne, un ordre social plus ou moins imparfait. Mais je n'écris pas un traité de droit naturel; j'enseigne, dix-huit cents ans après la révélation divine de la vérité. Mes auditeurs sont citoyens d'une nation qui est catholique depuis quatorze siècles. Nous n'avons à défendre ni la propriété contre les Gracques, ni les dieux de Rome contre Catilina, mais la civilisation chrétienne contre la Révolution. Il faut donc parler de l'Église, Messieurs, ou renoncer à traiter du droit public moderne.

Il ne peut exister et il n'exista jamais de société sans un ordre spirituel, parce que l'homme est une intelligence. Il est, du reste, impossible de ne pas tenir compte d'un fait dont l'importance domine l'histoire depuis bientôt dix-neuf siècles. Jésus-Christ a vécu, il a enseigné, l'Église existe. C'est un fait, je le répète, un fait qui s'impose aux incroyants aussi bien qu'aux fidèles.

L'Église existe à l'état de société parfaite, non pas en ce sens, faut-il le dire? que tous ses membres, que tous ses chefs soient parfaits, mais en ce sens qu'elle est contituée de façon à trouver en elle-même, sans le secours d'aucune autorité supérieure, tout ce qui lui est nécessaire pour atteindre sa fin. L'Église a le pouvoir de légiférer; elle a un gouvernement; ce gouvernement a le pouvoir de condamner et de punir les infractions aux lois qu'il a promulguées. Pouvoirs législatif, administratif, judiciaire et coercitif, s'exerçant sur des sujets obéissants; vous le voyez, l'Église a tout ce qui constitue une société indépendante et souveraine.

Quelle place l'autorité qui gouverne cette société des âmes occupe-t-elle dans la hiérarchie des pouvoirs auxquels l'homme est soumis? Tant que cette question n'est pas résolue, on n'est pas arrivé à une conception scientifique des conditions de l'ordre social chrétien.

Il faut, pour atteindre la solution cherchée, suivre la méthode qui nous a servi à définir la sphère d'action du pouvoir politique. Sachons donc quelle est la fonction de l'autorité religieuse, c'est-à-dire pour quelle fin elle a été créée; nous apprendrons ainsi quelle est l'étendue de son pouvoir et quel rang lui appartient... « La fin propre de l'Église, dit un savant prélat[1], est le bien spirituel des âmes et leur salut éternel, c'est-à-dire la fin dernière de l'homme, et ainsi la vraie fin. » Quant à l'étendue du pouvoir conféré à l'Église pour atteindre ce but et accomplir sa mission, elle n'a pas d'autre limite que le pouvoir de Dieu lui-même. C'est le divin fondateur de l'Église que j'en prends à témoin : « Comme mon Père m'a envoyé, dit-il, ainsi je vous envoie. Tout pouvoir m'a été donné au ciel et sur la terre. Allez donc, enseignez toutes les nations. »

Nous voici amenés à une première conclusion : c'est que, dans l'ordre spirituel, l'Église est souveraine et n'a à compter avec aucune autorité étrangère. Ce n'est pas contre cette affirmation que les révoltes sont les plus ardentes. Tous les catholiques l'acceptent sans hésitation, et la plupart des contempteurs de l'ordre divin affectent de traiter avec une tolérance dédaigneuse cette autorité confinée dans le

---

1. Mgr Dechamps, cardinal archevêque de Malines.

domaine des intelligences, et n'obligeant que celles à
qui il plaît de s'y soumettre. Mais quand, à titre de
société parfaite et souveraine, l'Église revendique sa
complète indépendance du pouvoir civil dans le plein
exercice de sa mission spirituelle, quand elle affirme
que l'État lui doit, pour l'exercice de cette mission,
non seulement la liberté, mais une protection efficace,
et qu'il ne peut rien faire légitimement de contradictoire non seulement aux principes du droit naturel,
mais encore aux vérités révélées dont l'Église a la
garde, aussitôt l'accord se fait contre cette prétention
entre les déistes qui nient la divinité de Jésus-Christ,
les protestants qui nient l'existence de l'Église, et
même certains catholiques égarés par l'utopie libérale. Ceux-ci croient opportun de repousser toute
idée de ce qu'ils appellent un privilège pour l'Église,
et de revendiquer pour elle, non seulement en fait,
mais en principe, le droit commun à toutes les associations vivant sous l'autorité de l'État, qui leur
donne ou leur refuse à son gré le caractère public [1].

Et, cependant, la raison et la logique imposent la
vérité à ceux-mêmes dont les yeux sont fermés à la
lumière de la foi. L'Église n'est pas seulement égale
à l'État; car, par sa nature même, la puissance spirituelle, qui régit les choses humaines en vue de la
fin immortelle des âmes, est supérieure à la puissance temporelle, qui a pour objet immédiat et direct

---

1. Sur le terrain du droit, disait M. Falk, ministre des cultes
prussien, l'État est supérieur à l'Église, et, en face de lui, l'É-
glise n'est rien de plus qu'un collège ou une corporation.

16.

les intérêts du temps présent. De ces deux puissances, l'une est évidemment dirigeante, l'autre subordonnée. Je dis hiérarchiquement subordonnée, et non totalement assujettie, car les deux puissances restent distinctes, et la société civile est absolument indépendante et maîtresse dans la sphère de son action. Mais, lorsqu'une question touche au domaine spirituel, à la liberté de la conscience, à la loi morale, l'autorité spirituelle la juge seule et sans appel.

Les motifs de décider ainsi sont évidents. Le premier, c'est que les catholiques ne sont libres qu'autant que l'autorité à laquelle ils obéissent en matière de foi n'est soumise, dans l'exercice de sa mission spirituelle, à aucun contrôle, à aucune autorité étrangère. C'est ainsi que nous revendiquons, non pas à titre de concession de l'État, mais comme un droit absolu, la liberté d'être enseignés par l'Église. Le second motif est que l'Église tient de Dieu même une autorité supérieure à celle du pouvoir civil, qui a la même origine, mais non la même fonction qu'elle.

C'est pourquoi il est vrai de dire que les deux pouvoirs sont distincts et indépendants dans leur sphère propre, mais non pas séparés, et lorsque de leur rencontre permanente, quotidienne, sur tous les points de l'existence sociale, naît un conflit de compétence et d'attribution, lorsqu'un doute s'élève sur les limites de l'un ou de l'autre domaine, le jugement appartient au pouvoir spirituel, à l'autorité infaillible en matière de foi. Ainsi est marquée la place, ainsi sont réglées, en principe et en vérité, les relations des deux pouvoirs. « La fin de l'État, dit Mgr Dechamps, dont j'ai cité il y a un instant les premières paroles, doit évidemment être en harmonie avec la fin dernière. La raison le veut comme la foi, car la raison cesserait d'être la raison ou serait infidèle à elle-même, si elle s'arrêtait à des fins immédiates ou intermédiaires, sans les rapporter à la fin dernière. Elle prendrait alors les moyens pour la fin et manquerait infailliblement son but. Il est donc évident que la fin de l'État doit être subordonnée à la fin dernière de l'homme, et que, par conséquent, l'autorité civile, *en matière de fin dernière ou de religion*, doit être subordonnée aussi à l'autorité religieuse, constituée de Dieu, c'est-à-dire l'Église catholique.

Pour résumer en quelques mots les conditions de l'ordre social chrétien, quant aux rapports des pouvoirs, on peut dire : que sur toutes les questions de simple utilité sociale, les gouvernements décident souverainement et avec une entière indépendance, à une seule condition, qui est de ne rien faire de ce que l'Église condamne comme contraire à la loi de Dieu.

Je vous ai exposé la thèse de droit, Messieurs, et les principes que l'Église, gardienne du droit, a toujours énergiquement défendus. Mais il y a loin de l'idéal aux possibilités humaines, et l'Église, poursuivant sous les régimes les plus divers sa mission divine, sait tenir compte de l'infirmité et des passions humaines et de l'impuissance des gouvernements à faire tout le bien et à empêcher tout le mal. « Le gouvernement humain, dit saint Thomas, dérive du gouvernement divin et doit l'imiter. Or Dieu, bien que tout-puissant et infiniment bon, permet néanmoins que dans l'univers il se fasse du mal, qu'il pourrait empêcher; il le permet de peur qu'en l'empêchant, de plus grands biens ne soient supprimés ou de plus grands maux provoqués. De même donc, dans le gouvernement humain, les chefs tolèrent avec raison quelque mal, de crainte de mettre obstacle à un bien ou de causer un plus grand mal, comme le dit saint Augustin dans le *Traité de l'ordre*. »

« Nous sommes, écrit M. Charles Périn, réduits, par la crainte d'un plus grand mal, à transiger avec des cultes qui ne représentent que la vérité diminuée, comme les confessions protestantes, ou qui procèdent de l'erreur obstinée, comme le culte judaïque. Parfois on est allé plus loin; on a cru pouvoir pousser la transaction jusqu'à placer sous la protection de la loi la négation même de Dieu; comme s'il pouvait y avoir un lien d'unité sociale entre des hommes qui ne trouvent plus en Dieu l'unité de leur vie. Une pareille tolérance n'est plus une transaction, c'est une abdication du droit social et du devoir social dans leur essence. »

Nous ne pouvons pas, Messieurs, être en pratique plus exigeants que l'Église, et nous devons bien être de notre temps que nous n'avons pas choisi. Mais il faut maintenir hautement et sans défaillance les principes à leur hauteur, et la vérité dans la plénitude de

-ses affirmations. L'accord total entre la loi divine, la morale parfaite et les lois civiles ne s'est pas rencontré dans l'histoire de l'humanité déchue. L'ordre civil moderne est bien loin sans doute de réaliser l'ordre supérieur de charité et de justice, dont les lois de l'Église présentent le type achevé. Le devoir des jurisconsultes est de reconnaître ce type divin, de le faire aimer en le faisant connaître, et de montrer le but que les législateurs doivent s'efforcer d'atteindre. Chaque pas fait par un peuple pour se rapprocher de cette perfection idéale de l'ordre social est un progrès dans la paix, une garantie de sécurité, un gage de vie et de grandeur, une conquête de véritable liberté.

Mais il y a, Messieurs, un point au delà duquel ne peut aller la tolérance; il y a une concession impossible; jamais l'Église ne renoncera à sa liberté.

« Vous n'êtes pas libres, disait un jour à la tribune mon éloquent ami le comte Albert de Mun, vous n'êtes pas libres de déterminer où commence et où finit l'Église catholique; elle était avant vous et sa constitution divine échappe à votre discussion. Société parfaite, sortie tout organisée des mains de son fondateur, elle a par là même des droits imprescriptibles, qui s'attachent à des racines aussi anciennes que le monde et qui trouvent dans l'asile inviolable de l'âme humaine d'inébranlables fondements. L'Église, qui sait, pour sauvegarder sa mission sur les âmes, se plier par des conventions avec le pouvoir civil aux concessions les plus amples, réserve toujours dans les actes de ce genre un point sur lequel elle ne transige pas et qu'elle regarde comme son bien le plus précieux, c'est sa liberté. Et voilà pourquoi le premier mot du Concordat est celui-ci : « La religion « catholique sera librement exercée en France. » C'est-à-dire que l'État garantit à l'Église la liberté de son enseignement, la liberté de sa discipline, de son organisation hiérarchique et de son culte. » Puis il revendiquait pour l'Église, comme conséquences nécessaires de la propriété absolue de sa doctrine, la liberté de sa parole et la liberté de son gouvernement. Ces conclusions seront les nôtres. et vous êtes, je l'espère, convaincus que, là où ces libertés manquent, il y a violence, usurpation et désordre.

Je ne suis cependant pas arrivé au terme de cet exposé, si long déjà et pourtant si incomplet. Je m'effraye, je vous l'avoue, de la témérité d'une entreprise qui m'oblige à enfermer dans un espace étroit une étude qui demanderait de longs développements, à mettre pour ainsi dire tout un traité dans les notions préliminaires, ou, pour parler plus justement, à vous donner le résumé d'un livre qui n'est pas fait. Achevons cependant, et Dieu veuille que je n'aie pas sans profit pour vous essayé de vous montrer le but et de poser sur la route qui vous y conduira les jalons qui marquent les étapes et signalent les périls!

L'ordre social, disions-nous, est la disposition des éléments et la direction des forces conformes au droit, c'est-à-dire à la fin de la société humaine.

Nous avons parlé de l'autorité, étudié sa nature,

cherché son origine. Nous avons indiqué le rôle des divers pouvoirs auxquels l'homme et la société obéissent, la place de chacun d'eux et la limite de leur action. Nous nous sommes particulièrement attachés à nous faire une juste idée du devoir social qui incombe au pouvoir politique. Mais, cela fait, nous n'avons pas achevé l'énumération des diverses forces dont l'action influe sur l'organisme social. Les trois pouvoirs religieux, paternel, civil, dont nous avons traité, sont des forces : ce ne sont pas les seules.

Nous avons fait voir que le pouvoir civil n'a pour mission que d'imposer à tous la justice et de supprimer les obstacles que la ruse ou la violence opposent à la liberté des efforts individuels et collectifs, dirigés vers le but désigné par la loi supérieure à l'activité humaine. Son action s'arrête à cette limite si bien définie par un jurisconsulte qui est en même temps un écrivain et un critique éminent [1] : « Le droit est cette portion de la vérité morale qui intéresse directement l'ordre extérieur et que la loi civile peut rendre obligatoire. »

Maintenant donc, c'est l'homme, c'est l'individu qu'il nous faut voir agir sous la protection d'un pouvoir légitime, agir conformément à la justice dans la hiérarchie sociale et sous l'impulsion de la charité !

Messieurs, il n'y a pas de société sans hiérarchie. La hiérarchie, l'inégalité des fonctions et des situations, est la conséquence d'un principe certain, l'éga-

[1] M. Ph. Serret.

lité des droits, et d'un fait indéniable, l'inégalité naturelle, entre les individus, des aptitudes et des forces.

L'égalité des droits, c'est le christianisme qui l'a proclamée. L'antiquité ne la connaissait pas plus qu'elle ne connaissait la liberté. Elle en prononçait les noms, mais elle n'avait, à vrai dire, l'idée et encore moins l'amour ni de l'une ni de l'autre.

L'État païen est à lui-même sa règle de justice. Tout lui appartient, choses et hommes, les âmes comme les corps. « C'est une grave erreur, d'après Aristote, de croire que chaque citoyen est maître de lui-même. Ils appartiennent tous à l'État, puisqu'ils en sont tous des éléments et que les soins donnés aux parties doivent concorder avec les soins donnés à l'ensemble. » Le temps me manque pour vous montrer à quelles effroyables conséquences la logique conduisait, sans le faire reculer, le philosophe païen. C'est lui qui dit encore : « Quand on est inférieur à ses semblables autant que le corps l'est à l'âme, la brute à l'homme, et c'est la condition de tous ceux chez qui l'emploi des forces corporelles est le seul et meilleur parti à tirer de leur être, on est esclave par nature. »

C'est sous cette loi de fer que l'humanité a vécu jusqu'au jour où le Christ-Rédempteur a proclamé la loi d'amour. Il a enseigné qu'entre les hommes rachetés l'égalité est parfaite : égalité d'origine, égalité de vocation, égalité de devoirs, égalité dans la soumission due au même maître, égalité dans l'imprescriptible liberté de tendre à sa fin, c'est-à-dire de développer sans obstacle, vers un but commun, les facultés inégales que la nature a départies à chacun.

J'ai dit : facultés inégales, et je justifie ainsi l'inégalité des situations et des fonctions sociales qui est, vous le voyez, une conséquence nécessaire de l'égalité des droits. La liberté a pour corollaire obligé l'inégalité de rang, de fortune et d'emploi. Les utopistes ne peuvent la rayer de leurs plans, dans les plus audacieuses hypothèses, qu'en refusant à l'homme la propriété des fruits de son travail, ou en rêvant je ne sais quelle évolution de la végétation humaine, qui ramènerait les êtres à un type uniforme de force physique et morale, mais qui ne parviendrait pas, je suppose, à supprimer les inévitables faiblesses de l'enfant et du vieillard, ni les infirmités, ni la mort.

L'homme a beau s'indigner et perdre dans les régions imaginaires d'un progrès indéfini les rêves exaltés de son orgueil : le fait de la déchéance, de la faiblesse et de la mort est là qui écrase, sous la brutalité d'une manifestation quotidienne, les impuissantes velléités des révoltes de l'esprit. Il faut souffrir, il faut déchirer ses pieds et ses mains aux aspérités de la route, il faut voir et sentir couler les larmes et le sang. Aussi jamais les apôtres du dogme de la jouissance n'arracheront du cœur humain l'ardente aspiration à l'au delà de la vie et l'invincible espoir d'un monde meilleur, de la pleine et définitive justice. Il y aura toujours des faibles, des petits, des souffrants. Ils sont, hélas! le grand nombre, la multitude, et c'est pour eux surtout que l'autorité sociale

existe, car c'est surtout devant eux que se dressent
les obstacles qu'elle est chargée d'écarter de la route
qui conduit l'homme à son immortelle destinée. Mais
c'est en vain que pour vaincre la douleur, effacer les
inégalités et supprimer la misère, l'homme multi-
pliera de louables efforts. Ni la science, ni les lettres,
ni la politique, ni les combinaisons économiques, ni
la force même au service du génie n'y suffiront. Non,
la paix sociale ne régnera pas là où ne vit pas active,
ardente et libre de toute entrave, la charité !

Considérez en effet, Messieurs, quelle différence
essentielle, profonde, sépare l'ordre chrétien de l'ordre
social païen, et voyez-en les conséquences nécessaires.
L'ordre social païen reposait tout entier sur le fait de
l'esclavage. Une partie de l'humanité appartenait à
l'autre, et, ne pouvant rien posséder ni se posséder
elle-même, travaillait seule pour tous. Aussi les questions de salaire, de concurrence, de rapports entre le
capital et le travail, toutes ces questions qui naissent
du conflit des efforts et des intérêts de personnes
libres, capables d'acquérir et de posséder, n'existaient
pas à l'état de problèmes sociaux. La servitude alors
supprimait les questions que le patronage et l'accord
des volontés doivent aujourd'hui résoudre. De gré ou
de force, l'esclave obéissait, il vivait sans Dieu, sans
famille, sans patrie, et mourait sans espoir, ayant
senti le poids du joug, mais n'ayant pas même l'idée
du droit divin violé dans sa personne.

La loi évangélique a été promulguée. La rédemption
est accomplie, l'homme est libre. Mais la liberté, c'est

la lutte ; la liberté, dans la légitime recherche du bien-
être et de la richesse, c'est la concurrence, l'antago-
nisme et la guerre ; ce sera l'extermination du faible
par le fort et du droit par le nombre, si un frein, extérieur ou moral, ne ralentit pas l'ardeur des convoitises.

Il faut choisir. Ou bien le frein extérieur, c'est-à-
dire la force, c'est-à-dire quelque instrument d'oppression et de servitude nouvelle, quelque pouvoir
sans pitié, qui, selon le mot de Tacite, fera le silence
et le nommera paix ; ou bien le frein moral de la loi
d'abnégation, de dévouement, de sacrifice volontaire
et d'amour.

L'alternative est rigoureuse. Je n'ai ni la volonté ni
le temps de parcourir avec vous la longue nomenclature des aberrations de l'utopie moderne. Je ne veux
vous signaler que deux traits communs à tous les
systèmes qui de l'ordre social suppriment Dieu.
Regardez-les de près, Messieurs : tous, je dis bien
tous, suppriment la liberté. Tous aussi se heurtent à
des impossibilités dont l'invincible résistance a ses
racines dans les plus intimes profondeurs de la nature
humaine, et, parmi les plus irréalisables de ces conceptions puériles ou insensées, n'hésitez pas à ranger
celle de l'orgueil bourgeois qui, en face du flot mon-
tant des convoitises populaires, rêve un État sans religion et sans révolution.

C'est pourquoi M. de Tocqueville, dans son livre
de la *Démocratie en Amérique*, a pu dire : « Je doute
que l'homme puisse jamais supporter à la fois une
complète indépendance religieuse et une entière liberté

politique, et je suis porté à penser que, s'il n'a pas de foi, il faut qu'il serve, et, s'il est libre, qu'il croie. »

Oui, il faut croire et obéir à cette parole divine, qui est la formule de la paix sociale : « Aimez-vous les uns les autres. » En effet, pour les êtres vivants l'ordre n'est autre chose que le mouvement de la vie dirigé dans le sens de la justice, de la fin de l'être. La charité n'est pas seulement un frein, comme je vous le disais tout à l'heure, elle est la force vive, le moteur essentiel de l'action humaine dans l'ordre social chrétien. C'est pourquoi j'affirmais qu'au premier rang des libertés nécessaires il faut placer la liberté du dévouement, du renoncement volontaire, du don de soi-même, de toutes les manifestations de l'amour des hommes inspiré par l'amour de Dieu. J'espère pouvoir, un jour, chercher avec vous, dans l'histoire, les preuves saisissantes de cette affirmation, qu'il n'y a rien de plus inhumain, rien de plus antisocial que la négation de cette liberté.

Concluons, Messieurs, que, pour l'individu, la loi de l'ordre social chrétien peut se formuler en ces mots : *la charité agissante dans la hiérarchie respectée.*

La charité agissante dans la hiérarchie respectée ! Que ces mots, Messieurs, restent dans votre mémoire comme la conclusion pratique de notre entretien. Souvenez-vous que Dieu vous a choisis, qu'il vous a appelés, par une invitation privilégiée, à acquérir la vraie notion du droit, de la justice et des conditions de l'ordre social. N'oubliez pas que la charité vous

oblige à partager ce trésor avec vos frères et à prodi-
guer aux pauvres et aux infirmes de l'intelligence
l'aumône de la vérité. Chercher le vrai, c'est le devoir
du jurisconsulte, c'est celui du citoyen et du chrétien.
Affirmer le vrai, contre toutes les contradictions et au
risque de tous les périls, ce sera la joie de votre âme
et l'honneur de votre vie.

DISCOURS

Les discours sur la *Liberté et l'État*, sur la *Pro-priéte*, sur le *Socialisme d'État* et sur l'*Enseignement* ont été prononcés à l'ouverture de quatre des Congrès annuels des Jurisconsultes catholiques [1].

Le sujet même de ces discours, l'importance des questions de droit public et d'intérêt social qui y sont traitées, l'application qui s'y rencontre des doctrines professées dans le cours d'*Introduction à l'étude du droit*, expliqueront pourquoi je les donne ici comme une suite naturelle de cet enseignement.

Et si, parmi mes lecteurs, il en est qui, effrayés du triomphe insolent de l'impiété et du mensonge, se demandent à quoi peut servir l'affirmation obstinée de vérités si universellement dédaignées et méconnues, je leur répéterai ce qu'avec une confiance plus forte que les épreuves présentes et les menaces de l'avenir, je disais naguère à l'assemblée des jurisconsultes catholiques :

Aux yeux de la prudence humaine, tout peut sembler perdu ; mais au delà des nuages amoncelés, à travers la poussière du combat, la foi du chrétien voit et salue la victoire, car c'est une promesse divine que l'erreur ne prévaudra pas.

1. Reims, Nantes, Dijon et Lyon : 1882, 1883, 1884 et 1885.

Travaillons donc et ayons confiance. Lorsque le laboureur a jeté dans le sillon la semence de la récolte prochaine, il attend, sans souci des tempêtes que l'hiver déchaîne sur le sol durci par les frimas. Eh bien, nous aussi, jetons dans le sol labouré par les révolutions, des semences de vérité. Elles sembleront longtemps peut-être oubliées et perdues, nous entendrons gronder des orages, nous verrons s'amonceler des ruines; mais le soleil de Dieu n'est pas refroidi et le jour viendra où la France, délivrée de la tyrannie du mensonge, cueillera la moisson de justice et de salut.

LA LIBERTÉ ET L'ÉTAT

Messieurs,

Rappelés par l'amour de la justice, par le sentiment douloureux des périls dont les fausses doctrines menacent la patrie, par l'attrait toujours plus vif de nos fraternelles réunions et des relations affectueuses dont elles resserrent chaque année le lien, voici, pour la septième fois, les délégués des comités catholiques de consultation réunis en congrès.

Pour une œuvre dont le but est la défense du droit contre l'arbitraire et la recherche désintéressée de la vérité, pour une œuvre qui ne promet à ses serviteurs que des profits intellectuels et des satisfactions morales, sept ans de durée, Messieurs, c'est un bienfait dont il est juste que nous rendions grâces à Dieu. Pour en rester dignes nous demeurerons fidèles, dans nos comités, au service des faibles et des opprimés; et, sans présomption, mais sans découragement, nous continuerons, dans nos réunions annuelles, l'étude des graves questions de droit public et privé dé la solution desquelles dépend l'avenir, en France, de la liberté de la civilisation chrétienne.

« Quelques-uns, disait avec une haute autorité l'un de vos rapporteurs [1], pourront trouver inopportune, en ces temps de triomphe pour l'erreur, d'oppression pour la vérité, la revendication intégrale des droits de la sainte Église. Rappelons à ce propos que l'Église se contente souvent de peu, et, en ce cas, les gouvernants qui lui accordent le peu qu'elle demande sont en parfaite sécurité de conscience. Mais si l'Épouse du Christ sait, en vue du plus grand bien possible, se plier aux circonstances, elle ne cessera jusqu'à la fin des siècles d'enseigner la vérité tout entière; et nous, ses fils dévoués, nous sommes assurés d'agir en conformité avec elle lorsque nous savons joindre à la prudence et à la longanimité nécessaires, la plus indomptable persévérance dans l'affirmation du droit. »

Messieurs, l'affirmation du droit contre l'erreur triomphante, la revendication intégrale de la justice, c'est la mission que nous nous sommes donnée, c'est la raison d'être de nos comités et de nos congrès, c'est notre consolation dans les épreuves présentes; et si, ce qu'à Dieu ne plaise, nous ne devions pas voir la victoire de la vérité, ce sera l'honneur de notre vie et la joie de notre cœur de l'avoir servie avec amour, et proclamée sans faiblesse.

Ainsi avez-vous fait, il y a un an, à Lyon, en étu-

---

1. Mgr de Kernaërct.

diant les rapports de la société spirituelle avec le pouvoir politique, et les questions qui naissent de la coexistence des deux souverainetés. C'est avec la même résolution que vous continuerez cette étude. Vous continuerez, dis-je, car, sans se confondre, les deux programmes se touchent et s'enchaînent.

Traiter des droits de l'Église en face de l'État, c'était déjà, en réalité, aborder par le côté le plus important et par le point décisif la question générale de la Liberté. En effet, toutes les libertés sont solidaires de la liberté de l'Église. Vos travaux achèveront de démontrer cette vérité déjà mise en lumière par vos précédentes délibérations et contre laquelle proteste vainement le scepticisme rationaliste.

L'expérience apporte ici, à la démonstration doctrinale, l'irrésistible confirmation de la réalité palpable, du fait historique. Là où l'Église, gardienne de la pure justice, témoin divinement institué du droit supérieur aux caprices humains, n'est pas libre, l'homme, la famille, les associations, les peuples sont asservis. Il en est ainsi, parce que la logique de l'erreur et des passions ne permet pas aux apôtres d'une fausse doctrine d'en arrêter les conséquences au point marqué par leur intérêt.

Vous l'avez clairement démontré, Messieurs, l'erreur essentielle dont les suites ont si profondément troublé la paix du monde gît dans une fausse conception de la nature, de la mission et du pouvoir de l'État.

L'État, c'est la société elle-même, et dans un sens

plus restreint, c'est l'organisme de la société politique. Or, si l'humanité n'est liée par aucune loi supérieure, si l'homme crée lui-même le droit, l'autorité, la loi et tous les devoirs, il est évident que le pouvoir, représentant et organe de la collectivité, peut tout, et que l'individu n'aura de liberté que celle qu'il plaira à l'État omnipotent de lui concéder. C'est à cette conception païenne de l'État que la théorie révolutionnaire nous ramène, et elle le fait sous l'impulsion d'une haine satanique contre la société spirituelle fondée par Jésus-Christ, et dans le sein de laquelle la liberté des âmes a trouvé pour garantie l'autorité même du droit de Dieu.

La liste serait longue des théories philosophiques inventées par l'orgueil en quête d'une doctrine qui dégage l'homme du devoir d'obéissance et de respect à une loi supérieure. Nous n'entreprendrons pas l'histoire de ces innombrables systèmes de mensonge; mais ce qu'il faut constater, c'est que tous partent du même principe : l'origine humaine du droit social, et aboutissent à une conséquence nécessaire : la négation de la liberté.

Écoutez Rousseau, exposant que, par le contrat social, a lieu « l'aliénation totale de chaque associé avec tous ses droits à toute la communauté... aliénation sans réserves, car s'il restait quelques droits aux particuliers, l'état de nature subsisterait, l'association deviendrait tyrannique et vaine. »

Puis il continue : « Chacun de nous met en commun sa personne et toute sa puissance sous la suprême direction de la volonté générale. Ce contrat renferme tacitement l'engagement que quiconque se refusera à obéir à la volonté générale sera contraint par tout le corps; ce qui ne signifie autre chose, ajoute-t-il sérieusement, sinon qu'on le forcera d'être libre. »

Il y a là, en quelques lignes, toute la théorie et la formule même de la Révolution.

Hobbes n'a pas fait une plus large part à la liberté. Pour lui, vous le savez, la raison d'être, le principe de l'État est dans la nécessité d'une force supérieure qui impose la paix aux hommes dont l'état naturel est l'état de guerre. Guerre pour le bien-être, guerre légitime, dit-il, puisque l'homme a pour fin unique son propre bonheur. Dès lors, « tous ayant droit à tout, » la possession des biens légitimement convoités par chacun ne peut être que le prix d'une lutte. Or, l'état de guerre est funeste au bien-être, et voyez la contradiction : l'homme qui a droit au bien-être est de plein droit en état de guerre. Qui tranchera le nœud de cette difficulté capitale ? Hobbes répond que ce sera une force supérieure, procédant par violence ou par ruse; et tout ce que fera cette force conquérante sera juste, puisque son action est légitimée par la nécessité d'imposer la paix à l'humanité, qui est naturellement en état de guerre.

Vous savez, Messieurs, quelque étonnement qu'il puisse causer, que ce résumé est exact.

Je ne vous ai pas rappelé ces folies pour vous proposer d'en entreprendre l'inutile réfutation; mais il est bon de redire aux adorateurs modernes du Dieu-

État de quels ancêtres ils procèdent et quel patrimoine philosophique ils ont recueilli. Vous pourrez, en effet, constater, en faisant le douloureux inventaire des attentats contemporains contre la liberté, que, si les hypothèses de l'état de guerre et du contrat social ne sont plus ouvertement défendues, les conséquences ne sont pas répudiées, et que les doctrines dont le dernier siècle s'est enivré hantent encore l'esprit des politiques qui acceptent, en bloc, l'héritage de 89.

La thèse de l'État humain, source de tous les droits et souverain dispensateur de toutes les libertés, a, de nos jours, des partisans nombreux et des champions illustres dont quelques-uns ont été mis, par les événements, à même d'imposer à leurs concitoyens la pratique de ces fatales théories. Je tairai les noms des hommes à qui la profession de ces doctrines a conquis la faveur de la secte antichrétienne qui exerce une influence prépondérante sur la désignation des dépositaires du pouvoir. Ils disent tous, avec l'un des derniers venus, Blüntschli, « que l'État moderne est fondé humainement sur la nature humaine. L'État est une communauté humaine de vie, créée et administrée par l'homme dans un but humain... La politique de l'État humain cherche le bien public d'après les conceptions de la raison humaine avec des moyens humains. Il se sent indépendant et libre même aux regards de l'Église et il affirme même sur elle son droit élevé. »

Ainsi parle le professeur allemand, franc-maçon

notable, et très écouté, dit-on, dans les conseils intimes d'un des plus puissants adversaires de la liberté et de l'indépendance de l'Église catholique. Notre savant collègue Claudio Jannet faisait, avec raison, remarquer que, sous une forme hypocrite, les paroles que j'ai citées sont la déclaration de l'athéisme de la loi. Elles contiennent, en effet, l'affirmation très nette de l'affranchissement de tout ordre moral antérieur aux constitutions humaines, et du droit pour l'homme de penser, d'agir et de se gouverner sans tenir compte de Dieu.

Nous savons, hélas! par une dure expérience, à quelles réalités de servitude conduit la théorie de cette liberté, de la négation absolue, de la complète émancipation de la tutelle divine.

Mais ce Prussien qui, pour le dire en passant, fixe à l'avènement du grand Frédéric le commencement de l'ère moderne, apporte dans le concert d'erreurs sa note personnelle : « L'école philosophique, dit-il en substance, trouve dans la nature humaine le fondement et la nécessité de l'État. Aussi, les États bornés à une nation n'ont-ils qu'une valeur et une vérité relatives. Le penseur ne saurait voir en eux la réalisation de l'idée la plus élevée de l'État. Pour lui, l'État est une personne humaine, un organisme humain. L'esprit qui l'anime est l'esprit de l'humanité qui doit être son corps. L'État et l'humanité corporelle et visible sont donc synonymes. L'État ou l'Empire universel est donc l'idéal de l'humanité. »

J'ai abrégé les développements, mais j'ai fidèlement

traduit la pensée que je puis, je crois, résumer ainsi : L'idéal de l'humanité, c'est l'État universel, l'humanité Dieu, adorée sous la figure d'un empereur régnant à Berlin.

Eh bien, Messieurs, l'auteur qui pense et parle ainsi aura beau dire « que l'État, à la fois but et moyen, doit néanmoins respecter la vie privée dans ce qu'elle a d'essentiellement individuel; » il a beau prononcer le mot de liberté, il ne me rassure pas, sa liberté n'est rien que l'égalité dans la servitude, et son État idéal s'est appelé jadis le Dieu-César, être unique ou collectif à qui tout appartient, les propriétés et la vie, les enfants et les pères, les âmes et les corps.

Le rêve de cet Allemand ne vous a-t-il pas rappelé cette éloquente et terrible vision de Donoso Cortez : Les voies sont préparées pour un tyran gigantesque, colossal, universel, immense; tout est préparé pour cela. Il n'y a plus de résistance matérielle; les bateaux à vapeur et les chemins de fer ont supprimé les frontières, et le télégraphe électrique a supprimé les distances... Il n'y a plus de résistances morales, tous les esprits sont divisés, tous les patriotismes sont morts... Quoi! s'écrie-t-il encore, ne savez-vous pas qu'à cette heure la liberté est morte? N'avez-vous pas assisté comme moi en esprit à sa douloureuse passion? Ne l'avez-vous pas vue persécutée, raillée, perfidement frappée par tous les démagogues du monde? Ne l'avez-vous pas vue traîner son angoisse sur les montagnes de la Suisse, sur les rives de la

Seine, sur les bords du Rhin et du Danube, et sur le rivage du Tibre? Ne l'avez-vous pas vue monter au Quirinal, qui a été son Calvaire?

Oui, Messieurs, la Révolution hait la liberté. Et comme elle n'ignore pas que l'indépendance de l'Église est le plus sûr rempart de toutes les libertés, c'est contre l'autonomie de l'Église et contre son enseignement qu'elle a toujours dirigé ses plus persévérants efforts. La France en fournit aujourd'hui, hélas! l'indiscutable preuve.

Il y a peu de jours, des prélats réunis pour délibérer sur les périls dont la Religion est menacée adressaient aux sénateurs et aux députés leurs doléances et l'expression de leur patriotique anxiété. Ils énuméraient avec une concision éloquente les entreprises du gouvernement et de l'initiative parlementaire contre les institutions catholiques.

La liberté des associations religieuses succombant sous les coups de l'arbitraire administratif, le recrutement du clergé et des institutions libres menacé, le culte atteint dans la publicité de son exercice et dans ses ressources les plus indispensables, le nom de Dieu rayé de la formule du serment, la Croix chassée du temple de la justice, proscrite avec les religieux et les prêtres des hôpitaux et de l'armée, la discipline ecclésiastique entravée, et l'autonomie spirituelle subordonnée aux règlements d'administration, tout cela est fait ou entrepris, et déjà d'autres destructions sont imminentes.

L'abolition du Concordat, poursuivie par les impatients avec une ardente passion, n'est combattue par les prudents et les habiles que comme inopportune et prématurée. « Avant de livrer l'Église catholique à elle-même, disait l'un d'eux, il faut lui enlever tout ce que, en vertu des décrets ou des mœurs, elle détient du pouvoir public, d'influence officielle et de richesses indûment acquises. On ne coupera le câble du budget des cultes qu'après avoir inspecté jusqu'à fond de cale le navire suspect, et, en attendant la fin de cette enquête, qui amènera plus d'une confiscation de marchandises prohibées, il faut tendre et raccourcir le câble qui maintient l'Église sous la dépendance de l'État. »

Messieurs, l'enquête est commencée, le câble se tend, les confiscations sont prochaines, et la séparation de l'Église et de l'État, conséquence logique du mouvement imprimé à l'opinion et aux événements, laissera bientôt l'Église privée de toutes ressources et de toute liberté en face de l'État affranchi de tout devoir. Que peut valoir, en effet, pour les adorateurs du Dieu-État, un traité qui consacre l'existence d'une souveraineté indépendante de leur idole ?

Faire de la France très chrétienne une nation athée, c'est pourtant une entreprise difficile. Aussi les ouvriers de cette œuvre maudite ont bien compris que, pour faire taire les réclamations du peuple catholique contre la violence jacobine déguisée sous la forme hypocrite d'une légalité perverse, il était nécessaire de tarir la source de la foi dans les générations à venir, et de faire élever la jeunesse dans l'ignorance

des dogmes chrétiens. C'est donc contre l'enseignement religieux que s'est obstinée la persévérance de
leurs efforts.

Hélas ! Messieurs, il faut bien reconnaître que ces
efforts ont réussi. Oublions, si vous le voulez, car on
ne peut tout dire, les exigences nouvelles qui mettent,
plus que jamais, les établissements d'enseignement
secondaire à la merci des conseils disciplinaires, instruments dociles des volontés du gouvernement. Mais
comment ne pas trembler pour l'avenir d'une nation
soumise à une législation qui rend obligatoire un
programme d'enseignement primaire, d'où est exclue
la notion même de toute religion positive ? N'est-ce
pas un mauvais rêve ? Est-il vrai que les droits des
pères de famille et de l'Église soient à ce point méconnus ? Ce sera désormais à l'État sans foi et sans
doctrine qu'appartiendra la formation de l'être moral de l'enfant ? Est-il possible que cette loi soit exé-
cutée ?

Messieurs, il ne faut pas nous faire illusion : l'attentat sera consommé. Ah ! sans doute le zèle des
pasteurs, des instituteurs chrétiens, des laïques dévoués pourra, pendant un temps et dans une étroite
mesure, atténuer les conséquences de cette législation
odieuse. Mais, si Dieu n'abrège pas l'épreuve, la loi
portera ses fruits; et je ne puis, sans effroi, mesurer
la brièveté du temps nécessaire à cet engin de destruction pour anéantir dans notre pays l'influence et
la notion même des idées chrétiennes.

Pendant ce temps, et c'est là peut-être le plus

grave, mais à coup sûr le plus douloureux de nos périls, pendant ce temps, le découragement désarme des bras vaillants et fidèles et je ne sais quelle défaillance des âmes éteint le cri des revendications légitimes, et abaisse jusqu'au ton d'une humble et incertaine supplication la grande voix de la vérité.

Vous, Messieurs, vous parlerez le haut et ferme langage du droit, et, sans compromission, sans faiblesse, vous préciserez dans des résolutions formelles la fonction de l'État et les limites sacrées du terrain réservé aux libertés du chrétien, du père de famille et du citoyen.

Vous serez entendus, n'en doutez pas, car ce n'est plus seulement le sentiment chrétien qui s'indigne, c'est l'instinct conservateur qui se révolte. Les plus aveugles commencent à voir que les lois et les projets dont je vous ai donné la rapide esquisse se relient à un vaste plan qui a pour but d'annihiler au profit de l'État toutes les initiatives individuelles, toutes les forces vives de la nation.

« Si chaque citoyen, a dit Rousseau, n'est rien et ne peut rien, on peut dire que la législation est au plus haut point de perfection qu'elle peut atteindre. » La perspective de cette « perfection » commence à effrayer plus d'un bourgeois libéral et modéré. Tant que l'État n'a supprimé que la liberté de l'Église, n'a forcé que les portes des couvents, n'a menacé que les biens des congrégations religieuses et n'a soustrait à la justice régulière que les litiges des moines et des curés, la foule des indifférents et des sceptiques a regardé faire sans s'émouvoir. Mais voici des logiciens terribles qui ont la prétention de conclure. Le rachat et l'exploitation par l'État des chemins de fer, des assurances et des mines, la commandite de l'État pour toutes les associations, l'assurance obligatoire sur la vie, la retenue forcée sur tous les salaires, tels sont, vous le savez, les préliminaires d'un programme dont les auteurs formaient naguère l'avant-garde du socialisme d'État. Ils ne sont plus que des retardataires dépassés, décriés, honnis à l'égal des cléricaux. Ce que ceux-ci proposent de racheter, nos maîtres de demain sont d'avis de le prendre, et de rendre à la collectivité la terre, les capitaux et les instruments de travail qu'une longue usurpation a distribués à quelques privilégiés. Ainsi le veut la logique, ainsi le veut peut-être la justice de Dieu.

Les valets de la Révolution ont chassé Dieu des institutions sociales. Ils ont dit à la société moderne qu'elle était à elle-même sa raison d'être et sa divinité. Ils ont promis à l'humanité le bonheur en ce monde, en échange des biens d'une autre vie. Ils ont proscrit la charité et surexcité les convoitises; ils ont raillé le dévouement et exalté l'orgueil. Or l'échéance des promesses est venue, et la République fait banqueroute...

N'est-il pas naturel que les créanciers se préparent à piller la maison ? N'est-il pas juste que les ingrats qui se sont servis des dons de Dieu : intelligence, fortune, influence sociale, pour ruiner son empire et arracher de l'âme des déshérités les éternelles espérances, n'est-il pas juste, dis-je, qu'ils goûtent l'amertume du fruit de la révolte! Ils ont ri de nos luttes contre la *sécularisation* de l'enseignement, de l'assistance, de toutes les lois et de toutes les institutions nationales...; il ne me déplaît pas de les voir, effarés sinon repentants, trembler devant le spectre de la *nationalisation* de la Banque de France, et de la *socialisation* de la terre et des capitaux. L'État, père de famille, les a pour partisans; — qu'ils sachent ce que c'est que l'État propriétaire; et, puisqu'ils ont lâchement vendu nos libertés pour acheter le pouvoir, qu'ils apprennent à leur tour ce que vaut la servitude.

Le monde sent l'approche de ce péril; c'est pourquoi je vous disais, Messieurs, que vos paroles de liberté seront entendues.

Ah! comme vous, Messieurs, je gémis de n'avoir à opposer à l'audace croissante des contempteurs de la justice que des paroles et des protestations; comme vous, à la vue de l'iniquité triomphante, je sens, dans ma conscience indignée, monter le flot des légitimes colères, et j'appelle de mes vœux les plus ardents l'heure qui, nous rendant la réalité de l'ordre, mettra la force au service du droit.

Sachons cependant attendre l'heure de Dieu. Il nous a donné un cœur pour aimer la vérité, une voix pour l'affirmer; servons-le comme il lui plaît d'être servi, et, s'il ne nous demande pas notre vie, donnons-lui, du moins, le témoignage public de notre foi et de notre amour.

LA PROPRIÉTÉ

Messieurs,

Le temps n'est pas encore éloigné où l'on ne pouvait parler des dangers dont certaines doctrines politiques et sociales menacent la liberté et la propriété, sans risquer de faire sourire les auditeurs. Lorsque, dans vos précédents congrès, vous affirmiez qu'il n'y a ni liberté, ni propriété assurée, là où le législateur ne s'incline pas devant l'autorité d'une loi supérieure, divine dans son origine et immuable dans ses prescriptions, là où la liberté de l'Église est menacée, vous avez été plus d'une fois, n'en doutez pas, considérés comme des rêveurs aveuglés par la contemplation obstinée du passé; et plus d'un de vos contemporains s'est demandé ce que lui voulaient, avec leurs fastidieuses affirmations de principes, ces revenants d'avant quatre-vingt-neuf.

A qui la logique des événements a-t-elle donné raison? Hélas! il faut chercher la réponse dans les ruines qui marquent les douloureuses étapes de la liberté chassée du domicile des citoyens avec les religieux, de l'armée et des hospices avec les aumôniers, du foyer domestique avec l'autorité du père de famille; chassée enfin, avec l'image du Christ et le nom même de Dieu, de l'École et du Prétoire. La réponse est écrite sur la porte scellée des chapelles et des maisons d'enseignement et de prière, dévastées au nom d'une inique et hypocrite légalité, et dont les propriétaires n'ont gardé du droit commun que le droit de payer l'impôt. On peut la lire dans des discours officiels, dans des projets de loi, dont l'audace n'étonne plus l'opinion publique distraite et blasée; dans la négation insolente du droit de propriété de l'Église et des associations. Devant vous, Messieurs, qui avez souffert et combattu pour elle, il est inutile de dresser le lamentable inventaire des échecs subis par la liberté, pas plus que des agressions dont la propriété est l'objet et des périls qui la menacent.

La lumière s'est faite, sans doute, dans beaucoup d'esprits, et cependant le programme de vos travaux, la pensée d'étudier l'origine et la légitimité du droit de propriété, et les garanties qui lui sont dues, étonnera encore beaucoup d'admirateurs de la société et du progrès modernes. Je crois entendre leur langage : Comment ! c'est sous l'empire du Code civil, dans un pays où les propriétaires forment la grande majorité des citoyens actifs, et dont les institutions économiques ont pour base essentielle la propriété foncière cadastrée, divisée, hypothéquée, imposée plus qu'en

aucun pays du monde, c'est en ce temps et dans ce
lieu que des jurisconsultes se réunissent pour étudier
la question de l'origine et de la légitimité de la propriété, et les garanties auxquelles elle a droit? Mais
quoi? la légitimité est-elle douteuse? et si le droit est
indiscuté, qu'importe l'origine? Manquons-nous de
lois et de règlements? Le Code civil assure les droits
des particuliers. La loi sur l'expropriation pour cause
d'utilité publique limite ceux de l'État. La propriété
ecclésiastique a son code : le Concordat et les Orga-
niques. Une législation, dont la sagesse assure la
liberté de l'action administrative, a mesuré aux
communes et aux départements la part de gouvernement personnel qui peut leur être laissée sans
compromettre l'unité nationale. Notre régime successoral, avec son partage démocratiquement égal
et obligatoire, est entré profondément dans nos
mœurs. Ces docteurs ont-ils la prétention de changer
tout cela? Contre quels ennemis demandent-ils donc
des garanties? Ah! nous avons bien entendu l'écho
des déclamations violentes et des programmes irréalisables; mais ces menaces contre l'ordre établi n'ont
jamais osé franchir le seuil des réunions privées où
elles s'étaient produites. Pour se défendre contre les
utopies radicales, la société n'a pas besoin des vaines
affirmations d'un dogmatisme impuissant; le bon sens
national y suffit, et, soutenu par l'opinion publique,
le pouvoir est armé de façon à ne pas permettre aux
théories subversives de s'imposer par la violence.

Messieurs, ceux qui parlent ainsi sont moins rassurés qu'ils ne voudraient le croire et le paraître. Il y a dans les esprits, même les moins attentifs, le pressentiment d'une crise dont les effets dépasseront le domaine des institutions politiques, et livreront aux aventures quelque chose de plus que la forme des gouvernements. Les opportunistes, même les plus résolus, et cette foule des résignés, à qui « la part du feu » ne paraît pas trop large quand elle est faite des droits de l'Église et de la conscience chrétienne, sentent trembler le sol sur lequel le jacobinisme bourgeois espérait consolider l'édifice chimérique d'un État dans lequel tous les droits seraient respectés, excepté les droits de Dieu.

Ce sont donc des questions très actuelles que celles qui sont relatives au droit de propriété. Elles sont le corollaire, la suite logique de celles que vous avez discutées, notamment à Lyon et à Reims; car, si la propriété est la conséquence et le fruit de la liberté, elle en est aussi le gage et la garantie.

Pour justifier l'opportunité de ce programme, il suffirait de rappeler les attaques dirigées contre les propriétés de l'Église et des Associations religieuses, ecclésiastiques et laïques. Nous sommes à un de ces moments où le devoir s'impose plus particulièrement aux jurisconsultes catholiques de mettre le droit en si vive lumière, que le juge, fût-il partial et hostile, n'ose pas le méconnaître. C'est tout ce qu'il me convient de dire aujourd'hui de la loi qui a sacrifié aux exigences d'une politique de sectaires l'inamovibilité de la magistrature.

Mais ce choix s'imposait pour un autre motif.

Les questions de propriété, et surtout celle de la propriété foncière, sur laquelle le silence avait paru se faire, sont, depuis quelques années, agitées de nouveau; non seulement dans des réunions où des déclamations violentes demandent la liquidation sociale et la mise en commun immédiate de tout ce qui constitue la fortune publique; mais, ce qui est autrement grave et digne d'attention, dans des écrits où elles sont traitées scientifiquement, avec des artifices de discussion et des arguments sinon nouveaux, au moins rajeunis, et parfois avec un talent que la critique la plus exigeante ne saurait méconnaître.

Et puisque votre programme indique l'étude des « nouveautés doctrinales », je citerai, comme exemple, certaines écoles de collectivistes méthodiques qui n'entendent pas brusquer les solutions, mais les préparer par des évolutions progressives. Tous, les uns après les autres, s'imaginent avoir frayé à la science une voie nouvelle; quelques-uns même ont la prétention de révéler à l'humanité le véritable esprit de l'Évangile. Mais ces contempteurs des chemins battus finissent par retomber dans la vieille et commune ornière; tous aboutissent à l'inévitable conclusion révolutionnaire : la suppression de toutes les libertés au profit de l'État omnipotent. Tous, en effet, chargent l'État de rétablir entre les hommes, par une répartition autoritaire des richesses, l'égalité des conditions.

« Nous arriverons », dit l'un d'eux, Emmanuel

Fichte, à une organisation sociale de la propriété. Elle perdra son caractère exclusivement privé pour devenir une institution publique. Jusqu'à présent l'État n'a eu d'autre devoir que de garantir à chacun la paisible jouissance de ce qu'il possède ; désormais le devoir de l'État sera de mettre chacun en possession de la propriété à laquelle ses besoins et ses capacités lui donnent droit. » Et il ajoute que c'est par l'action du christianisme que cette rénovation se fera. « Le christianisme, dit-il, deviendra un jour la force interne et organisatrice de l'État. »

Quel est cet étrange appel fait à la force rénovatrice du christianisme en faveur d'un État tout-puissant, qui distribuera aux uns ce que sans doute il aura fallu prendre aux autres, et répartira les richesses entre les citoyens suivant leurs besoins et leurs capacités dont l'État seul sera juge ; l'État, c'est-à-dire l'homme, ou les hommes, qui détiennent le pouvoir ?

M. de Laveleye répond : que les idées égalitaires de l'Évangile doivent pénétrer dans nos institutions et dans nos mœurs.

Certes, Messieurs, personne ne le sait mieux que vous, votre présence ici le prouve, c'est une noble et sainte entreprise que de faire pénétrer dans nos institutions et dans nos mœurs les idées évangéliques. Nous n'aurons même qu'à cette condition des institutions légitimes et de bonnes mœurs. Mais il faut prendre garde de se payer de mots. Ce n'est pas la première fois que des doctrines suspectes se couvrent du pavillon chrétien. Je voudrais savoir dans quel sens l'auteur entend les idées égalitaires de l'Évangile, et j'ai peine à reconnaître une loi de la société chrétienne dans ce droit collectif d'hérédité foncière, que les nouveaux docteurs nous donnent comme l'idéal du progrès et le but de l'évolution sociale.

Il y a, du reste, entre eux, des divergences sensibles, des degrés dans la négation du droit de propriété privée, et des différences notables dans les sophismes de l'argumentation et les moyens proposés pour réaliser la communauté plus ou moins absolue de la propriété du sol.

Herbert Spencer déclarait formellement que « la justice n'admet pas que la propriété s'applique au sol. Personne, dit-il, ne peut faire usage de la terre de façon à empêcher les autres d'en faire usage également. Poussé à ses limites extrêmes, un pareil droit engendre le despotisme complet des propriétaires... Enfin la théorie du droit collectif d'hérédité foncière reconnu à tout homme est conforme au plus haut degré de civilisation; et, quelque difficile qu'il soit de faire passer cette théorie dans les faits, l'équité commande rigoureusement que cela s'accomplisse. »

Dans son *Règne social du christianisme*, Huet fait remarquer que publicistes, économistes et hommes d'État, répètent à l'envi que, sans propriété, il n'y a pas de liberté, et il ajoute : « Rien de plus incontestable. Aussi la propriété... constitue toujours un des fondements essentiels de la société véritable. Ou les mots n'ont plus de sens, ou mettre la propriété au

nombre des droits naturels signifie que le titre originel d'investiture pour les biens de la terre est la qualité d'homme; que la qualité d'homme engendre par
elle seule et immédiatement un droit à une quantité
déterminée de ces biens. C'est la plus indiscutable
conséquence du droit de vivre. Ce droit n'est-il pas
égal... L'homme qui n'a pas démérité a le droit de
vivre libre... Or, quelque libre qu'il soit de sa personne, s'il n'est pas propriétaire, comme il est homme
et travailleur, il ne produit, il ne vit que par la permission de ses semblables, il tombe dans un esclavage réel... »

Et pour réaliser ce droit naturel à la propriété, il
propose qu'à chaque décès les parts libres du « patrimoine général reviennent également à tous les jeunes
travailleurs... La succession constituée socialement
reproduirait ainsi à chaque génération la fraternité
du partage primitif ».

M. de Laveleye, dans son savant ouvrage *De la Propriété et de ses formes primitives*, fait remarquer que
Spencer et Huet n'ont pas cru que ce droit au patrimoine ou à l'hérédité d'une parcelle du fonds collectif pût être mis en pratique immédiatement au milieu
des relations si compliquées et si imparfaites, dit-il,
de notre société actuelle. Ils ont formulé un idéal. Et
cet idéal ne déplaît pas au professeur belge, qui,
ayant observé dans les sociétés primitives une forme
identique de la propriété foncière, conclut « que
l'avenir entrevu ne ferait ainsi que reproduire le
passé. » On pourrait y arriver en établissant sur les

successions une taxe surérogatoire avec le produit
de laquelle la terre serait rachetée pour être remise
en commun. Procédé vraiment ingénieux qui consiste
à prendre dans la poche des gens le prix de la propriété qu'on leur achète.

Mais ce n'est plus, il faut le dire, du fait même de
l'appropriation individuelle que les derniers venus
des collectivistes contestent la légitimité. Comment
nier, en effet, que l'homme, après avoir conquis et
fertilisé par son travail un espace du sol primitif, ait
le droit de s'en dire propriétaire? N'a-t-il pas vraiment, par son travail, fait la terre arable, aussi bien
que d'une branche coupée dans la forêt le sauvage
a fait l'arc et les flèches dont le plus avancé des communistes n'oserait lui contester la propriété?

Ce qui aux yeux de ces économistes est inique et injustifiable, c'est que le propriétaire foncier profite, sans
travail, sans effort personnel, de la plus-value qui s'attache à la terre dans toute société qui se développe.

La justice distributive exige, suivant eux, que cette
plus-value continue, incessante, due non seulement
à l'accroissement de la population, mais à la facilité
des communications, à la richesse générale et à l'augmentation de la consommation; que cette plus-value,
obtenue par le travail social, revienne à la collectivité
dont elle est l'œuvre.

Dans un ouvrage récemment publié sous ce titre :
Progrès et Pauvreté, un Américain, M. Henry George,
présente, sous la forme d'une hypothèse pittoresque
et saisissante, l'objection de l'école nouvelle contre ce

qu'elle nomme « l'iniquité » de l'enrichissement d'un seul par le fait du travail de tous.

Il suppose qu'au moment où se fonde une colonie ou une cité, il est consulté par « le premier venu ayant une bonne tête d'affaires et désireux de gagner de l'argent ». Voici le conseil qu'il lui donne pour faire fortune : « Allez, achetez promptement ce morceau de terrain et prenez-en possession. Et, si en effet vous avez la sagesse de suivre ce conseil excellent, vous n'avez plus autre chose à faire. Vous pouvez vous coucher sur votre terrain et y fumer votre pipe; vous pouvez vous promener tout autour comme le lazzarone de Naples, ou le lepero de Mexico; vous pouvez planer au-dessus en ballon, ou dormir au-dessous dans un trou, et, sans remuer le doigt, sans ajouter un iota à la richesse générale, dans dix ans vous serez devenu riche. Dans la cité nouvelle il y aura un palais pour vous; il est vrai qu'il y aura aussi probablement un hospice pour les pauvres. »

Le conseil est excellent, en effet; mais, remarquons-le cependant, c'est à la condition qu'il soit entendu du seul client de M. Henry George : car si tous les acquéreurs s'avisaient de ne rien faire que se promener, se coucher, fumer, et s'en tenaient là, il est certain qu'au bout de dix ans il y aurait dans la cité nouvelle autant de pauvres que de propriétaires survivants, mais il n'y aurait certainement ni palais ni hospice.

Il n'est pas nécessaire, du reste, de supposer la fondation d'une ville ou d'une colonie pour constater la plus-value progressive du sol. Le fait est constant

partout où une société se développe et s'enrichit.
Dans une intéressante étude sur les doctrines nouvelles [1], M. Charles Gide remarque que l'on peut réduire à deux les systèmes proposés pour faire revenir à la collectivité la plus-value qui est son œuvre.
Le premier consiste à établir sur la propriété foncière un impôt calculé de façon à absorber la plus-
value au profit de l'État. Le second est le rachat du
sol par l'État qui le rétrocéderait aux particuliers
par des concessions temporaires.

Le premier est préféré par M. George qui l'applique de la façon la plus radicale, car il propose de
prélever dès à présent par l'impôt la totalité du revenu de la terre, à l'exception de la part afférente
aux dépenses que le propriétaire actuel justifiera
avoir faites. C'est la spoliation pure et simple.

Je ne vous expose pas ces théories et ces proposi-
tions pour vous inviter à en entreprendre la réfutation. Tout cela est beaucoup moins neuf que l'auteur
et ses partisans semblent le croire. L'impôt sur la
rente est une vieille thèse économique, bien souvent
déjà et victorieusement combattue. Stuart Mill, moins
radical que M. George, avait dit avant lui : « Je ne
vois pas quelle objection on pourrait faire à une déclaration qui soumettrait à un impôt spécial toute
augmentation de rente qui aurait lieu dans l'avenir. »

Déjà on lui avait répondu que la propriété comporte des chances bonnes et mauvaises, et que celui-
là seul est et se sent vraiment propriétaire à qui

1. *Journal des Économistes*, mai 1883.

toutes ces chances incombent et profitent. Si l'État prend les unes et garde la plus-value qui ne provient pas du fait du propriétaire, il faudra de toute justice qu'il accepte les autres et indemnise celui dont le sol a perdu de sa valeur par un fait qui ne lui est pas imputable. N'est-il pas heureux pour l'État français, disons-le en passant, que cette obligation, à l'heure présente, ne pèse pas sur lui? On a ajouté qu'en fait la distinction entre les plus-values dues au travail personnel et celles qui proviennent du travail social, offre des difficultés absolument insurmontables. On s'est demandé par qui elles seraient tranchées, à moins de laisser l'État juge et partie; et l'on a dit enfin, avec la plus évidente raison, qu'un régime qui ôterait aux propriétaires toute espèce d'intérêt aux améliorations non immédiatement réalisables, serait la ruine assurée et prochaine de l'agriculture. Que ne pourrait-on pas dire encore? Mais je ne veux pas empiéter sur vos délibérations, c'est vous, Messieurs, qui, si vous le jugez nécessaire, compléterez la réponse.

Quant au second système qui ferait de l'État le seul propriétaire foncier, et de tous les citoyens les locataires ou les fermiers de ce maître redoutable, il ouvre à l'esprit des perspectives qui rendent la discussion inutile. Le premier système créerait la misère générale, le second fonderait l'universel esclavage.

Le dernier mot de cette esquisse, trop longue quoique très incomplète, des plus récents réquisitoires contre la propriété, sera ce mot qui les résume tous : l'esclavage; l'esclavage, fruit de la révolte de l'orgueil

humain contre la loi de Dieu, contre les inégalités naturelles, contre les conséquences légitimes de la
liberté humaine.

Un économiste distingué, M. Leroy-Beaulieu, étudiant le développement du socialisme d'État en
France et à l'étranger, écrivait récemment : « Si les
doctrines officielles qui dominent en Allemagne et
qui commencent à s'introduire dans notre Parlement
font des progrès, Lassalle et M. Louis Blanc auront
le dernier mot. L'humanité s'en portera-t-elle mieux?
Sera-t-elle mieux nourrie, mieux vêtue, mieux logée?
Aura-t-elle moins de sentiments d'aigreur, d'envie?
Sera-ce le règne de la fraternité et de l'égalité? Dieu
le veuille! Ce ne sera pas à coup sûr celui de la liberté. Les hommes ayant quelque esprit d'initiative,
quelque goût de l'indépendance... iront sans doute
chercher au delà de l'Océan ou sous les Tropiques,
quelque société où l'État soit un personnage plus modeste et moins encombrant. »

Oui, Messieurs, nos contemporains commencent à
s'apercevoir que l'État moderne devient un personnage « encombrant »; et, si j'ai cru devoir jeter un
rapide regard sur les doctrines dont l'invasion nous
menace, c'est que je voulais confirmer, par une démonstration puisée dans les faits actuels, la doctrine
dont vous êtes les disciples et les apôtres.

La cause première des périls que courent la liberté,
l'inviolabilité humaine et la propriété, c'est la conception rationaliste de l'État indépendant de toute loi
divine, de toute règle de justice supérieure au caprice

des majorités, systématiquement étranger à l'idée de la destinée immortelle de l'homme et aux espérances de la vie future.

Si tout l'ordre social est un fait humain; si, non seulement dans ses formes contingentes, mais dans son principe même, la propriété est une création de la volonté des hommes; si la volonté générale est, comme l'entend Rousseau, l'origine de tous les droits et la seule règle de la justice, la loi me protégera peut-être contre les agressions individuelles, mais qui me protégera contre la loi?

C'est pourquoi la reconnaissance de l'origine divine du droit n'est pas seulement la garantie de la liberté des âmes, mais encore le gage de la sécurité des intérêts matériels et de la paix sociale.

Messieurs, cette idée de l'origine divine du droit et toutes les grandes vérités dont la démonstration est le but de vos études, n'ont jamais été plus éloquemment affirmées que par les paroles, les écrits et la vie du Prince qui a refusé d'être le roi légitime de la Révolution. Pardonnez-moi de vous rappeler le souvenir de celui dont la mort a fait à nos cœurs une blessure qui saignera toujours, et de réveiller les douloureuses émotions du deuil national auquel se sont associées toutes les âmes capables d'aimer la beauté morale et d'admirer la vraie grandeur.

Henri de Bourbon appartient désormais à l'histoire; le coup qui a tranché sa vie délie nos lèvres; et, puisque j'ai entendu de sa bouche l'expression de l'intérêt qu'il prenait à nos travaux, je suis certain de lui devoir et heureux de lui rendre ici un hommage qui, visiblement désintéressé, ne peut plus éveiller aucune inquiétude, ni blesser aucune susceptibilité politique.

Témoin inflexible et incorruptible gardien du droit, ce roi qui n'a régné que sur les esprits et les cœurs, qui a préféré l'honneur au succès, aux bénéfices des transactions les amertumes de l'exil, et au pouvoir le respect du principe dont il était le dépositaire, ce roi sera avec Pie IX la plus grande figure de notre histoire contemporaine. Sa mémoire nous restera chère parce qu'il a, autant que personne au monde, mérité d'être aimé; ses enseignements seront la lumière de nos esprits et la règle de notre vie, parce que le plan du gouvernement chrétien ne saurait être mieux tracé que par sa royale main. Jamais l'idée de l'autorité, garantie nécessaire des libertés sociales, ne fut conçue par une plus haute intelligence. Quels malheurs ne fait pas redouter l'égarement d'une nation qui a refusé d'accepter, de ses mains généreuses et pures, le salut que, par elles, lui offrait la Providence dont la patience s'est enfin lassée!

Mais déjà cette génération, dans son tardif repentir, pleure celui qu'elle a méconnu; la voix populaire élève autour de son cercueil un concert d'admiration, d'amour et de regrets; l'histoire lui prépare une place au premier rang des grands instituteurs de l'humanité, et la postérité saluera comme l'image d'un idéal entrevu la noble et douce figure de ce royal proscrit, mourant les yeux au ciel, en murmurant le nom chéri de la patrie.

Dieu veuille que, dans ce caveau où dorment trois générations de rois, nous n'ayons pas enseveli, avec Henri V, le dernier espoir de la restauration plénière de l'ordre social chrétien!

Vous ne chercherez dans la tristesse de mes paroles aucune pensée de découragement ou de désertion. Non, Messieurs, on nous retrouvera fidèles à nos croyances, à nos traditions, aux suprêmes leçons du roi mourant, et, pour tout dire, fidèles à nous-mêmes et constants dans nos affirmations. Nous pouvons craindre, nous ne pouvons pas désespérer. Considérez, au contraire, que l'utilité de votre œuvre est de plus en plus manifeste, car, si la face du monde change, l'immuable vérité demeure; et si la France doit, ce qui est notre ferme espérance, reprendre le cours de ses glorieuses destinées, elle ne le devra qu'à un gouvernement chrétien, absolument dégagé des erreurs que vous combattez et que Le Play a si bien nommées : « Les faux dogmes de la Révolution. »

Ce sera la consolation de nos douleurs et l'honneur de notre vie d'avoir travaillé à connaître les conditions et les règles de cette restauration nécessaire de l'ordre conforme à la loi de Dieu. C'est notre devoir de citoyens d'en faire pénétrer les principes dans l'opinion publique et dans nos institutions nationales. A l'œuvre donc, Messieurs, quelles que soient les épreuves et les tristesses dont nous souffrons. On peut attendre en paix quand on a pour débiteur le Maître que nous servons. Rien ne sera perdu de ce que nous ferons pour Dieu, pour la justice, pour la patrie.

LE SOCIALISME D'ÉTAT

Messieurs,

L'accueil fait par vous au programme de vos congrès de 1884 et de 1885 a prouvé à votre commission qu'elle ne s'était pas trompée en considérant que l'étude du césarisme et du socialisme d'État était la suite nécessaire et le complément de vos travaux antérieurs. Le champ ouvert par ce programme est si large, que personne ne nous attribuera la prétention d'apporter la solution définitive de tous les problèmes menaçants que nous rencontrerons dans ses limites. Non, nous n'espérons pas épuiser la question du socialisme, et nous savons qu'après nous il restera beaucoup à dire; nous voulons seulement rechercher, et nous espérons formuler les principes qu'aucun législateur ne peut méconnaître sans péril pour l'ordre social, et qu'un chrétien ne doit pas oublier, même dans l'ardeur de la lutte et sous l'empire de la plus généreuse passion.

Aussi votre programme ne donne à la question générale du socialisme qu'une place restreinte, comme une introduction nécessaire.

Il est impossible de connaître la genèse du socialisme d'État, de comprendre le péril de cette résurrection de l'idée païenne, de s'expliquer la séduction qu'exerce sur des âmes honnêtes et généreuses la solution de la question sociale par l'action de l'État, si l'on n'a pas une vue d'ensemble des systèmes socialistes et de l'effroi qu'à bon droit ils inspirent, si l'on ne remonte pas à l'origine de la déviation religieuse et politique, née du protestantisme et achevée par la Révolution française qui, brisant la tradition chrétienne, a amené l'humanité à cet « état moderne » d'où est bannie l'idée d'une loi supérieure à la volonté du prince ou des majorités.

Or l'État moderne est en face de foules qui souffrent et n'ont plus de consolations pour leurs souffrances. D'épouvantables misères coudoient des fortunes incessamment et insolemment accrues. La destruction de l'ancienne organisation du travail que rien n'a remplacée, le développement de la grande industrie et la diminution des petits ateliers, la multiplication des machines, les nécessités d'une concurrence sans frein, fruit du cosmopolitisme industriel, ont supprimé le patronage. Les rapports directs et fréquents d'homme à homme, de maître à ouvrier, d'où naissent l'affection, le dévouement, la pitié, auront bientôt totalement disparu. Il n'y a plus de patrons, il n'y a que des conseils qui administrent

de vastes entreprises où d'immenses capitaux sont
engagés. Pour ces associations d'écus, le repos, le
ralentissement même serait la ruine. Il faut absolument exploiter, fabriquer, produire, vendre à moindre prix que les concurrents de tous pays; il faut
réduire le taux de la main-d'œuvre, et dans cette lutte
anxieuse, dévorante, la créature faite à l'image de
Dieu n'est plus qu'une machine vivante, une marchandise que l'on se procure au rabais et dont on tire
tout ce qu'elle peut produire.

L'exemple des hautes classes de la société, la soif
du luxe, les souffrances de l'agriculture, le dégoût de
la vie rurale, la facilité des communications, versent
incessamment dans les centres industriels de nouvelles recrues pour l'armée de la misère. A ces multitudes affamées, irritées, jalouses, une secte impie,
servie par des gouvernements prévaricateurs, verse
le poison de l'incrédulité et prêche la théorie de l'égalité dans le droit au plaisir. Tout conspire à arracher
de l'âme du peuple la foi en la doctrine qui enseigne
le mépris de la richesse et la dignité du pauvre,
inspire l'amour des pures joies du foyer, et favorise
la pratique des vertus qui rendent l'existence paisible
et l'épargne possible; la foi en cette doctrine divine qui
demande, il est vrai, la résignation aux malheureux,
mais qui fait de la charité et du bon exemple un devoir pour les riches, et apaise la douleur présente par
l'espérance des compensations futures. Aussi l'armée
de la misère est devenue l'armée de la révolution sociale. L'optimisme conservateur ne peut plus essayer,

pour s'épargner l'effort, de nier le péril ; le cri des revendications violentes a troublé son repos ; des craquements significatifs annoncent la chute de l'abri sans fondements offert par la Révolution à la société que ne protège plus l'édifice chrétien. Il n'y a plus à discuter, la crise est prochaine, on a peur ! D'où viendra le salut ?

Quel secours invoquer en ce danger suprême ? Si je m'adressais à vous, Messieurs, je sais quelle réponse vous feriez à ma demande. L'humanité a vu jadis l'État omnipotent, l'État-dieu, n'ayant que sa volonté propre pour règle de justice. Le socialisme d'État a changé de forme, mais il n'est pas nouveau. Il s'est appelé : le césarisme. L'antiquité a connu un esclavage plus dur, plus inhumain que le prolétariat moderne, et le monde auquel le Rédempteur a apporté la nouvelle de l'égalité des enfants du même Dieu sous la même loi de fraternité et d'amour, était plus étranger que le nôtre à l'empire du droit, au règne de la justice. J'ai eu déjà l'occasion de le dire : rien, chez les peuples baptisés, ne peut donner l'idée de ces troupeaux d'esclaves livrés aux convoitises et aux brutalités des maîtres, soumis eux-mêmes à l'esclavage, plus humiliant et plus cruel, de leurs passions divinisées et de la dureté de leur cœur. Or la vérité qui a délivré le monde est éternelle et immuable ; elle est de tous les temps et de tous les lieux. L'Église en est la dépositaire ; elle a encore ses paroles de vie et le pouvoir des guérisons miraculeuses. L'Église peut encore donner aux nations inquiètes la paix ; non pas

celle dont Tacite disait : *Cum silentium fecerunt,
pacem appellant,* mais la paix promise par Jésus-
Christ aux hommes de bonne volonté.

Mais, hélas! où sont les hommes de bonne volonté,
et que le nombre est petit de ceux qui songent à recourir à l'Église! Non, les regards effrayés se tournent vers l'État, il n'y a plus de force organisée que
la sienne. Soyez fort, lui crient des voix affolées,
brisez les résistances, prenez tout, même la liberté,
mais gardez-nous de l'anarchie!

L'État a presque toujours prêté une oreille com-
plaisante à ces supplications. Il laisse volontiers les
prophètes de la nouvelle religion d'État enseigner que,
pour échapper au pillage, à la dilapidation dont les
anarchistes menacent les fortunes privées, le procédé
le plus sûr serait de confier aux délégués de la volonté nationale tous les instruments de l'activité sociale et de la richesse publique. Ces docteurs ajoutent
que toutes les questions ouvrières et économiques,
salariat, chômages, accidents, retraites et le reste,
seraient ainsi résolues par l'État, chargé désormais
de supprimer la misère et de faire taire les ennemis
du capital, et qu'ainsi, en faisant « la part du feu »,
au prix de quelques sacrifices, chacun vivrait en paix,
à l'abri d'une législation sous l'empire de laquelle il
y aurait encore de beaux jours pour la Bourse et
pour les manieurs de l'argent d'autrui.

Vous savez, Messieurs, quel chemin a déjà fait
cette doctrine, non seulement dans les esprits, mais
dans les institutions et dans les lois; et si quelqu'un

en doutait, vous lui montreriez, de l'autre côté de l'une des frontières de la France mutilée, la tentative si dure pour les catholiques, poursuivie par un homme d'État qui a pour le droit désarmé le même dédain et pour la force le même culte que le plus orgueilleux des Césars. Pour moi, laissez-moi vous le dire en passant, je ne regarde jamais de ce côté sans me souvenir de cette parole prophétique de Henri Heine : « Il se passera en Allemagne un drame auprès duquel la révolution française n'aura été qu'une innocente idylle. »

Cependant, il faut le reconnaître, lorsque le socialisme d'État se présente tel qu'il est au fond, c'est-à-dire comme la conception d'un ordre social nouveau dans lequel les richesses seraient réparties entre les hommes par l'autorité de la loi, il excite de vives répugnances et une réprobation presque générale. Tel que n'effrayerait pas outre mesure l'idée de l'État dispensateur unique des fonctions, de l'enseignement et des secours, se révolte contre la main-mise du gouvernement sur le travail et la propriété. Aussi, ce qui fait le danger des thèses que j'ai rapidement esquissées, c'est qu'elles séduisent par certaines apparences de justice, c'est qu'elles s'appuient sur des faits incontestables et douloureux, c'est surtout qu'elles ne laissent pas, du premier coup, voir où elles conduisent.

Il faut donc, dans l'examen de ces questions difficiles, se garder de deux périls. M. Charles Périn les a exposés avec la sûreté de vue et la précision de langage qui donnent à ses écrits la haute autorité acceptée par toutes les intelligences appliquées à l'étude de la régénération sociale par les principes évangéliques.

Il démontre que, sans la charité, rien ne peut être fait pour la solution du problème social. Puis il ajoute : « Pour parvenir à faire vivre les hommes en société sur le principe de l'individualisme et de l'intérêt propre, on peut choisir entre deux voies qui, partant du même point, aboutissent par différents détours à des effets pratiques également fâcheux pour la liberté, la dignité et le bien-être de tous. Il y a la voie du développement économique des intérêts. Ceux qui la suivent s'imaginent que les intérêts sont tellement coordonnés de par la nature des choses, qu'étant laissés à leur impulsion propre, ils mettent tout dans le plus parfait équilibre. Par l'autre voie, on demande à l'État ce que dans le premier système on croit obtenir de la seule liberté. D'après cette conception de centralisation, l'État se présente comme la conscience universelle, formée par la libre adhésion de toutes les consciences individuelles, et comme l'organe suprême de la liberté dans la vie sociale; si bien qu'en livrant tout à l'absolutisme on a la prétention de tout faire pour la liberté. De ces deux systèmes le premier est le système libéral proprement dit, l'autre est le système socialiste. »

Comme l'illustre savant à qui j'ai emprunté cette citation, nous savons, Messieurs, que la vérité n'est ni dans le système libéral, qui refuse à l'État même la réglementation nécessaire que réclament la conservation des mœurs et la protection des faibles, ni dans le système socialiste qui absorbe dans l'omnipotence de l'État toutes les libertés individuelles. La vérité n'est ni dans la Révolution, qui nie l'autorité, ni dans le césarisme, qui nie la liberté.

Aussi, Messieurs, est-ce une entreprise digne des efforts des jurisconsultes catholiques que de rechercher, comme vous allez le faire, l'exacte limite à laquelle s'arrête le devoir de l'État et au delà de laquelle l'usurpation commence. Cette limite existe, et l'ordre régnerait si l'infirmité humaine permettait à un pouvoir humain de l'atteindre sans la franchir. S'en rapprocher, autant que les circonstances de temps et de lieux le permettent, est le devoir des gouvernements; et pour nous, dussions-nous trouver longtemps encore les pouvoirs publics réfractaires aux enseignements de la vérité, le devoir est de proclamer ces principes de la liberté, de l'autorité et de l'ordre chrétien.

Il y a en effet un ordre voulu de Dieu. Rien n'est légitime que ce qui est conforme à ce plan divin. Dans cet ordre providentiel, il y a, pour l'activité des individus et des nations, un vaste champ ouvert à la liberté, au progrès, aux modifications les plus profondes de tout ce qui est contingent; mais il y a des principes immuables, aussi vrais au XIXᵉ siècle qu'ils l'étaient au moyen âge, et l'ensemble de ces principes, de ces règles antérieures et supérieures à toutes les législations humaines constitue le *droit*, non pas le droit de tel code ou de telle constitution, mais le

droit dans le sens le plus élevé du mot, le droit
« contre lequel il n'y a pas de droit ».

Messieurs, nous sommes réunis pour nous entr'aider
dans l'étude des principes et de leur application aux
problèmes dont l'état actuel du monde rend la solution aussi difficile que nécessaire. Nous demandons
chaque jour à Dieu que son règne arrive et que sa
volonté soit faite. C'est pour qu'il règne, non seulement dans les âmes fidèles, mais sur les sociétés,
qui sont son ouvrage et son domaine; c'est pour que
sa volonté s'accomplisse, non en certains lieux et en
certains temps, non pas en partage avec des volontés
hostiles, mais partout et pleinement, *sicut in cœlo,*
— comme au ciel, — c'est pour cela, dis-je, que nous
avons mis en commun nos bonnes volontés et nos travaux. Ayons l'humble confiance que Dieu daignera
les bénir et éclairer nos intelligences.

A la tendance envahissante de l'État *laïque,* vous
opposerez l'affirmation de l'autorité suprême de
l'Église; vous rappellerez l'indépendance primordiale de la famille et des droits paternels, l'inviolabilité de la propriété, la liberté des contrats et des associations honnêtes, la liberté de l'enseignement et
celle de la charité. Vous montrerez par quelle redoutable logique l'État, invité à se charger seul de toutes
les responsabilités et à intervenir dans le domaine
des relations privées, se trouverait autorisé à s'em-
parer de tous les instruments de production et à se
faire l'instituteur exclusif de la vie morale des générations à venir; comment, devenu le régisseur uni-

versel des biens matériels et de l'activité sociale, il serait entraîné à la prétention de gouverner les esprits et de régner sur les âmes.

Mais l'ardeur de la lutte contre le socialisme ne vous emportera pas jusqu'à la négation des devoirs de l'État et à l'acceptation du *laisser-faire, laisser-passer* des juristes de l'école libérale. Non, le juris-consulte catholique ne laissera pas *faire* l'exploitation de la faiblesse et de la misère par une spéculation sans pitié, ni *passer* l'injustice dans les lois. Il faut n'avoir pas la moindre notion du socialisme, écrit le savant M. Winterer, pour traiter de socialistes les catholiques qui combattent le système économique créé par la Révolution. ». Mon éloquent ami le comte Albert de Mun disait un jour aux membres de l'œuvre admirable des cercles catholiques ouvriers, dont il est le chef et l'inspirateur : « Non, nous ne sommes pas et nous ne serons jamais des socialistes. Le socialisme, suivant la parole du P. Félix, c'est la négation de l'autorité de Dieu, et nous en sommes l'affirmation; c'est l'affirmation de l'indépendance absolue de l'homme, et nous en sommes la négation; c'est la passion de la possession, et notre doctrine s'appuie sur le renoncement. » Un homme, dont l'autorité n'était pas contestable en ce point, exprimait la même vérité en termes différents : « Les ultramontains, disait le socialiste allemand Bebel, sont nos ennemis mortels. »

Non, Messieurs, on n'est pas socialiste parce qu'on admet que l'État doit avoir d'autres soucis que de garantir la sécurité des citoyens.

Voulez-vous me permettre, à ce propos, un souvenir personnel? Je causais un jour avec un employé d'une vaste et puissante administration. Quelques conversations antérieures m'avaient acquis sa confiance. Ce jour-là, il me dit, avec un accent de tristesse et de découragement dont je fus profondément impressionné, ces paroles que je n'ai pu oublier : « Ce n'est pas du salaire que nous avons à nous plaindre... mais nous n'avons pas une heure à nous. C'est à peine si mes enfants me connaissent; ils sont endormis quand je rentre, et je sors avant leur réveil. — Mais le dimanche? lui dis-je. — Pour nous, me répondit-il, il n'y a pas de dimanche... »

Et, en effet, Messieurs, il y a une portion considérable de la population française pour qui il n'y a pas de dimanche; il y a des pères qui, courbés jour et nuit sur un travail sans relâche, connaissent à peine leurs enfants! Ce jour-là, je m'inclinai avec plus d'admiration et d'amour devant la divine sagesse. Je vis plus clairement qu'il faut chercher dans la loi de Dieu la solution des questions sociales. Ce jour-là je ne doutai plus que, même au delà de l'obligation du repos du septième jour, il existe pour l'État des devoirs de protection que ma pensée, émue de la misère qui venait de m'être révélée, exagérait peut-être, mais que certainement le système libéral méconnaît; et je vous l'avoue, je ne pense pas être devenu socialiste parce que je crois qu'une nécessité évidente de justice ou d'intérêt national peut obliger l'État à imposer certaines réglementations générales qui, par quelque point, affectent les intérêts privés et la liberté des conventions.

Je ne vous dissimule, vous le voyez, Messieurs, ni mes doutes, ni mes hésitations, et je ne m'effraye point des divergences d'opinion que révélera, sans doute, la discussion de notre programme : le désaccord entre nous peut porter sur des détails de grande importance, mais non sur l'essentiel et le définitif. Nous sommes garantis contre toute erreur grave sur les questions primordiales de droit et de justice, par cette suprême et infaillible autorité dont nous tentons de rétablir l'empire dans le domaine du droit social bouleversé, dévasté par la Révolution. C'est à ce but que tend notre œuvre, c'est sur le terrain du droit social chrétien qu'avec l'aide de Dieu nous nous rencontrerons tous dans une certitude dont nulle contradiction humaine ne saurait troubler la sécurité.

L'histoire raconte[1] qu'en l'année 1721, le chevalier de Fougères, commandant le vaisseau le *Triton*, prit possession de l'*Ile de France* au nom du roi très chrétien. Il déploya sur la plage le drapeau blanc fleurdelisé et, à l'ombre de la glorieuse bannière, éleva une croix sur laquelle il grava cette inscription :

JUBET HIC GALLIA STARE CRUCEM.

Au risque de vous faire sourire, je vous l'avouerai, Messieurs, c'est à propos de notre pacifique congrès

1. M. Xavier Marmier, de l'Académie française. Discours à l'Institut, 7 janvier 1873.

que ce souvenir de vaillance et de conquête est revenu
à mon esprit. Dans je ne sais quel rêve ambitieux,
j'ai vu, sur l'édifice restauré de la constitution française, la croix debout. J'ai lu, sur la première page
d'un code de législation chrétienne, le fier commandement de l'officier du roi : « La France ordonne que
la croix règne ici! »

Ce n'est qu'un rêve, je le sais, mais c'est une espérance. Le jour où cette espérance deviendrait une
réalité, la question sociale serait résolue par la justice
dans les lois et la charité dans les mœurs, et, seuls,
les congrès historiques s'occuperaient encore du césarisme et du socialisme d'État.

Travaillons, Messieurs, à poser les assises de cette
législation chrétienne. Dussent-ils n'être jamais mis
en œuvre, préparons-en les matériaux; traçons-en le
plan, dût-il n'être jamais réalisé. Peut-être Dieu per-
mettra-t-il que les successeurs de ceux qui nous succéderont achèvent l'œuvre commencée et, sur le front
du temple de la justice, gravent ces mots trop longtemps oubliés :

JUBET HIC GALLIA STARE CRUCEM.

L'ENSEIGNEMENT

Messieurs,

Ce n'est pas à vous qu'il est nécessaire de démontrer la souveraine importance et l'opportunité des
questions posées dans le programme du congrès.
Mais si, devant un auditoire moins éclairé, moins
choisi que celui à qui j'ai l'honneur de parler, je disais que la plupart des Français ont une idée fausse
de la liberté d'enseignement, qu'en France et ailleurs,
un grand nombre de catholiques ont une conception
erronée des droits de l'État, de la famille et de
l'Église, je causerais sans doute un grand étonnement et j'éveillerais probablement de vives suscepti-
bilités. Et cependant n'est-il pas vrai que l'omnipotence ou, au moins, le droit supérieur de l'État
enseignant est accepté comme indiscutable par la
majorité de nos concitoyens, et que la liberté de
l'enseignement est considérée comme une libéralité
de l'État, seul juge de la mesure dans laquelle il lui

convient d'en étendre ou d'en restreindre la concession? N'est-il pas vrai que la pensée de la suppression de l'enseignement officiel et de la haute et obligatoire direction de l'État, s'exerçant sur tous les ordres d'enseignement et sur tous les maîtres, ne peut être exprimée sans causer à la plupart des auditeurs un étonnement mêlé d'effroi?

Je ne veux pas dire que l'abolition, sans préparation et sans ménagement de l'Université d'État ne puisse être raisonnablement regardée comme un projet actuellement irréalisable, comme une entreprise provisoirement téméraire. « Ce n'est pas du jour au lendemain, écrivait naguère l'éloquent recteur de l'Institut catholique de Paris, que l'initiative privée pourrait prendre partout la place de l'enseignement officiel.... Si l'autonomie doit être un jour le régime normal de notre enseignement national, si les institutions dispensatrices du savoir doivent cesser d'être les rouages d'une machine administrative, pour devenir autant d'organismes vivants, ayant eux-mêmes les éléments de leur durée, cette transformation désirable devra être préparée de longue main par le développement progressif des universités libres. »

Nul ne contestera la sagesse de ces paroles, dans lesquelles je voudrais cependant voir de moins lointaines espérances. Il y a, en effet, d'autres moyens de hâter cette « transformation désirable ». Elle pourrait s'accomplir sans secousse et sans dommage ni pour les professeurs ni pour les études, par l'emploi, au profit de l'enseignement libre, des forces morales et matérielles mises aujourd'hui au service de l'enseignement officiel; mais ce que je veux seulement constater, au moment où je prononce les mots de suppression de l'enseignement d'État, c'est que je parle du principe, et non de la possibilité plus ou moins prochaine de son application.

Or je crois fermement que ce qui affaiblit l'énergie des revendications, ce qui rend trop souvent les efforts impuissants et les sacrifices stériles, ce qui oblige à recommencer une lutte incessante pour la conquête d'une liberté toujours incomplète et toujours menacée ou reprise, c'est l'erreur, l'erreur fondamentale sur le droit et la fonction de l'État en matière d'enseignement. Cette erreur subsiste dans beaucoup d'esprits après un demi-siècle de luttes ardentes, de savantes études, d'affirmations éloquentes.

Il faut donc faire la lumière. Il faut, par un infatigable apostolat, rétablir la vérité historique, et faire pénétrer dans les intelligences et dans les cœurs la connaissance et l'amour du droit naturel et divin. Aux citoyens qu'une longue oppression a façonnés à la servitude, il faut rappeler leurs droits et leurs devoirs. Les rôles ont été intervertis par l'usurpation révolutionnaire. L'État s'est fait l'instituteur général des jeunes générations, le professeur universel, le maître de l'enseignement. Il est nécessaire de lui rappeler que son droit incontesté de surveillance a des limites; que Dieu a donné à d'autres que lui la mission d'élever et d'instruire, et qu'en dehors de ses écoles spéciales, il n'est en droit, et ne doit être en fait, qu'un protecteur attentif et un professeur suppléant.

L'État moderne est loin, vous le savez, d'accepter un rôle aussi modeste, et vous savez aussi que la prétention césarienne du gouvernement laïque des intelligences par une éducation d'État obligatoire est une nouveauté dans l'histoire de notre pays, et que la liberté d'enseignement est une de nos traditions nationales. L'un de nos amis a établi par une démonstration irréfutable cette vérité historique [1].

Permettez-moi, sans anticiper sur les travaux qui seront soumis à vos délibérations, d'esquisser d'un trait rapide les précédents de la législation dont la France subit les dures entraves, et de justifier, en quelques mots, le plan de notre programme, qui aura peut-être paru à certains esprits faire une trop large part à la théorie pure et aux principes absolus.

Pour moi, je ne suis pas effrayé de ces hardiesses, car c'est surtout dans les temps où les transactions sont obligatoires, qu'il est nécessaire, pour chacun, de connaître toute l'étendue de son droit.

C'est un fait digne de remarque, qu'à toutes les époques les grands adversaires de l'autorité divine sur la société humaine ont porté leur principal effort contre l'éducation chrétienne de la jeunesse; que tous ont été hostiles à l'enseignement libre et ont revendiqué pour l'État le monopole de l'enseignement.

1. M. Albert Desplagnes : *La Question de l'enseignement public en France.*

Tous ont compris que, pour modifier l'état social d'un peuple, le moyen le plus efficace est l'éducation; que, pour faire un peuple athée, le procédé le plus sûr est de donner à quelques générations un enseignement d'où l'idée de Dieu soit bannie; ils ont tous été convaincus que, pour atteindre ce but, il est nécessaire de supprimer la liberté. C'était la pensée du bruyant et vaniteux tribun qui a poussé le cri de la guerre actuelle contre le « cléricalisme ». C'était, un siècle auparavant, la doctrine du malfaiteur de génie qui excitait ses complices à « écraser l'infâme ».

On ne saurait nier que la constante et universelle adhésion des pires ennemis de la religion à la théorie de l'État enseignant constitue contre elle un préjugé de sérieuse importance, et digne de l'attention des catholiques.

Vous savez, et tout le monde devrait savoir, au moyen de quelles calomnies, de quelles odieuses manœuvres l'expulsion des jésuites, alors maîtres incontestés de l'enseignement français, fut, au siècle dernier, préparée par des philosophes mécréants, par des magistrats prévaricateurs et des grands seigneurs libertins, servis par la haine d'une célèbre impudique et la complicité des ministres d'un roi dont la faiblesse déshonorait le trône.

C'est que, longtemps avant la révolution française, le plan qui se réalise aujourd'hui était conçu dans la pensée des philosophes et des sociétés secrètes. Les preuves abondent. J'en citerai une.

Au commencement de l'année 1763, la Chalotais,

procureur général au Parlement de Bretagne, communiquait à Voltaire le manuscrit de son *Essai d'éducation nationale pour la jeunesse*, et Voltaire s'empressait de le remercier dans les termes les plus flatteurs. Il lui écrivait le 28 février : « Vous intitulez l'ouvrage : *Essai d'un plan d'études pour les collèges*, et moi, je l'intitule : *Instructions d'un homme d'État pour éclairer toutes les conditions*. Je trouve toutes vos vues utiles... Que je vous sais gré de vouloir que ceux qui enseignent les enfants en aient eux-mêmes !... Votre confiance m'honore autant qu'elle m'est chère... Envoyez-moi surtout, ajoutait-il, des frères ignorantins pour conduire mes charrues et pour les y atteler... »

L'*Essai* de la Chalotais était déposé le 24 mars 1763 au greffe du Parlement de Bretagne.

Quel était ce plan d'éducation nationale ?

Le premier principe posé par la Chalotais, c'est le monopole de tout enseignement dans les mains de l'État, qui doit, dit-il, prendre la charge complète de l'éducation de tous les enfants depuis l'âge de 6 ou 7 ans jusqu'à l'âge de 17 ou 18 ans. Cet enseignement doit être confié exclusivement à des laïques. « Le bien de la société, dit-il, exige manifestement une éducation civile, et si on ne sécularise pas la nôtre, nous vivrons éternellement sous l'esclavage du pédantisme. »

Vous voyez que les modernes n'ont rien inventé, pas même les mots ! Éducation civile, sécularisation, enseignement laïque, tout cela était écrit dès 1763.

Ils n'ont rien inventé non plus en ce qui concerne la morale. « Je parle, dit la Chalotais, de la morale qui précède toutes les lois divines et humaines; l'enseignement de cette morale appartient à l'État. Il faut réduire toute la religion à un pur déisme et la dégager de toutes les controverses futiles et bagatelles sacrées..... » Ces bagatelles sacrées sont, vous l'entendez bien, Messieurs, les dogmes et les vérités révélées.

Le parlementaire orgueilleux se plaint ensuite du nombre excessif des étudiants : « Le peuple même, dit-il, veut étudier; des laboureurs, des artisans envoient leurs enfants dans les collèges des petites villes..., et, quand ils ont fait de mauvaises études qui ne leur ont appris qu'à dédaigner la profession de leurs pères, ils se jettent dans les cloîtres, dans l'état ecclésiastique; ils achètent des offices de justice, et deviennent souvent des sujets nuisibles à la société... »

Voilà le grief contre les jésuites; voici pour les frères des Écoles chrétiennes : « Les frères de la Doctrine chrétienne, qu'on appelle ignorantins, sont survenus pour achever de tout perdre. Ils apprennent à lire et à écrire à des gens qui n'eussent dû apprendre qu'à dessiner et à manier le rabot et la lime... Le bien de la société demande que les connaissances du peuple ne s'étendent pas plus loin que ses occupations... »

J'ai cité ces passages parce qu'ils éclairent toute la suite de la grande lutte entreprise par la Révolution contre l'enseignement chrétien. Le plan y est tracé. L'éducation sera civile. L'État aura le monopole de l'enseignement confié aux seuls laïques, à l'exclusion de tout ecclésiastique ou religieux. La sécularisation est prévue, nommée : c'est la législation Ferry proposée un siècle d'avance par ceux que l'on appelait alors les philosophes.

Il y a cependant une différence. Au moment où la Chalotais dressait ce plan et échangeait avec Voltaire cette instructive correspondance, l'orgueil aristocratique des ennemis de l'Église n'était pas obligé de dissimuler son mépris pour le peuple; et comme l'Église avait multiplié les écoles populaires, il fallait les fermer. Aujourd'hui, selon la juste remarque de l'auteur des *Sociétés secrètes et la Société* [1], le but reste le même, mais le procédé change. Les écoles catholiques fermées par la Révolution se sont peu à peu rouvertes. Pour les fermer de nouveau, la secte a fait décréter l'obligation de l'enseignement, et, par l'appât d'une gratuité dont le budget paie les frais, elle s'efforce d'appeler à l'enseignement, d'où est bannie toute idée d'une religion positive, la totalité des enfants de la France.

Laissez-moi vous demander, en passant, ce qu'il faut penser de la bonne foi de ceux qui affirment, et de l'ignorance ou de la naïveté de ceux qui croient qu'avant la Révolution l'Église maintenait systématiquement le peuple dans l'ignorance?

1. *Les Sociétés secrètes et la Société*, par Deschamps et Claudio Jannet.

Permettez encore que je n'omette pas de remarquer quel argument décisif l'*Essai* de la Chalotais
fournit contre la thèse des légistes qui, pour trouver
dans le passé la justification du monopole universi-
taire, ont prétendu que dans notre ancienne constitution l'enseignement public était un droit de la couronne. N'est-il pas de toute évidence, en effet, qu'au
moment où la Chalotais proposait les innovations
dont j'ai donné la sommaire indication, on ne croyait
pas, en France, que l'enseignement fût de droit réga-
lien? N'est-il pas évident qu'en fait l'enseignement
était libre et n'était donné ni par l'État ni par délégation de l'État?

Écoutez maintenant ce que pensaient les scélérats
fameux que leurs chétifs et perfides copistes d'aujourd'hui nomment « leurs glorieux ancêtres » :

« Il est temps, s'écriait Danton, de rétablir ce
grand principe, qu'on semble méconnaître, que les
enfants appartiennent à la République avant d'appartenir à leurs parents... Qui me repondra que les
enfants, travaillés par l'égoïsme des pères ne deviennent dangereux pour la République? C'est dans
les écoles nationales que l'enfant doit sucer le lait
républicain. »

« La patrie seule, dit Robespierre, a le droit d'élever les enfants; elle ne peut confier ce dépôt à l'orgueil des familles, ni aux préjugés des particuliers. »

« Il faut, ajoute Grégoire, que l'éducation s'empare
de la génération qui naît, qu'elle aille trouver l'enfant
sur le sein de sa mère, dans les bras de son père. »

Et le Bon donne la conclusion : « Il faut remplacer les pères et les mères par une éducation commune obligée. » Aujourd'hui on dit : éducation obligatoire.

Les témoignages contemporains ne laissent aucun doute sur les conséquences de l'expérimentation révolutionnaire. Portalis a dit que c'était la barbarie. La Révolution avait tout détruit et n'avait rien remplacé.

On ne peut pas en dire autant de Napoléon. En 1808, il créa l'Université, c'est-à-dire le plus redoutable instrument de domination que le génie du despotisme ait jamais inventé.

En parlant de l'Université, je n'oublie pas qu'elle compte parmi ses membres un très grand nombre d'hommes dignes de la plus haute estime et, parmi eux, d'admirables chrétiens. Je n'ai pas besoin d'ajouter que ce n'est pas des hommes que je m'occupe, mais de l'institution et de sa raison d'être.

On lit, dans le *Mémorial de Sainte-Hélène*, quelques mots qui dévoilent la pensée maîtresse de celui qui fut « la Révolution couronnée ». Parlant de ses rapports avec le doux et saint Pontife Pie VII, Napoléon raconte les persécutions et les violences dont il l'a rendu victime et ajoute :

« Je fis transporter le Pape à Fontainebleau ; mais là devait être le terme de ses misères et la régénération de sa splendeur, toutes mes grandes vues s'étaient accomplies dans le déguisement et le mystère. Dès lors j'allais relever le Pape outre mesure,

l'entourer de pompes et d'hommages, j'en aurais fait
une idole; il fût demeuré auprès de moi, Paris fût
devenu la capitale du monde chrétien, et j'aurais dirigé le monde chrétien ainsi que le monde politique. »

Puis il complétait, quelques jours après, sa pensée :

« Cet affranchissement de la cour de Rome, cette
réunion légale, la direction religieuse dans la main
du Souverain, avaient été longtemps et toujours
l'objet de mes méditations et de mes vœux. »

On entend souvent demander quel est, en définitive, le plan des sociétés secrètes? Qu'est-ce, enfin,
que la Révolution? Eh bien, Messieurs, la Révolution, la voilà.

L'omnipotence de l'État, affranchi de Rome et de
la loi supérieure dont Rome est la dépositaire et l'infaillible interprète; l'Église catholique assujettie, devenue un des organes de l'administration; les droits
de Dieu, la liberté des âmes subordonnés à la souveraineté civile, voilà la Révolution. Quelle que soit la
forme de gouvernement, monarchie, république ou
empire, si ce plan est réalisé, la Révolution est faite.

Ce n'est pas le dernier mot, sans doute. Le but définitif du travail des sectes, c'est d'abord la suppression du culte; c'est, enfin, la ruine de toute croyance
au surnaturel. Mais ce n'est pas là l'œuvre d'un jour;
il faut le temps. Pour le moment, on se contentera
d'enfermer dans la sacristie la religion asservie, on
refusera à l'Église enchaînée tout rôle social et,
pourvu que le pouvoir civil garde le monopole de
l'enseignement, la Révolution ne doute pas du succès

20.

définitif, et elle saura attendre ce que les pontifes de la libre pensée appellent, après Voltaire, le triomphe de la raison pure.

Si les ennemis de Jésus-Christ et de son Église, si les soi-disant libéraux se sont toujours montrés partisans du monopole et admirateurs passionnés de l'Université impériale, c'est que l'Université est l'État enseignant, maître absolu des programmes, dans lesquels il fait à la religion la part qu'il lui plaît de faire, large en 1808, nulle en 1885; maître du choix des professeurs et des livres, dispensateur des grades et des diplômes qui ouvrent l'accès de toutes les carrières.

Laissez-moi demander à un écrivain dont le nom ne peut être suspect quel fut le but et quel a été le résultat de ce qu'il appelle « la grande création de Napoléon ». Les paroles que je veux vous citer sont de M. Albert Duruy. « Quel trait de génie, dit-il, d'avoir compris qu'il n'était qu'une grande corporation laïque pour disputer la jeune génération aux débris des vieilles corporations enseignantes et surtout à leur esprit! Avant le 18 brumaire, on pouvait déjà prévoir le moment où la réaction aurait regagné, dans le domaine de l'enseignement, tout le terrain perdu depuis 1789... En créant l'Université de France à son image, en l'animant de son esprit, Napoléon écartait à jamais ce danger. Après avoir rivé le présent à la Révolution par le code civil et le Concordat, il lui assurait l'avenir par l'éducation [1]. »

_____

1. *L'Instruction publique et la Révolution.*

Celui qui juge ainsi l'œuvre de Napoléon voit juste et loin. Croyez-en cette parole autorisée : Napoléon, en créant l'Université, assurait l'avenir à la Révolution.

Oui, c'est bien la Révolution, c'est-à-dire la négation de l'ordre, car la main-mise de l'État sur l'enseignement public est une usurpation. Le monopole, lors même qu'il fait à la persistance des revendications légitimes des concessions toujours insuffisantes et essentiellement précaires, le monopole est un instrument de désordre et de ruine. L'État n'a ni la première ni la pleine autorité sur l'éducation de l'enfant. C'est une vérité primordiale que l'autorité appartient à l'auteur, et, par conséquent, avant tout et sur tout, à Dieu. Par délégation de cette autorité suprême du Créateur, l'autorité appartient, en matière d'enseignement, aux parents dans l'ordre naturel, à l'Église dans l'ordre surnaturel. L'État a sa part d'autorité, car il a la charge de l'ordre public et du bien temporel de la nation. Il peut donc et doit intervenir dans l'école, lorsque l'ordre et le bien public l'exigent, mais seulement alors, et dans la mesure de cette exigence ; il a le droit et le devoir de suppléer à ce que les parents seraient dans l'impuissance matérielle ou morale de faire, par eux ou par autrui, pour l'éducation de leurs enfants. C'est pourquoi je disais que l'État, n'ayant pas mission directe d'enseigner, n'est et ne doit être qu'un professeur suppléant, et que dans les écoles où il n'exerce pas cette suppléance momentanée, il n'a qu'un droit de surveillance limité par la nature de sa fonction sociale.

C'est en ce sens qu'un orateur catholique, M. Lammens, cherchant la solution de la question d'enseignement, telle qu'elle se présente dans l'État moderne, dans l'État neutre, posait récemment, avec une haute éloquence, devant le Sénat belge, la thèse célèbre qu'il résumait en ces mots : « L'État hors de l'école. »

Hélas ! nous sommes loin de là, Messieurs, aussi loin, en fait, que la thèse du sénateur belge est loin de celle que j'ai entendu formuler, en deux mots, par l'homme qui a exercé l'influence la plus décisive sur la politique française des dix dernières années. Au moment où l'Assemblée nationale discutait la loi sur l'enseignement supérieur, j'eus avec Gambetta une rapide conversation, au cours de laquelle il prétendit que « notre loi n'était pas libérale. — Comment entendez-vous, lui répondis-je, qu'une loi ne soit pas libérale qui ne refuse la liberté à personne ?

— En France, me dit-il vivement, en France, la liberté, c'est l'État. »

Vous ne serez pas surpris, Messieurs, que j'aie retenu cette phrase. Elle me rappela le souvenir d'autres paroles que, quelques années auparavant, à la fin de l'empire, j'avais entendues de la bouche d'un homme qui vit encore et à qui les événements des dernières années ont fait une haute situation politique. Nous causions de la possibilité de l'arrivée de son parti au pouvoir, et je lui demandai si les « libéraux » donneraient la liberté aux catholiques. Je le priai de me répondre, en ce qui touche la liberté d'enseignement. A ce mot, il m'interrompit : « Vous ne me demandez pas cela sérieusement, dit-il. Voilà des siècles que vous êtes les maîtres... Vous êtes trop bien armés pour que nous puissions lutter; il faut que, pendant des années, la force de l'État rétablisse l'égalité entre vous et nous; puis, ajouta-t-il en souriant, nous verrons alors si nous pouvons vous donner la liberté. »

Pardonnez-moi, Messieurs, de vous avoir confié ces souvenirs personnels, témoignage vivant de la persistance de la tradition révolutionnaire. Lorsque de telles erreurs ont corrompu les intelligences et vicié les institutions d'un peuple, il ne suffit pas de combattre au jour le jour les abus de pouvoir, il ne suffit pas de poursuivre l'abrogation des dispositions les plus intolérables d'une législation qui offense la justice : c'est à la doctrine même qu'il faut s'en prendre; c'est le système tout entier qu'il faut attaquer, jusqu'à ce qu'il succombe sous la réprobation des consciences révoltées. Ce devoir s'impose particulièrement aux jurisconsultes, et c'est cette pensée qui a inspiré la rédaction du programme du congrès.

Etudier d'abord le droit et exposer les principes; chercher dans le passé, dans nos traditions nationales et dans celles des peuples civilisés, la preuve de nos affirmations; appuyer sur les leçons de l'histoire nos revendications contre les iniquités actuelles; jeter les bases d'une législation chrétienne et poser les pierres d'attente du monument que l'avenir élèvera à la liberté victorieuse, quel vaste dessein; quel champ ouvert à l'ardeur généreuse, à l'inébranlable confiance des amants passionnés de l'immuable justice !

Personne ne nous soupçonnera d'avoir eu le téméraire espoir de remplir ce cadre en trois jours; de toucher à tous ces problèmes, et encore moins de les résoudre, après une préparation de quelques mois, pendant les trop courtes heures que nous allons passer dans l'intimité d'une affectueuse collaboration.

Mais ce que nous pouvons raisonnablement espérer, c'est que nous n'aurons pas inutilement invité les catholiques à se demander avec nous quels devoirs leur impose l'état actuel de l'enseignement, « sous le régime maçonnique » dénoncé au monde par la parole inspirée du saint Pontife Léon XIII; c'est que l'opinion publique ne restera pas indifférente à nos protestations; c'est que l'œuvre de la restauration chrétienne du régime de l'éducation publique sera continuée par ceux qui viendront après nous, et achevée à l'heure que Dieu a marquée pour l'humiliation des contempteurs de son autorité.

En attendant, il faut lutter sur le terrain, semé d'embûches, où nous enferme la légalité révolutionnaire; il faut fonder le budget de l'enseignement indépendant et disputer quelques âmes d'enfants à la mortelle influence de ces écoles sans Dieu que nous payons de nos deniers. Il faut développer l'enseignement supérieur et faire comprendre aux catholiques

la suprême importance de ces facultés libres, qui sont
l'affirmation vivante du droit de l'Église et de la
famille, les gardiennes de la pure doctrine dans le
domaine des hautes études; de ces grandes écoles
prêtes à ouvrir leur enceinte élargie aux générations
que le persévérant effort des amis de la liberté arra-
chera bientôt, je l'espère, à la servitude de l'enseignement d'État.

Oui, je l'espère. J'espère que ce peuple, qui ne re-
cule devant aucun sacrifice pour échapper aux conséquences de la législation impie que lui impose le
pouvoir des sectaires, finira par se révolter contre
les oppresseurs dont l'audace a surpris son impré-
voyance, et qui le dépouillent et le ruinent pour lui
ravir la foi de ses pères et l'âme de ses enfants.

Ne vous semble-t-il pas, Messieurs, que rendre ce
peuple à lui-même, l'éclairer sur son droit, lui rappeler ses devoirs, et, par une démonstration décisive
des périls que l'école sans Dieu fait courir à la religion et à la patrie, provoquer cette légitime insurrec-
tion des consciences, ne vous semble-t-il pas, dis-je,
que c'est une entreprise digne de vous?

Heureux ceux qui se sentent appelés à cette œuvre,
car je n'en connais pas qui mérite mieux d'occuper
la vie d'un homme de bien.

Messieurs, Dieu ne nous a pas fait naître dans les
temps héroïques où nos pères, brisant les liens qui
les attachaient au sol chéri de la patrie, allaient
verser leur sang pour la délivrance des Lieux-Saints.
Il ne nous demande pas les mêmes sacrifices, et ce

n'est pas en Palestine qu'il nous appelle à relever la croix. Ce n'est plus le tombeau du Christ, c'est l'âme de la France chrétienne qui est l'enjeu de la nouvelle croisade. Autre est le champ de bataille, mais le devoir est pareil, et, aujourd'hui comme alors : *Dieu le veut !*

Une question qui semblait, en fait et en droit, définitivement jugée, la question de savoir si des citoyens français perdent le bénéfice du droit commun, le droit d'enseigner, le droit d'habiter et de vivre en communauté, parce qu'ils se sont librement soumis à une règle de vie approuvée par l'Église, fut posée à l'occasion du budget de 1879.

L'article 10 de la loi de finances disposait que « ne seraient pas admis à la répartition des bourses, les séminaires dont la direction et l'enseignement seraient confiés à des associations religieuses non autorisées par la loi ».

Je demandai au Sénat le rejet de l'article 10.

Je donne ici, d'après le texte officiel, des extraits du discours prononcé dans la séance du 26 mars 1878. J'y ai ajouté, en notes, des observations et des documents qui n'avaient pu trouver place dans le débat public. On trouvera là tous les éléments de la question et l'exposé d'une thèse de droit fondée sur des arguments, auxquels j'ose dire qu'il n'a pas été répondu ; à moins que les odieux décrets du 29 mars 1881 ne soient considérés comme une réponse... Mais les questions de droit ne se résolvent pas par des coups de force et les triomphes de la violence sur la justice ne sont que des accidents passagers.

Cette discussion ne paraîtra pas déplacée ici, et les défenseurs des libertés religieuses y trouveront des armes contre les entreprises d'asservissement et de spoliation qui se préparent.

LA SITUATION LÉGALE

DES

CONGRÉGATIONS RELIGIEUSES

... L'exclusion proposée, peut être justifiée ou par une loi existante ou par des considérations telles que, si la loi n'existe pas, il faille la faire, ou bien enfin si elle est conforme aux principes de notre droit public. Eh bien, non, il n'y a pas une loi qui justifie cette exclusion, il n'existe pas de motif pour en faire une, et j'ajoute que cette disposition est contraire aux principes de notre droit public.

Vous ne me pardonneriez pas de vous parler des lois antérieures à 1789 : nous n'avons pas de temps à perdre ici. Parler des choses qui ont précédé 1789, cela peut être bon dans un livre, dans un rapport ou dans un pamphlet. Nous ne sommes plus au temps où l'État et l'Église étaient tellement unis, que le bras de l'État servait l'Église, mais où souvent aussi la liberté de l'Église était dans les mains de l'État. Nous ne sommes plus au temps où les vœux solennels ouvraient la succession de celui qui les prononçait; nous ne sommes plus au temps où il y avait une situation spéciale pour les ordres religieux qui s'empressaient de se faire reconnaître par l'État, par l'État qui enregistrait leurs bulles d'autorisation. Nous ne sommes plus au temps où les gens du roi saisissaient le moine fugitif, le forçaient à reprendre son costume et le réintégraient dans son couvent qui, de par le roi, devenait une prison.

Messieurs, nous n'en sommes plus là, et vraiment, s'il était quelqu'un ici qui, autrement que par amour de la pure théorie et de la discussion, essayât d'aller rechercher, dans ce naufrage de l'ancien régime, pour seule épave, une loi de proscription, nous lui dirions : Ce n'est pas possible. Les décrets obtenus par le *libéralisme* de Mme de Pompadour, les décrets de Louis XV, les arrêts de règlement, tout cela a disparu. Les arrêts de règlement, les poursuites à l'extraordinaire, y songez-vous bien? Les arrêts de règlement, sous l'empire de nos lois actuelles? Les arrêts de règlement, avec la distinction des pouvoirs?

Du reste, ce n'est plus que pour les besoins de la polémique que l'on invoque ces vieux textes dont personne n'oserait demander l'application; je tiens donc pour constant, et je n'attends pas de contradiction sur ce point, qu'il faut oublier les lois antérieures à 1789 ; elles n'existent plus ; elles ont péri avec l'ancien régime, avec les anciennes conditions sociales si profondément modifiées. Depuis que les ordres religieux ne sont pas protégés par l'État, ils ont au moins le droit de ne pas être gênés par lui. Voilà pour la législation d'avant 1789. N'en parlons plus.

Et après 1789 ? Eh bien, Messieurs, après 1789 il y a eu des lois ; je parlerai de quatre de ces lois, rapidement, rassurez-vous ; et, dussé-je vous surprendre beaucoup, contre cette confusion, qui est le fond de la pensée de ceux qui ne sont point d'accord avec moi et qui égare beaucoup de bons et honnêtes esprits, contre cette confusion entre *les congrégations non reconnues et les congrégations prohibées*, j'invoque, oui, j'invoque la loi de 1790 ! Je ne vous demande pas d'autre régime que celui de la loi des 13 et 19 février 1790. Voulez-vous me l'accorder ? Nous voilà d'accord.

J'invoque, dis-je, le décret de 1790, car il fait exactement ce que je vous demande, il fait rentrer dans le droit commun, où elles veulent rester, ces congrégations non reconnues, ou mieux, comme je vous le dirai tout à l'heure, car c'est la vraie formule, ces congrégations légalement inconnues. Voilà ce que fait le décret de 1790.

J'invoque là, Messieurs, des précédents dont les dates doivent vous plaire.

Après avoir parlé de 1790, je parlerai de 1792, et j'en parlerai brièvement, soyez-en sûrs. J'invoquerai encore le Code pénal : tout cela, c'est l'égalité devant la loi. J'invoquerai donc la loi de 1790, et vous allez voir que j'ai raison de le faire.

Ce que je réclame, c'est le droit commun. Ce que je vous demande, c'est de ne pas confondre les associations non reconnues avec les associations prohibées.

Écoutez ce que dit le décret-loi de 1790 : « La loi constitutionnelle du royaume ne reconnaît plus les vœux monastiques solennels. » Vous savez quels étaient les effets des vœux solennels : la mort civile, l'ouverture de la succession, le moine exclu de la vie civile.

« En conséquence, les ordres et congrégations dans lesquels on fait de pareils vœux sont et demeurent supprimés, sans qu'il puisse en être établi de semblables à l'avenir. »

Ainsi les vœux solennels — ces vœux dont vous connaissez les conséquences — sont supprimés ; l'État ne les protège plus. C'est entendu. Et la loi ajoute :

« Tous les individus existant dans les monastères pourront en sortir, » — entendez ces mots, — « pourront en sortir et recevront une pension convenable. »

« Ils pourront en sortir... » et si, par hasard, ils voulaient y rester ? La loi répond :

« Il sera indiqué des maisons où devront se retirer les religieux qui ne voudraient pas profiter de la présente loi.

« Quant aux religieuses, elles pourront rester dans les maisons mêmes où elles sont aujourd'hui, les exceptant expressément de l'article qui oblige les religieux à réunir plusieurs maisons en une seule. »

Ceci est assez clair, n'est-ce pas ? Mais s'il vous reste des doutes, voici de quoi les dissiper.

Vous avez entendu le rapport de M. Treilhard [1]. Mais ce n'est, pourrait-on dire, que l'opinion d'un rapporteur. Eh bien, écoutez le législateur lui-même.

Au mois d'octobre 1790, la même Assemblée édictait une loi, pour pourvoir à l'exécution de celle du 13 février précédent. Dans chaque article de cette loi, elle s'occupe « des religieux qui préfèrent la vie commune ». Elle dispose, dans l'article 16 : « que dans l'indication des maisons pour les religieux qui préfèrent la vie commune, on choisira de préférence les plus vastes, les plus commodes et dont les bâtiments sont dans le meilleur état ».

Enfin elle dit, dans son article 2 :

« Aussitôt que les religieux seront arrivés dans les maisons à eux indiquées, ils choisiront, au scrutin, un supérieur, un procureur et un économe. »

Eh bien, Messieurs, dites-moi, sont-elles prohibées, en fait, ces congrégations que la loi non seulement protège, mais organise?

---

1. M. Treilhard disait dans son rapport : « Votre comité a pensé, Messieurs, que vous donneriez un grand exemple de sagesse et de justice, lorsque, dans le même instant où vous vous abstiendrez d'employer l'autorité civile pour maintenir l'effet des vœux, vous conserverez pourtant l'asile du cloître aux religieux jaloux de mourir sous leur règle. C'est pour remplir ce double objet que nous vous proposons de laisser à tous les religieux une liberté entière de *quitter le cloître ou de s'y ensevelir.* Sans doute, Messieurs, *vous ne refuserez pas à ces maisons le droit et le moyen de se régénérer.* »

Vous reste-t-il des doutes? Je vais vous montrer, dans un détail, l'esprit de toute la loi :

L'article 23 de la loi de 1790 abolit les costumes particuliers aux moines et déclare en conséquence que chaque religieux sera libre de se vêtir comme bon lui semblera.

Mais à ce moment déjà il y avait des hommes pressés de conclure, et une pétition fut adressée à l'Assemblée, pour lui dire :

« Vous avez interdit le costume monastique, et l'on voit encore des moines qui se promènent avec ce costume prohibé! »

Voulez-vous connaître la réponse de l'Assemblée nationale? Je cite textuellement : le 11 mars 1791, l'Assemblée répondait « qu'elle n'avait pas prétendu proscrire le costume, mais seulement affranchir les religieux de l'obligation de le porter ».

Voilà qui ne laisse absolument aucun doute. J'avais l'air de m'engager témérairement en vous disant tout à l'heure : Laissez-nous sous l'empire des lois de 1790 et 1791. Vous voyez que j'étais absolument dans le vrai; et c'est en contradiction avec les lois votées en 1790 et 1791 que l'on essaye d'introduire, dans la loi de finances, une prohibition que, j'en suis sûr, le législateur de 1791 n'y aurait pas inscrite.

Vous le voyez bien, Messieurs, cette loi de 1790, on la calomnie lorsque, comme beaucoup d'autres, on l'interprète contre nous.

En vérité, ce n'est pas une loi de servitude, c'est une loi de liberté.

Aussi, Messieurs, un auteur qui donne le résumé de la doctrine et de la juriprudence, M. Dalloz, a écrit « que la loi de 1790 ne supprima les ordres et congrégations que comme institutions légales, elle les laisse subsister, en fait, même après cette suppression ».

Nous ne vous demandons pas autre chose.

Concluons sur ce point : les vœux solennels, avec les bénéfices et les privilèges qu'ils accordaient, avec les obligations qu'ils imposaient, ces vœux n'existent plus ; c'est-à-dire que l'État ne les connaît plus. Mais la vie religieuse n'est pas un délit, mais l'association de fait d'un certain nombre de citoyens qui, se soumettant aux prescriptions du Code pénal, sont unis entre eux par un lien purement immatériel que leur conscience seule connaît, au respect duquel ils sont tenus, seulement par leur libre volonté, cette association n'est pas défendue, c'est une association non reconnue et ce n'est pas une association prohibée ; c'est ce qui a été écrit dans la loi de 1850, dans des termes que, Dieu merci, l'on n'effacera pas ; ces libertés-là, une fois conquises, on les garde, — entendez bien ceci, Messieurs, on les garde, — et nous les garderons.

La vie religieuse n'est pas un délit ; personne n'a le droit de demander aux religieux quel lien unit leurs volontés à Dieu et à leurs frères. Ils ne demandent rien à l'État que la liberté et le droit commun, que vous voulez leur refuser.

Mais si, comme congrégations religieuses, ils n'ont ni à demander ni à espérer la protection de l'État, au moins doivent-ils ne pas avoir à redouter ses rigueurs.

Ils sont libres, ils sont dans le droit commun, ils sont soumis au Code pénal, rien de plus, rien de moins.

Messieurs, voilà la loi de 1790. Je n'ai pas peur de celle-là, je l'invoque.

Il y a un autre décret, un décret de 1792. Là, ma réponse sera courte. S'il y a dans le Sénat, quelqu'un qui veuille invoquer le décret de 1792, qu'il le dise...

Personne ne répond... J'en étais bien sûr.

Non, personne ici n'oserait invoquer le décret de 1792 ! Je n'en dirai qu'un mot. C'était le 18 août que Danton contresignait ce décret dans lequel je lis cette phrase que je vous prie d'entendre, ceux surtout d'entre vous qui demandent, et ils ont dans une grande mesure raison, la liberté d'association et de réunion. Danton contresignait, dis-je, le 18 août, un décret ainsi conçu : « L'Assemblée, considérant qu'un État vraiment libre, — je n'invente pas, c'est écrit, — ne doit souffrir dans son sein aucune corporation, pas même celles qui, vouées à l'enseignement public, ont bien mérité de la patrie ! »

Quand je vous disais que vous n'invoqueriez pas le décret de 1792, j'en étais absolument sûr ! En vertu de ce considérant, l'Assemblée décrète : « Les corporations... » — (la liste en est longue), — « sont éteintes et supprimées ; les costumes sont prohibés. »

Quelques jours se passent ; le 31 août, un homme mante à la tribune, c'était Tallien, et il annonce que « sous peu de jours le sol de la liberté sera purgé de la présence des perturbateurs »...

Il prédisait juste. Peu de jours après, en effet, le

2 septembre, des commentateurs aux bras rouges de sang exécutaient le décret de Danton et réalisaient la prédiction de Tallien. Ils purgeaient le sol de la liberté ! Ah ! vous croyez qu'on peut impunément écrire dans une loi des proscriptions ! Non, Messieurs, un moment arrive où la logique révolutionnaire conclut. Le 18 août, une assemblée avait supprimé législativement les congrégations religieuses ; le 2 septembre, la logique populaire supprimait radicalement les congréganistes !

Eh bien, je vous le demande : Ce décret est-il ou n'est-il pas noyé dans le sang ? Est-ce que quelqu'un oserait, après le décret de 1792, dire que le port du froc blanc de Lacordaire constitue « un attentat à la sûreté générale » ? Je pourrais vous citer des arrêts, vous dire qu'en 1830 la cour d'Aix a jugé que le décret de 1792 est inconciliable avec la Charte et a été aboli par elle. Mais pourquoi insister ? Au surplus, que fait-il, cet abominable décret ? Il supprime les congrégations, il confisque leurs biens, interdit le costume religieux ; mais il ne prohibe pas les réunions particulières et il n'ordonne pas d'interroger les gens sur la loi qu'ils ont librement donnée à leur conscience. J'en ai un témoin illustre, et que vous ne récuserez pas. Voici comment Collot-d'Herbois, un homme qui a laissé quelques souvenirs à Lyon..., interprétait le décret de 1792. Des gens pleins de zèle avaient amené devant lui de pauvres religieuses, et lui disaient : « Voici des nonnes qui, malgré le décret, ont l'audace de demeurer ensemble ! » Et Collot-d'Herbois dit à ces religieuses : « On ne vous empêche pas de suivre votre religion. Vous pouvez lire vos livres, garder vos crucifix, vous lever la nuit, prier tout le jour et toute la nuit, prendre vos disciplines tant que vous voudrez et dire vos chapelets. Allez-vous-en chez vous comme auparavant. »

Voilà l'interprétation du décret de 1792, donnée par un homme dont l'autorité en pareille matière ne me paraît pas devoir être sérieusement réfutée par qui que ce soit, de ce côté-ci de l'Assemblée particulièrement. (L'orateur désigne la gauche.)

Mais il y a un autre décret que l'honorable rapporteur de la Chambre des députés cite avec complaisance, dans son rapport désormais et irrévocablement célèbre. Il est remarquable, Messieurs, que lorsqu'il s'agit de trouver des entraves pour la liberté religieuse, tous les régimes paraissent bons à certains adversaires. On avait invoqué Louis XV et les parlements, on invoque sans plus d'embarras Napoléon et le premier Empire, — le décret dont je veux parler est celui du 13 messidor an XII. — Je m'empresse de reconnaître qu'il est aussi formel que possible. S'il subsiste encore, votre article 10 est justifié. Sans doute vous auriez tort d'en user, mais vous auriez un texte.

De ce décret de messidor an XII voici en deux mots l'histoire :

Il y avait à cette époque, à Lyon, à Belley et dans quelques autres lieux, des maisons d'enseignement ou de retraite dans lesquelles étaient réunis un certain nombre de religieux vivant sous une règle commune,

qui ressemblait — si elle n'était pas absolument pareille — à celle des jésuites, et qui avaient pour supérieur le père Paccanari, d'où vient le nom de « pac-
canaristes » souvent employé quand il est question du
décret [1].

Ils eurent l'idée de demander, en l'an XI, la reconnaissance légale. Portalis — pour quel motif, je ne
sais — la leur fit refuser. Ils se le tinrent pour dit,
restèrent chez eux et continuèrent, sans avoir obtenu
la personnalité civile, à vivre simplement, honnêtement, paisiblement, dans les maisons où ils étaient.

Le fait fut signalé à quelqu'un qui n'aimait pas la
contradiction, je veux parler de l'empereur. On lui
dit que, malgré son refus de reconnaître la congrégation, ces gens-là avaient eu l'audace de continuer à
vivre ensemble et de rester dans leurs asiles.

Et alors, Messieurs, il rendit un décret, dont l'article 1er supprimait l'audacieuse congrégation, et ajoutait :

« Aucune congrégation ou association d'hommes
ou de femmes ne pourra se former à l'avenir, sous
prétexte de religion, à moins qu'elle n'ait été formellement autorisée par un décret, sur le vu des statuts
et règlements selon lesquels on se proposera de vivre
dans ces associations ou congrégations. »

C'est le texte de l'article 4.

Je le répète, rien n'est plus clair : aucune congrégation ne pourra, à l'avenir, exister. Jusqu'à présent

1. L'institut des jésuites n'a été rétabli que par la bulle
de 1814.

on n'avait pas besoin d'une demande d'autorisation légale : on ne pourra plus s'en passer à l'avenir, et aucune réunion ne pourra se tenir sans être autorisée par un décret de l'empereur.

Voilà la disposition. A ce propos, je voudrais vous faire remarquer que ce décret dépassait le droit constitutionnel qu'avait l'empereur, et qu'en vertu de la Constitution il ne pouvait faire des lois sans le concours du Corps législatif. Je n'insiste pas sur ce point : j'ai autre chose et mieux à dire. Où est la sanction ? car il faut une sanction. L'article 6 ajoutait : « Nos procureurs généraux, près nos cours et tribunaux, et nos procureurs impériaux, sont tenus de poursuivre ou de faire poursuivre, même par la voie extraordinaire, suivant l'exigence des cas, les personnes de tout sexe qui contreviendraient directement ou indirectement au présent décret, qui sera inséré au *Bulletin des lois*. »

Je dis d'abord que ce décret n'a point de valeur législative parce qu'il n'a pas de sanction ; je dis, en second lieu, qu'il est abrogé. J'ai dit : point de sanction. Où est-elle, en effet ? Est-ce la poursuite par voie extraordinaire ? Qu'est-ce que cela ? La poursuite par voie extraordinaire au temps où nous vivons !

M. Jules Favre. — C'est la dispersion !

M. Lucien Brun. — M. Jules Favre dit que c'est la dispersion. C'est, en effet, un moyen extraordinaire. Mais je voudrais bien savoir où l'honorable M. Jules Favre, que je tenais, que je tiens pour un légiste, a vu qu'un procureur général pouvait disperser une réunion de citoyens qui ne viole aucune loi, qui respecte les dispositions du Code pénal?

La dispersion! mais je vous en défie! Comment! après 1848, après 1870, en pleine République, vous oseriez violer le domicile d'honnêtes gens qui payent leurs impôts, qui sont électeurs, éligibles comme vous, parce qu'ils font leurs prières en commun, parce qu'ils sont pauvres volontaires, parce qu'ils mènent une vie de sacrifice et de dévouement! Je vous en défie! Oui, vous-même, monsieur Jules Favre, je vous en défie! Les poursuites par voie extraordinaire! Elles sont impossibles [1].

Quant aux procureurs généraux, j'ai l'honneur de parler devant M. le garde des sceaux, et je lui demande de quelle peine ses procureurs généraux demanderont l'application. Quel article de loi invoquerez-vous? Essayez donc de poursuivre par voie extraordinaire sous l'empire des lois actuelles! de faire prononcer par voie extraordinaire une peine non édictée par le Code pénal! Essayez [2]!

1. Il serait impossible de procéder contre une association religieuse par voie administrtive, puisque l'art. 4 de la loi du 10 avril 1834 attribue formellement aux tribunaux correctionnels la connaissance des infractions à cette loi et à l'art. 291 du Code pénal.

2. Il est probable, comme le disait M. Hébert dans la discussion de 1845 à la Chambre des députés, que dans la pensée de l'auteur du décret ces mots : *même par voie extraordinaire*, se référaient au pouvoir des anciens parlements qui, *suivant l'exigence des cas*, prononçaient des peines arbitraires. Mais en supposant même qu'avant le Code pénal de 1810 il se fût trouvé des juges disposés à prononcer des peines arbitraires, ce qui n'est pas vraisemblable, il est certain que depuis lors aucun tribunal ne l'oserait. En effet l'article 4 du Code pénal dispose

Et ceci m'amène à vous dire que ce décret est explicitement abrogé par le Code pénal.

M. Hérold. — Par l'article 291, sans doute !

M. Lucien Brun. — Parfaitement ! C'est l'article que j'allais invoquer. L'honorable M. Hérold est un juriste. Il m'a prévenu. Voyez combien il est commode d'avoir affaire à des hommes qui parlent la même langue que vous !

Eh bien, je soutiens que ce décret impérial, — que je m'étonne de vous voir invoquer, — est abrogé, et qu'il l'est explicitement ; il suffirait d'ailleurs, je l'ai déjà dit, d'une abrogation implicite par le Code pénal.

Le législateur de 1810 s'exprime, en effet, ainsi, dans l'article 484 du Code pénal :

« Dans toutes les matières qui n'ont pas été réglées par le présent Code et qui sont régies par des lois et règlements particuliers, les cours et tribunaux continueront de les observer. »

Donc, si la matière des associations religieuses a été réglée par le Code pénal, le décret de messidor est abrogé.

J'ouvre le Code pénal et je lis, à la section 7 du titre Ier du livre III, le titre que voici : « Des associations ou réunions illicites. »

Toutes les associations ou réunions non prévues par ce chapitre sont donc permises. Tout ce qui n'est pas

que « nulle contravention, nul délit, nul crime ne peuvent être punis de peines *qui n'étaient pas prononcées par la loi* avant qu'ils fussent commis ».

Le décret de messidor n'a donc pas de sanction.

prohibé par la loi est permis. Je parle ainsi avec la Déclaration des droits de l'homme.

Après avoir lu l'article 484, qui déclare que le Code pénal abroge les lois antérieures, je veux examiner si le Code pénal règle ce qui avait été réglé par le décret de l'an XII. Toute la question est là.

Eh bien, le décret de messidor an XII disait : « Aucune association ne pourra se former à l'avenir, sous prétexte de religion, que si elle y est autorisée par décret. »

Or, je lis dans le Code pénal, article 291 :

« Nulle association de plus de vingt personnes, dont le but sera de se réunir tous les jours ou à certains jours marqués, pour s'occuper d'objets religieux, littéraires, politiques ou autres, ne pourra se former qu'avec l'agrément du gouvernement et sous les conditions qu'il plaira à l'autorité publique d'imposer à la société.

« Dans le nombre de personnes indiquées par le présent article, ne sont pas comprises celles domiciliées dans la maison où l'association se réunit. »

Le Code pénal règle bien la même matière que celle qu'avait réglée le décret de messidor. Ce décret est donc abrogé. Et comment voulez-vous qu'il en soit autrement ? Le décret exige une loi pour autoriser une réunion de deux ou trois personnes. Le Code pénal n'exige une autorisation administrative que pour les réunions de plus de vingt personnes. Essayez donc de les concilier !

Voilà le droit commun. Je vous le demande, où

trouverez-vous un motif pour formuler votre exception contre les membres des associations religieuses non reconnues [1] ?

Vous diminuez l'étendue du droit d'enseigner pour les membres des corporations non reconnues. Je cherche si une loi existe, qui vous le permette. Je dis non.

Ce n'est pas le Code pénal. Il interdit les réunions

---

1. Voici le texte de l'article 1er de la loi du 10 avril 1834 sur les associations : « Les dispositions de l'article 291 du Code pénal sont applicables aux associations de plus de vingt personnes, alors même que ces associations seraient partagées en sections d'un nombre moindre et ne se réuniraient pas tous les jours ou à des jours marqués. »

M. de Vatimesnil dit dans sa consultation de 1845 : « Le Code pénal et la loi de 1834 n'ont vu de danger que dans les réunions composées d'individus appartenant à des situations sociales diverses, qui se réunissent dans un but commun et qui vont ensuite porter dans les relations ordinaires de la vie l'esprit qu'ils ont puisé ou les projets qu'ils ont formés dans ces conciliabules. Ils n'en ont pas vu dans les agrégations de personnes qui *s'associent pour habiter sous le même toit*. La loi sur les associations divise donc, par la force même des choses, les associations en licites et illicites. L'association illicite est celle qui, n'ayant pas obtenu d'autorisation, se compose de *plus de vingt personnes non domiciliés dans la maison où elle se réunit*. Toute autre association est licite ; elle est protégée par le principe que l'association est de droit naturel, et que tout ce que la loi n'interdit pas est permis. »

On ne voit pas ce qui pourrait être objecté de sérieux à cette thèse.

M. Guizot disait dans la discussion de la loi de 1834 : « Ce sont seulement des sociétés politiques que l'on veut atteindre. » « Voici la grande distinction à faire, disait le garde des sceaux : s'agit-il de réunions qui ont seulement pour but le culte à rendre à la divinité et l'exercice de ce culte, la loi n'est pas applicable, nous le déclarons de la manière la plus formelle. »

Et Berryer s'écriait sans être contredit :

« La loi des associations, vous l'avez admirablement compris avec votre grand et bon esprit, *elle n'est pas applicable à la matière*. Il ne s'agit pas de réunions plus ou moins régu-

de plus de vingt personnes, mais il déclare formellement que les personnes domiciliées dans la maison n'y sont pas comprises.

Eh quoi ! vingt-cinq ouvriers pourront se réunir sous le même toit, vivre ensemble, travailler en commun, et vous refuserez le même droit à des hommes qui ne violent aucune loi, et par cela seul qu'ils ont

lières, plus ou moins périodiques, formées d'un plus ou moins grand nombre de personnes qui, étrangères l'une à l'autre par leurs positions sociales, ayant des situations dans la société, y remplissant des professions diverses, ayant toutes les passions diverses, tous les intérêts divers dont la société est animée, se réunissent à un jour donné pour un objet déterminé, religieux ou autre, et redevenant, comme vous le disiez hier, après la réunion ce qu'elles étaient avant, rentrant dans la société avec toutes les passions, tous les caprices, tous les intérêts du monde. Ces réunions pour lesquelles la loi des associations est faite, j'en comprends la gravité, j'en comprends les dangers... » (Séance de la Chambre des députés du 3 mai 1845.)

M. Thiers fut embarrassé, dans la discussion qui eut lieu en 1845 à la Chambre des députés sur son interpellation, par ces mots de l'article 291 du Code pénal : « Dans le nombre de personnes indiquées par le présent article ne sont pas comprises *celles domiciliées dans la maison* où l'association se réunit. »

Comme il fallait absolument risquer une interprétation ou se déclarer battu, il imagina celle-ci : « Les personnes que l'on a voulu exlure par ces expressions, ce sont tout simplement les *gens de service dans la maison.* »

On en a souri au Palais ; et il n'est pas un jurisconsulte qui osât défendre une interprétation dont le premier tort est de distinguer là où la loi ne distingue pas, et d'aggraver ainsi la rigueur du texte, ce qui est inadmissible en matière pénale, et qui, de plus, prête au législateur un non-sens et une niaiserie, puisqu'il est évident que les concierges et les valets *qui ne font pas pas partie de l'association* ne peuvent pas être comptés *parmi les associés...*

Aussi cette explication n'a pas fait fortune. Elle n'a jamais trouvé place dans les discussions sérieuses.

Il faut donc tenir pour juridiquement démontré que le dé-

une foi religieuse, des principes qui vous déplaisent ? Cela est impossible, vous ne le ferez jamais.

Voilà ce que j'avais à dire du décret de l'an XII. Je veux tirer la conséquence de tout ceci. Je répète ce que je disais au début de cette discussion : Je maintiens ma formule et je tiens pour incontestable qu'en l'état de notre législation, les congrégations, les corporations religieuses non légalement reconnues, sont des corporations légalement inconnues. Je dis « inconnues » ; ne me faites pas dire, Messieurs, ce que je ne dis pas. J'entends « inconnues » comme congrégations, et non pas inconnues comme individus ; les individus qui les composent, et qui sont liés entre eux par une chaîne purement immatérielle, purement morale, sont des citoyens, et, comme tels, ils sont soumis à vos lois ; vous les connaissez comme contribuables, comme électeurs, comme éligibles, mais vous ne connaissez pas, vous ne pouvez pas connaître le lien purement moral qui, dans le secret de leur conscience, les unit entre eux, et vous n'avez pas même le droit de les interroger à cet égard.

J'ai dit : Les congrégations non légalement reconnues sont des congrégations légalement inconnues. Suis-je dans le vrai ?

cret de messidor et toutes les proscriptions antérieures sont abrogés par le Code pénal ; — qu'il n'y a d'associations illicites que celles prévues par les articles 291 et suivants du Code pénal et par la loi de 1834 ; — que la réunion de plus de vingt personnes vivant en commun dans la même maison est formellement autorisée par le texte du Code, et n'est prohibée par aucune loi postérieure.

Eh bien, écoutez la réponse du législateur de 1850 :

La Constitution de 1848 avait posé ce principe :

« Chacun professe librement sa religion et reçoit de l'État pour l'exercice de son culte une égale protection.

« Les citoyens ont le droit de s'assembler paisiblement et sans armes, de pétitionner, de manifester leur pensée par la voie de la presse ou autrement : l'exercice de ses droits n'a pour limite que le droit et la liberté d'autrui, et la sécurité publique.

« La société favorise et encourage les associations volontaires. »

Voilà, Messieurs, ce que portait la Constitution de 1848. On était sous l'empire de cette Constitution, lorsque la question se posa devant l'Assemblée, de savoir si le droit d'enseigner était compris dans ce droit d'exprimer sa pensée, si, parmi les droits du citoyen français, le droit de communiquer aux autres sa doctrine et sa pensée sur les graves sujets qui font l'objet des préoccupations humaines, si ce droit, dis-je, appartenait à tous. Certes, la question était grande ; le débat fut magnifique.

Permettez-moi de vous lire quelques lignes du rapport de M. Beugnot et quelques phrases de M. Thiers. Tout ceci est fait pour vous intéresser.

« Le souvenir d'un ancien débat, — disait le rapporteur, — qui naguère passionnait les esprits et qu'on s'efforcera peut-être, mais en vain, de rajeunir, exige que nous nous expliquions en peu de mots sur une question que le projet de loi ne soulève pas, mais qu'il est aisé d'y rattacher. Les membres des congrégations religieuses non reconnues par l'État pourront-ils ouvrir et diriger des établissements d'instruction secondaire ou y professer ?

« La réponse ne peut être douteuse. Nous réglons l'exercice du droit public, à la jouissance duquel sont appelés tous les citoyens, sans autre exception que ceux dont l'immoralité a été déclarée par un arrêt de la justice. Nous disons, avec le rapporteur du projet de loi à l'Assemblée constituante : La République n'interdit qu'aux ignorants et aux indignes le droit d'enseigner. Elle ne connaît pas les corporations ; elle ne les connaît ni pour les gêner, ni pour les protéger, elle ne voit devant elle que des professeurs... »

Entendez cela, Messieurs.

« Si nous voulions étendre, ajoutait-il, pour des motifs étrangers à l'objet spécial de cette loi, le cercle des interdictions, nous ne saurions où nous arrêter. Le droit d'enseigner deviendrait le privilège de quelques-uns ; l'égalité et la Constitution seraient violées. Ainsi donc, nul doute, les membres des associations religieuses non reconnues, dans lesquelles nous ne voyons, nous aussi, — ce n'est pas moi qui parle, c'est le rapporteur, — que des citoyens auxquels nul n'a le droit de demander ce qu'ils sont devant Dieu et devant leur conscience, jouiront de la faculté d'enseigner, parce que cette faculté est un droit civil, et qu'ils possèdent tous les droits de ce genre. »

Ah ! Messieurs, quelle admirable chose que la liberté !

Et après avoir dit ces mémorables paroles : Elle ne connaît les corporations ni pour les gêner, ni pour les protéger ; nul n'a le droit de demander aux membres de ces corporations ce qu'ils sont devant Dieu et devant leur conscience ; ils jouiront de la faculté d'enseigner, parce que cette faculté est un droit civil et qu'ils possèdent tous les droits de ce genre, il ajoute : « Introduire dans la loi la clause du serment, ce serait transformer une œuvre de justice et d'égalité en un acte empreint de terreurs frivoles et d'inconcevables préjugés. »

Voilà ce qu'on pensait en 1850 ; car ce n'est pas le rapporteur seul qui disait ceci, c'est l'Assemblée par deux votes successifs, et il y a ici des personnes qui y assistaient... et qui ont voté pour ou contre ; eh bien, la question semblait jugée ; l'article 1ᵉʳ est voté sans hésitation. Le droit d'enseigner, d'exprimer sa pensée, d'apprendre à autrui ce qu'on croit être la vérité, quel droit admirable, et comment en faire le privilège de quelques-uns ? Tous l'auront, dit-on, sauf ceux dont l'immoralité aura été jugée.

Il y a des gens qui pensaient comme vous, Messieurs, qu'il ne fallait pas donner ce droit aux membres des congrégations religieuses, par respect pour la liberté, sans doute. M. Bourzat déposa un amendement. Il s'attira, Messieurs, — laissez-moi vous le dire avant de citer son amendement, — il s'attira de M. Thiers, je crois l'entendre, cette apostrophe charmante : « C'est toujours la même situation. On veut avoir l'honneur de proclamer la liberté ; et quand

les conséquences arrivent, on veut les arrêter. »
M. Bourzat n'en proposa pas moins un amendement
très formel. Entendez-le, c'est bien la même question
qu'aujourd'hui. L'amendement était ainsi conçu :

« Nul ne pourra tenir une école publique ou libre,
primaire ou secondaire, laïque ou ecclésiastique, ni
même y être employé, s'il fait partie d'une congrégation religieuse non reconnue par l'État. »

M. Thiers combattit cet amendement et le fit rejeter
par 454 voix contre 148. — Cela ne suffisait pas, car il
y a des gens qui, lorsqu'il s'agit de mettre des entraves à la liberté religieuse, ont des ressources infinies.
Il s'en trouva un qui se dit : Ah ! on a repoussé
l'amendement portant que les membres des congrégations religieuses ne pourront pas enseigner, mais il
y a des congrégations religieuses qui, sous l'ancien
régime, ont été frappées. Je vais faire un amendement pour exclure celles-là, et il le fit. L'auteur de
cet amendement s'appelait Laurent (de l'Ardèche).
Son amendement, le voici :

« Nul ne pourra tenir une école publique ou libre,
primaire ou secondaire, laïque ou ecclésiastique, ni y
être employé, s'il fait partie d'une congrégation abolie par les édits, lois et arrêts rendus conformément à
l'ancien droit public de la France. »

Je crois, Messieurs, qu'on a un peu ri en entendant
cet amendement et j'ai lu dans le *Journal officiel* qu'il
fut repoussé par assis et levé, sans que personne eût
l'air de prendre garde à cette ridicule tentative.

Et voulez-vous savoir après quelles paroles on a

ainsi voté? Je vais vous le dire : on est si heureux d'avoir à faire parler quelqu'un qui parle comme celui que je vais vous citer.

M. Thiers prit la parole. Ah! que je voudrais qu'il fût là... pour vous répéter ce qu'il vous disait tout à l'heure : « C'est toujours la même chose, on veut avoir l'honneur de proclamer la liberté, et quand les conséquences arrivent, on n'en veut plus, on la repousse. »

Voici ce que vous entendriez de sa bouche.

Quelqu'un l'interrompit et lui dit : « C'est la liberté donnée à tout le monde! »

« M. Thiers. — La liberté donnée à tout le monde! Je remercie celui qui me fournit cette définition. La liberté donnée à tout le monde; vous avez inscrit dans votre Constitution : Tous les citoyens peuvent s'associer, tous les citoyens peuvent enseigner.

«... Après l'avoir votée, je vous demande de la pratiquer, car il ne faut pas mentir aux lois qu'on a faites! La Constitution dit : L'enseignement est libre; tout le monde pourra exercer l'enseignement sous la condition de moralité et de capacité.

« Or, voici un ecclésiastique contre la moralité duquel aucune objection ne s'élève, dont la capacité a été prouvée devant les autorités compétentes, peut-on lui dire, avec la Constitution existante : Appartenez-vous à telle ou telle congrégation? Je vous demande si, sous le régime des principes existants, on pourrait sérieusement — c'est M. Thiers qui parle — on pourrait sérieusement, avec pudeur, venir dire aujourd'hui à un homme qui a prouvé sa capacité et sa moralité : Mais vous appartenez peut-être à telle ou telle congrégation? Je vous demande si ce serait possible [1]. »

Eh bien, Messieurs, quand je vous disais que, sous peine de violer les principes de l'égalité devant la loi et celui de la liberté de conscience, il faut reconnaître qu'une congrégation non légalement connue est une

[1]. Qui veut se faire une idée exacte et complète des aspects variés de cette question de la liberté de la vie religieuse, question si intéressante pour tout citoyen français et pour tout catholique, doit lire en entier les discussions de 1845 et de 1850. Il est surtout intéressant de comparer les opinions de M. Thiers en 1845 avec celles de 1850... Le contraste est frappant et la vérité faisant pour ainsi dire violence à l'esprit et aux vieux préjugés de l'orateur et de l'homme politique éclate dans ses paroles de la façon la plus saisissante.

Voici quelques passages qui seront lus avec intérêt :

« En fait d'association, que disait-on sous le dernier régime? Le droit de s'associer n'appartient pas aux citoyens. L'État seul peut permettre de s'associer; on avait tort ou on avait raison : tel était le régime.

« En fait de droit d'enseigner, on disait : N'enseignera pas qui voudra; on n'enseignera qu'avec la permission de l'État... On avait tort ou raison, je ne l'examine pas; c'était enfin le régime existant, *la liberté limitée*. Vous avez trouvé apparemment tout cela détestable, puisque vous l'avez renversé; vous n'avez plus voulu la liberté limitée; vous avez dit : Tout le monde pourra s'associer. Vous avez dit dans la Constitution : Les citoyens ont le droit de s'associer... Tous les citoyens peuvent s'associer... Tous les citoyens peuvent enseigner... »

Et plus loin : « Ce jour-là, quand on discutera, et vous savez que la loi actuellement en vigueur qui donne au gouvernement un pouvoir absolu sur toutes les associations, un pouvoir temporaire sur toutes les associations politiques, scientifiques, religieuses, le jour où cette loi expirera, dans une année, le gouvernement sera obligé de vous apporter une loi sur les associations qui s'appliquera à toutes les associations quelconques, politiques, littéraires ou religieuses; ce jour-là vous exa-

congrégation légalement inconnue, étais-je dans le vrai? Or, voyez ce que vous faites, Messieurs; il est permis aux oblats, il est permis aux jésuites, aux dominicains, aux maristes d'enseigner la philosophie et les lettres; est-ce que vous allez leur interdire l'enseignement de la théologie? Non, cela n'est vraiment pas possible.

Donc, ceci est absolument démontré, il n'y a pas de minerez la valeur de toutes, vous examinerez si vous devez nommément, d'une manière générale, les proscrire, les admettre. Avec les principes que vous avez posés, monsieur Bourzat, vous serez, je ne dois pas vous le dissimuler, fort embarrassé pour vous livrer à tous les ombrages que vous inspire la Société de Jésus. Mais enfin ce sera à vous, malgré la Constitution, de discuter... Ce sera une grande et solennelle discussion. L'Assemblée devra prononcer et alors elle décidera ceci : Si telle association religieuse peut exister en France à titre d'association, si elle peut y avoir des maisons conventuelles, des noviciats, *recevoir des legs*, avoir de grands établissements; alors, *à titre d'association*, vous prononcerez sur son sort. » (Séance du 23 février 1850.)

Il avait dit dans la séance du 18 janvier 1850 :

« Vous dites : Nous ne voulons pas de jésuites.

A gauche. — Mais non ! du tout ! (Rires bruyants à droite.)

M. THIERS. — Je le savais bien... je savais bien que la question posée, il vous serait impossible de dire autre chose que non. Eh bien, oui, c'est vrai, *vous ne pouvez, avec vos principes, ni arrêter le clergé ni interdire les jésuites.*

UN MEMBRE. — A la loi sur les associations !

M. THIERS. — Je vous y attends, à ce jour-là, pour savoir comment vous vous y prendrez pour interdire les jésuites, vous ! vous !

Et plus tard : « Eh bien ! cette paix, au moment où on la concluait, pouvait-on demander au clergé français de la signer aux dépens d'une corporation (les jésuites) que *les lois de l'État, que la Constitution couvraient comme tous les autres citoyens !* Cela ne se pouvait pas, car c'était violer sans motif la Constitution... »

Les événements, on le voit, avaient éclairé l'auteur de l'interpellation de 1845.

loi qui vous oblige, qui vous autorise à restreindre
le droit qu'ont les évêques de choisir parmi tous les
citoyens français ceux à qui il leur plaît de remettre
une part de l'enseignement dans leur diocèse, sous
leur direction. Aucune loi ne leur interdit cela; ils
sont maîtres de l'enseignement dans leurs séminaires,
et aucune loi ne vous autorise à enchaîner cette liberté.

Il n'y a pas de loi [1], mais faut-il en faire une? Je

1. On cite quelquefois dans les discussions d'autres actes législatifs ou judiciaires que ceux dont il vient d'être parlé. Les
arguments que les adversaires des communautés religieuses
essayent d'en tirer dénotent ou une inintelligence absolue du
sens et des conséquences juridiques de ces actes ou une mau-
vaise foi flagrante.

Ainsi les lois du 2 janvier 1817 et du 24 mai 1825, et le décret
du 31 janvier 1852, distinguent entre les communautés autorisées et celles qui ne le sont pas. Qui a jamais contesté la différence? Mais ces lois ne considèrent point comme *illicites*
les congrégations *non autorisées*. On a fait même remarquer
avec beaucoup de raison que ces lois donnent aux congrégations non autorisées une consécration légale en attachant à
leur existence certains effets qu'elles règlent. Ainsi, par exemple, les communautés obtiennent plus facilement la faveur de
l'autorisation quand elles justifient une existence antérieure à
1825 *. L'instruction réglementaire du 17 juillet 1825 reconnaît
que « bien des communautés, sans être autorisées, ont pu se
former et se propager ». Il y a plus; il résulte d'une circulaire
du directeur général de l'enregistrement et des domaines du
23 octobre 1852 « que le droit proportionnel d'enregistrement
n'est pas applicable aux actes par lesquels les communautés
religieuses seront, dans les six mois de cette reconnaissance,
investies d'un titre régulier de propriété de la maison conven-
tuelle et de ses dépendances... Les préposés ne percevront
qu'un droit fixe de 2 francs. » La circulaire donne pour motif
de cette décision que les actes par lesquels se fait au profit

* Voir dans la *Revue catholique des institutions et du droit* une étude
très complète de M. Paul Besson (juin 1877).

vous dirai d'abord que, dans tous les cas, ce ne serait pas le moment; on ne fait pas des lois de cette importance à la fin de la discussion d'un budget qu'on est pressé de voter. Il est convenable, à quelque opinion qu'on appartienne, de ne soumettre des thèses pareilles aux délibérations du Parlement qu'en lui laissant

d'une congrégation nouvellement autorisée la rétrocession des biens précédemment acquis sous le nom particulier de l'un de ses membres « sont plutôt déclaratifs que translatifs de propriété ».

Il est donc vrai que non seulement les lois de 1817, de 1825 et le décret-loi de 1852, loin de prohiber l'existence des communautés non autorisées, en contiennent implicitement et clairement la reconnaissance.

Ces lois ne sont faites, il est vrai, que pour les congrégations de femmes; mais les lois de 1790, de 1792 et le décret de messidor an XII assimilent absolument les communautés d'hommes et les communautés de femmes, et, du reste, si les lois de 1817 et de 1825 ne sont pas faites pour les religieux, il n'est pas juste de les invoquer contre eux.

On entend encore quelques partisans de la *dissolution par voie administrative* invoquer l'arrêt de la cour royale de Paris du 18 août 1826. Que faut-il en penser ?

On sait que l'article 11 de la loi du 20 avril 1810 sur l'organisation de la magistrature donne à la cour royale le droit « d'entendre les dénonciations qui lui seraient faites par un de ses membres des crimes et délits... elle pourra mander le procureur général pour lui enjoindre de poursuivre, » etc.

La cour de Paris, saisie de la dénonciation du comte de Montlosier, rendit un arrêt dont voici le texte :

« La cour,

Après avoir entendu plusieurs de messieurs sur les faits contenus dans l'écrit de François-Dominique de Regnaud, comte de Montlosier, en date du 16 juillet 1826, de lui signé et adressé à tous et un chacun des membres de la cour,

« Ayant entendu le procureur général du roi en ses conclusions, *tendant à ce qu'il n'y eût pas lieu à délibérer ;*

La matière mise en délibération :

« Considérant qu'il résulte de l'ensemble et des dispositions

le temps nécessaire pour ne pas avoir l'air de préjuger ou de juger trop vite des questions aussi graves.

Mais faut-il faire une loi; pourquoi? Qu'est-ce que vous leur reprochez?... de ne pas enseigner la déclaration de 1682?

Après ce qui a été dit l'autre jour si éloquemment

des arrêts du parlement de Paris, des 6 août 1762, 1ᵉʳ décembre 1764 et 9 mai 1767 ; — des arrêts conformes des autres parlements du royaume ; — de l'édit de Louis XV, du mois de novembre 1764 ; — de l'édit de Louis XVI, du mois de mai 1777 ; — de la loi du 18 août 1792, et du décret du 3 messidor an XII (22 juin 1874) : que l'état actuel de la législation s'oppose formellement au rétablissement de la Société dite de Jésus, sous quelque dénomination qu'elle se présente ; — que les arrêts et les édits étaient principalement fondés sur l'incompatibilité reconnue entre les principes professés par cette Société et l'indépendance de tous les gouvernements ; principes bien plus incompatibles encore avec la Charte constitutionnelle qui fait aujourd'hui le droit public des Français ;

« Mais considérant que suivant cette législation il n'appartient qu'à la haute police du royaume de dissoudre tous établissements, agrégations ou associations qui sont ou seraient formés au mépris des arrêts, édits, loi et décret sus-énoncés ;

« Considérant, sur le surplus des faits exposés audit écrit, que quelle que puisse être leur gravité, *ces faits*, tels qu'ils sont présentés, *ne constituent néanmoins ni crime, ni délit qualifiés par les lois*, dont la poursuite appartienne à la cour :

« Par ces motifs, *se déclare incompétente.*

« Du 16 août 1826. Cour de Paris. Chambres réunies. M. Séguier, premier président.»

Il faut remarquer que cet arrêt, rendu sans discussion et à huis clos, ne saurait avoir contre aucune congrégation l'autorité de la chose jugée. L'autorité de la chose jugée n'a lieu que... entre les mêmes parties... (Art. 1350 du Code civil.)

Or il n'y avait en cause qu'une partie, le dénonciateur, M. de Montlosier.

2° Le seul point jugé, c'est l'*incompétence de la cour*; il n'y a pas autre chose dans le dispositif.

3° M. de Vatimesnil fait observer dans son irréfutable con-

par mon ami M. Chesnelong, je n'insisterai pas; je
me contenterai de vous lire quelques paroles de M. le
Ministre des cultes. Vous leur reprochez donc de ne
pas enseigner la déclaration de 1682? Est-ce cela?
J'espérais que c'était fini, et voici comment M. le
ministre a parlé l'autre jour :

sultation * qu'à l'époque où cet arrêt est intervenu les questions relatives aux congrégations n'avaient pas encore été
sérieusement débattues. On s'était gardé, dit-il, de se fonder
sur l'article 291 du Code pénal et on en avait donné la raison
avec une sorte de naïveté. On avait dit que si cet article était
applicable il en résulterait qu'une autorisation administrative
suffirait pour rendre légale l'existence des jésuites ou de tout
autre ordre religieux...

Or, à ce moment, le dénonciateur et ses avocats consultants
redoutaient l'autorité qui paraissait favorable aux congrégations. Et voilà pourquoi la cour arrête au décret de messidor
an XII l'énumération des lois, édits ou décrets qui s'opposent,
dit-elle, au rétablissement de la Société de Jésus.!

La cour *oublie* que le Code pénal existe, qu'il contient une
section. (S. VII, tit. I, liv. III) intitulée : *Des associations ou réunion illicites*, et que la matière des associations illicites est
désormais purement judiciaire et a échappé à l'arbitraire de la
haute police.

Il n'est pas aujourd'hui un jurisconsulte qui consentit à
signer l'arrêt de la cour de Paris. On l'a bien vu en 1845. Tous
les orateurs ont invoqué le Code pénal pour ou contre les
associations religieuses et posé le débat sur l'interprétation à
donner aux articles 291 et suivants et à loi de 1834. M. Hébert lui-même a stigmatisé en ces termes les arrêts et les édits
énumérés par la cour et abandonnés par tous les orateurs :
« Des arrêts dans lesquels on reproche aux jésuites d'avoir
enseigné la magie, les maléfices, d'avoir conseillé le régicide,
le parjure, des arrêts qui prononcent pour ces faits des peines
de bannissement, d'autres peines même plus sévères, ne sont
point des arrêts qui puissent avoir autorité de notre temps.
J'en dirai autant de l'édit de 1764, » etc.

N'aurait-il pas été juste, dit M. de Vatimesnil, de ranger

* Datée du 3 juin 1845 et signée: De Vatimesnil, Berryer, Béchard, Manda-
roux — Verlamy, Pardessus, Fontaine, Jules Grossin, Lauras, de Riancey.

. . . .

« Est-ce que, disait M. Bardoux, nous avons jamais songé à venir demander aux professeurs des grands séminaires d'enseigner quelque chose de contraire aux dogmes actuels de l'Église ? Et si, dans ces articles 2, 3 et 4 de la déclaration de 1682 se trouve, par

l'accusation de prétendus *principes incompatibles avec l'indépendance de tous les gouvernements* sur la même ligne que celle de *magie*, de *maléfices*, de *parjure* et de *régicide* ?

Il ne reste donc de l'arrêt de 1826 rien que le souvenir d'une erreur et de la passion qui l'a dicté, puisque les adversaires mêmes des congrégations invoquent l'article 291 du Code pénal dont l'application était écartée par la cour, et que, d'autre part, ils renoncent aux anciens arrêts et édits invoqués dans les considérants de l'arrêt.

Restent les ordonnances de 1828. Voici le texte des articles invoqués par les adversaires des congrégations religieuses :

« ART. 1. — À dater du 1ᵉʳ octobre prochain, les établissements connus sous le nom d'*écoles secondaires ecclésiastiques*, dirigées par des personnes appartenant à une congrégation religieuse non autorisée, et actuellement existant à Aix, Billom, Bordeaux, Dôle, Forcalquier, Montmorillon, Saint-Acheul et Sainte-Anne d'Auray, seront soumis au régime de l'Université.

« ART. 2. — À dater de la même époque, nul ne pourra être ou demeurer chargé, soit de la direction, soit de l'enseignement, dans une des maisons d'éducation *dépendant de l'Université* ou dans *une des écoles secondaires ecclésiastiques*, s'il n'a affirmé par écrit qu'il n'appartient à aucune congrégation religieuse non légalement établie en France. »

Plus d'un lecteur sera surpris d'avoir cru que l'ordonnance de 1828 *expulsait de France* les jésuites ! Expulsés de l'Université et des écoles secondaires ecclésiastiques, oui, mais rien de plus. L'ordonnance ne leur enlève pas le droit de vivre en France et de vivre en commun. Ce que le texte seul suffit à démontrer, ce que M. Vatimesnil a mis plus tard en lumière avec la compétence particulière que lui donnait sa qualité de rédacteur de l'ordonnance, était dit en 1828 même par le journal *le Globe* : « Quant aux jésuites considérés comme individus, nous l'avons mille fois prouvé, et même on ne nous le

exemple, la recommandation des canons du concile
de Constance, dans ses sessions quatrième et cin-
quième, est-ce que nous avons la prétention de forcer
les prêtres catholiques et les élèves des séminaires à
y ajouter foi? Est-ce là une entreprise possible? C'est
la meilleure réponse à la question qui m'a été faite;
car enfin, de deux choses l'une : ou ces articles sont
acceptés par les catholiques, et alors pourquoi voulez-
vous que nous nous mêlions de l'enseignement des
dogmes; ou ils sont schismatiques, et quels moyens
aurions-nous de les imposer à des consciences libres? »

Et il ajoutait plus tard :

- « Ce que je tiens à proclamer au nom du gouvernement, c'est qu'il n'a jamais eu la pensée de se faire
professeur de théologie, comme on l'a faussement
accusé de le devenir. »

. C'en est fini, j'espère, de la déclaration de 1682.
Mais, moi, je vais, si vous le voulez, demander qu'on
l'enseigne; nous allons être d'accord. Il y a un arti-

conteste plus, ils sont libres de leurs croyances, aucune puissance humaine ne peut désormais les atteindre. Considérés
comme congrégation religieuse, ils sont libres encore, pourvu
qu'ils ne réclament point les bénéfices des corporations, bénéfices qui ne peuvent être concédés que par une loi... Tout l'at-
tirail des arrêts parlementaires n'est rien ici. » C'était M. Du-
bois (de la Loire-Inférieure) qui écrivait ces lignes dans un
journal à la rédaction duquel collaboraient MM. Duchâtel,
Guizot, de Rémusat, Cousin, non suspects sans doute de subir
les influences *congréganistes*.

Concluons en répétant qu'il faut se tenir soigneusement en
garde contre cette confusion d'idées qui consiste à regarder
une association comme illicite par cela seul que la loi ne l'a
pas reconnue et ne l'a pas érigée en être collectif.

cle 1er dans lequel il est dit que nulle autorité, pas même l'autorité spirituelle, ne peut dégager les sujets de leur serment de fidélité au roi. — On enseignera cet article, Messieurs, et je proposerai même, pour donner une saveur particulière à cet enseignement, que la leçon sur l'article 1er se fasse chaque année le 21 janvier.

Il y a un autre article, l'article 4, celui qui vous est cher. Eh bien, celui-là, je veux qu'on l'enseigne aussi; il dit que les conciles seuls rendent des décisions irréformables sur les questions de dogme; il ajoute que le jugement du pape en matière de dogme n'est pas irréformable, à moins que le consentement de l'Église ne soit intervenu. Eh bien, on enseignera l'article 4 et on dira que le consentement de l'Église est intervenu; qu'un concile l'ayant décidé, l'infaillibilité pontificale est un dogme de foi.

Laissez-moi faire une hypothèse... Hélas ! pourquoi n'est-ce qu'une hypothèse ? Voici Ravignan et voici Lacordaire : un évêque les appelle : Venez, orateurs sans rivaux, prêtres modèles de toutes les vertus !... gloires pures de cette France que vous aimez avec passion, venez parler à cette jeunesse, dirigez, enseignez et faites-nous des prêtres semblables à vous !

Mais voilà que l'honorable Ministre des cultes, contraint par l'article 10, intervient :

Non, dit-il, vous, Lacordaire, vous êtes dominicain; vous, Ravignan, vous êtes jésuite; Ravignan, taisez-vous, — taisez-vous, Lacordaire! Sinon les bourses seront supprimées!

Vous voyez bien que cela est impossible et que vous n'oseriez pas.

. . . .

Encore un mot, Messieurs, et j'ai fini. Croyez-moi, supprimez l'article. Attendons. Si l'on croit devoir proposer une loi, nous la verrons venir; si l'on veut poser cette question, nous la débattrons; mais, pour Dieu, ne laissez pas croire à la France qu'on introduit sournoisement dans une loi qui passe vite des textes qui n'oseraient affronter l'épreuve d'une discussion approfondie.

Croyez-moi, encore une fois, vous n'avez point d'intérêt à inquiéter la conscience des catholiques. Vous entrez sur un terrain dangereux, et, entendez bien ceci, je vous le dis avec l'histoire : Aucun gouvernement n'y a jamais mis le pied en y apportant autre chose que la liberté, sans y faire une chute mortelle.

Si ce n'est pas par sympathie et par goût, que ce soit dans votre intérêt bien entendu. Je vous en prie, Messieurs, laissez-nous la paix et donnez-nous la liberté.

FIN

TABLE DES MATIÈRES

SEPTIÈME CONFÉRENCE.

DE LA PROPRIÉTÉ. (*Suite.*)

HUITIÈME CONFÉRENCE.

SUCCESSIONS ET TESTAMENT

NEUVIÈME CONFÉRENCE.

LE DROIT DE PUNIR.

DIXIÈME CONFÉRENCE.

L'ORDRE SOCIAL.

DISCOURS

FIN DE LA TABLE DES MATIÈRES

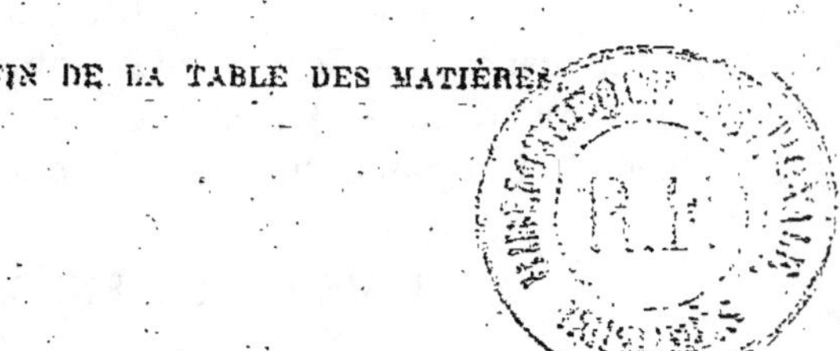